放手，让他飞

——从小留学生到美国律师

林　达著

图书在版编目(CIP)数据

放手，让他飞：从小留学生到美国律师 / 林达著.
—杭州：浙江工商大学出版社，2017.6
ISBN 978-7-5178-2182-3

Ⅰ.①放… Ⅱ.①林… Ⅲ.①青少年教育—家庭教育
Ⅳ.①G782

中国版本图书馆 CIP 数据核字(2017)第 112008 号

放手，让他飞
——从小留学生到美国律师

林　达著

策划编辑　任晓燕
责任编辑　沈明珠　谷树新
封面设计　林朦朦
责任印制　包建辉
出版发行　浙江工商大学出版社
(杭州市教工路 198 号　邮政编码 310012)
(E-mail:zjgsupress@163.com)
(网址:http://www.zjgsupress.com)
电话:0571-88904980,88831806(传真)
排　　版　杭州朝曦图文设计有限公司
印　　刷　杭州恒力通印务有限公司
开　　本　710mm×1000mm　1/16
印　　张　20.75
字　　数　213 千
版 印 次　2017 年 6 月第 1 版　2017 年 6 月第 1 次印刷
书　　号　ISBN 978-7-5178-2182-3
定　　价　49.00 元

浙江工商大学出版社营销部邮购电话　0571-88904970

前言

给孩子插上两个翅膀。一个叫“理想”,一个叫“毅力”。有了这两个翅膀才能飞得高,飞得远!

当孩子有坚强的意志时,苦难和挫折不会让他走向寂寞、沮丧。当一扇门被关上的时候,会有一扇窗被打开,窗外阳光明媚、晴空万里,而放手能让他勇敢地飞翔!

孩子是上天给我们每对父母的最好礼物。他们是独立的个体,有自己的人生跑道,无人可以替代。在孩子成长的过程中,作为父母,愿意放手,逐步放手,才能让他们在人生道路上勇往直前,如雄鹰展翅上腾,飞越所有艰难和风暴,在宽阔的天地间飞翔。

我的儿子,是 80 后、独生子。照现在的一种说法,他是“输在起跑线上”的孩子,他上学前是玩大的,没学过才艺,也没上过任何补习班。

他 10 岁跟我们从中国到美国,在读小学到高中的 12 年间,先后在中国、美国、加拿大 3 个国家,9 所公立学校就读。

大学毕业前,他以名列前百分之一的 LSAT 法律入学考试成绩,先后收到美国杜克大学、纽约大学、布朗大学、康奈尔大学、密歇根大学、哥伦比亚大学和加拿大多伦多大学等8所大学的顶尖法学院的录取通知书。

从小留学生到美国律师，你愿意看他成长的故事吗？

所有的父母都希望自己的孩子成为社会的有用之才，我的朋友也想了解我儿子成长的经历。我写这本书，就是想和大家分享他成长过程中的一些体会。

写这本书的目的，是想起到“抛砖引玉”的作用，让大家用更好的方法，教育、培养自己的孩子。

生儿育女不容易，养育孩子给了我们去爱的机会，爱给了我们改变自己的机会。在孩子成长的过程中，父母的身心、灵魂和思想得到了洗礼。付出了辛苦和汗水，收获了一份份感动。珍惜这些感动吧，因为没有感动，就没有爱。

儿子刚到美国时，英语不好，受到欺凌。在受到欺负时，他立下誓言：“为消除种族歧视而努力！”在风雨曲折的艰苦生活和学习逆境中，他没有消极泄气，而是下定决心努力学好英语，自强起来，积极向上，把挫折、困难变为学习的动力。

曾经在旅游时看到这样一句话“If you can dream it, you can do it!”如果你能想到，你就一定能够做到！

我们鼓励孩子，告诉他：“只要你努力，就不会比别人差。”

只要有梦想，经过不懈地努力奋斗，都有实现的可能。

如果说，儿子“输在起跑线上”，那么他赢在了行进的路途上。20年后的他没有落后，而是努力向上，拥有积极的心态、良好的品格、喜欢的工作、相爱的人生伴侣。他成为美国律师，工作在美国的大都市——纽约曼哈顿、加州旧金山。他用不屈不挠的精神，努力实现着自己的理想，实现了“美国梦”，走在了同龄人的前列。

有人说："如果一个人昂首挺胸地朝着理想前进，努力实现他想要的生活，他会与成功不期而遇。"

20多年前，我们放弃了一切，来到北美，从零开始，在风雨移民路上，经历了贫穷困苦的生活。在一穷二白的艰苦环境下，努力奋斗，和孩子一起成长。儿子努力学习，成为正直有爱心的人。

生活中的眼泪，是他成长的润滑剂；

走路时的摔跤，是他成人的洗礼；

道路上的荆棘，是他成功的伴侣；

前进中的挫折，是他成才的熔炉。

父母的教育不是看孩子取得了什么成绩，而是看孩子成了什么样的人。不是学习好就是"好孩子"，身心是否健康，品格好不好才是最大的问题。父母是孩子的老师，好的品格要靠父母言传身教，孩子没有"成龙成凤"不要紧，重要的是"成人"！

好的家庭教育会改变孩子的命运，会改变世界！

我们欣赏儿子的长处，发掘他的潜力，相信并尊重他。我们倾听他的心声，鼓励他用乐观的态度对待挫折、不幸、困难。他努力学习，对自己负责，并且在磨难中不断地认识、了解并且改变自己，他努力做最好的自己，最棒的自己。

我们希望儿子有独立精神，这是面对人生的一种态度；我们希望他有奋斗精神，告诉他"你的生活要靠努力去创造"；我们希望他有富而善的品质，拥有财富后，积极回馈社会。

每对父母都希望孩子成功，我理解的"成功"不仅仅是在学业、事业方面，还包含家庭、婚姻和人生道路上的幸福快乐。

让孩子有真正完美的人生，成为生命的赢家，不是掌声、不是财富、不是成就，而是他——我的孩子，心灵世界的丰盛和爱。

对我们来说，这些年少了些浮躁，多了些盼望；少了些烦恼，多了些坦然；少了些不安，多了些诚实；少了些苦毒，多了些快乐。让孩子站在我们的肩膀上，高瞻远瞩，成为社会的有用之材，这是我们给孩子的一个人生礼物。孩子成为好人、好公民也是上天给我们的最好奖杯！

我的儿子已经长大，他从一个小男孩成长为自立、自信、乐观、勇敢、诚实、感恩的男子汉，他让我自豪！

在前进的路上，还有很多艰难险阻，孩子，勇敢地面对它们，接受它们，处理它们，放下它们吧。不要怕失败，不要怕摔跤，不要怕挫折和羞辱，如果输了，就要承认，然后继续努力。

人生是场马拉松比赛，马拉松哪里决定胜负？终点啊，唯有在终点，我们不能落后。孩子，你才刚刚迈出第一步，当你成为拥有如饥似渴的求知欲、独立思考的头脑、百折不挠的性格、宽容感恩的情怀的人，在任何风暴中都有主宰自己命运的勇气和能力时，才是成功。赢在终点才是胜利！

目　录

第一篇

给儿子留下一本书

在死亡面前，我反思了自己走过的岁月和以往的人生。

死亡和疾病是我写作的巨大动力。我为什么想写一本书？

因为书籍，是人类最成功、最好的保存记忆的形式，记忆从此可以放置于身体之外，不会因为肉体的消亡而消失。

1.

给儿子留下一本书[①]

2005 年 12 月 8 号下午 5 点 40 分，我紧急住进了温哥华总医院，通过抽骨髓检查穿刺，被诊断为急性淋巴白血病。

经过化疗后，我的头发掉光了，身体极其虚弱。经过多日的思虑，20 号早上，我给儿子打了电话。当时他在美国常青藤哥伦比亚法学院读三年 Juris Doctor(J. D.)，就是美国法律教育体系中的专业博士学位。

那天他刚考完第一学期的全部课程。电话通了，我告诉他："妈妈病了……"我听到电话那头有抽泣声，他哭了。

儿子从懂事开始就很少哭，我感到自己有些残酷。虽然预料到他会伤心难过，我还是决定亲口告诉他这个不幸的消息。因为生活不会永远风平浪静，随时都会遭遇不可预知的风风雨雨。

---

①本文获得了"留学北美的故事"征文特别奖(2011 年)，收录于戴铭康编:《留学美国:我们的故事》，华东师范大学出版社 2013 年版，在中国和美国都有发行。

从 2006 年初到 2012 年 1 月，我在和疾病的战斗中，用颤抖的手，用六年的时间完成了《风雨移民路》，最终印刷成书。

在大家的祝福下，我的愿望得到了实现:我看到儿子成家立业、喜结良缘、成为美国律师。

人生的路很长，今后他可能还会遇到类似的事，我不想隐瞒病情，希望他能承受住这不期而至的生离死别的痛苦。

儿子说："我这段时间心里很不安，给家里打电话没有人接，我想肯定有什么事。"是母子连心，还是心灵感应？我不知道。

有人问过这样一个问题："如果你知道自己只剩下 6 个月的生命，那你怎么想？你会在这段时间做些什么？"这个问题会马上让你重新安排优先次序，这时，"专注"就是第一步，让你专注，抓紧时间去做自己最想做的事情。

当时我不知道自己能不能战胜疾病，能不能活下来。那时，我萌发了一个念头——给儿子留下一本妈妈的书。

2005 年 12 月到 2006 年 7 月期间，我四次住进温哥华总医院。看看在加拿大的住院时间：

剖腹产 3 天，心脏开刀做 5 个搭桥手术 5 天，乳腺癌手术一般不住院或最多 5 天，而我共住院 120 天。由于化疗和各种药物的副作用，我的手指是麻木并颤抖的。

2006 年 6 月 21 日，我进行了骨髓移植。2006 年 7 月 2 日，儿子对我说，他要休学一年照顾我，他说："我晚一年毕业没关系，但是这一年，对妈妈来说，却是极其重要的一年。现在，妈妈的康复是第一位的。"当时我说不出话来，热泪盈眶。孩子用爱的行动鼓励了我。

在生病时所写的这本书中，我记录了自己的经历、家庭，以及儿子的成长。

20 世纪 90 年代初，我到美国做访问学者。当时有个 20 多岁的室友小孙，他母亲原是中国某大学的老师，20 世纪 80

年代初以访问学者的身份来到美国，到了美国后，白天在实验室做，晚上做家庭护理。

小孙有两个哥哥，他的父亲是国内的电子工程师。小孙一家刚到美国时，租了一间小小的房子，地上铺的是捡来的旧床垫，小孙父母在国内的全部积蓄，仅够买全家到美国的机票，所以到美后，可以说是身无分文，于是父亲只能到中餐馆打工。在那段艰苦的日子里，小孙的妈妈讲："不要怕，都会过去的，只要我们全家在一起，就是无与伦比的幸福。"再后来，他们全家拿到了美国绿卡，开了小餐馆，生活逐步好起来，兄弟三人也都上了大学。小孙说："那段艰苦的日子对我的教育意义很大，我懂得了节俭和吃苦耐劳。"他上大学的部分学费就是他自己打工挣的，他希望读完大学后，再读医学院（美国的医学院、法学院都要大学毕业后才能考）。他告诉我说："父母为了撑起我们的家，肯做工资最低、最苦的活，他们是我心中的英雄。我要努力学习，才对得起他们。"

他的话对我启发很大，我想到中国的独生子女（包括我儿子），从小在优越的环境中长大，对做人要感恩的理解不深，还存在一些成年后不肯找工作的"啃老族"。

成人比成才更重要。想到这里，我决心争取让儿子来美国，让他从小学习在各种环境中生存、成长。

是呀，我们希望给孩子一个温暖的家，一个良好的读书环境，尽量让他远离世上的丑恶。我们初到美国的日子虽然清贫，但我希望儿子能在贫苦中学到在书本上没有的东西，学会珍惜、懂得感恩。我想让孩子知道：我们能来美国，是多么的不易和幸运。想到机会的难得，就永远把它作为努力向前和

从善做人做事的动力吧。

我们让儿子在“爱”的环境下成长。在他幼年的时候，给他讲故事，让他含着微笑入睡；上学后逐步培养他的自学能力；从小培养他懂礼貌、爱劳动的好习惯，并且培养他的基本生活技能、自信心，注重他的心理健康。

我们教育儿子不要怕失败，不要怕摔跤，不需事事完美。因为山外有山、天外有天，没有人能永远位居第一。既然完美是不可能的，或者因为完美让我们变得不快乐，那么，我们就接受，甚至拥抱一下“不完美”吧。

儿子从小学到中学的 12 年间，在 3 个国家(中国、美国、加拿大)，上了 9 所公立学校。他 10 岁到美国，先上的是 ESL(英语作为第二语言)的课程，从 ABC 学起，不到一年就从 ESL 毕业了。后来我们移民加拿大，就这样因为搬家、移民，以及学制不同，他先后在 3 个国家，上过不同的 4 所小学和 5 所中学。

由于我们移民生活的种种不规律和不稳定，孩子在学习阶段遇到了诸多辛苦。如果没有这样的经历，他是否能学习得更好？这个已经没法证实了。但让我欣慰的是：即使在这样一个频繁变化的学习、生活环境中，他始终保持着努力向上的学习精神。同时，也造就了他较强的适应能力和自学能力。从小学到大学，他的大部分功课优良。儿子知道学习不是为父母、老师，而是为自己。他说“我喜欢读书”，并在学习中找到了快乐。在读书的过程中，他吸收好的文化精髓，将它们一步步地融入心田，形成了好的思想，好的人格特质，能分辨好坏善恶、是非曲直。

我们鼓励孩子多交朋友、帮助别人,教会孩子与其他人融洽相处。当孩子通过和小伙伴建立友谊,逐渐学会友爱、热情、容忍、原谅、宽容时,孩子的社交能力和自信感等情商(EQ)也逐步得到提高,而情商是职业生涯中非常重要的因素。

在孩子成长的过程中,应该要带孩子走出家门,看看外面的世界,从大自然中学习在书本上学不到的知识。

我们和儿子像朋友,他有什么事一般都会告诉我们,征求我们的意见。我想跟大家分享的是:尊重孩子的选择。孩子看书多了,知识丰富了,他会有自己的主张和选择。父母要尊重孩子的选择,让孩子用双脚走自己的路。

儿子上大学时,读的是计算机专业,大三时想读法律,通过自学,他以排名前百分之一的成绩通过法律 LSAT 入学考试。

儿子收到了 8 所顶尖法学院的录取通知书,他选择了美国常青藤学校——哥伦比亚大学的法学院。这一年,加拿大共有 4 个人考进这所学校,在这届近 400 名法学院的学生中,学理工科的仅占 10%。

关心孩子,倾听他的声音,让他感受到温暖和关爱是重要的,要用尊重成就孩子的一生。我们不随波逐流,别人认为好的,不一定适合我的孩子。让孩子选择他喜欢的、适合他的,尊重他的独立人格,这是非常重要的。因为热爱才有热情,才有创造力,才有不舍不弃的精神,才有不断前进的动力。

到北美这么多年,我们从一无所有到有了身份(绿卡)、汽车、房子,儿子从 10 岁的小学生成为美国律师,这怎能不让我

自豪呢?!

我告诉儿子:这只是开始,你仅仅迈出了第一步,前面还有很长的路要走。在前进的路上,摔跤、失败、头破血流,都是不足为奇的。摔跤了,爬起来再向前跑;失败了,还敢再尝试;头破血流了,包一下,继续前进,这才是勇士,才是成功。

2011 年是我骨髓移植的第五年,也是我们到北美的第 19 年。我用笨拙的笔、谦卑的心、真诚的语言,讲述一个移民家庭的故事。我怀着感恩的心写下这本书,感恩我活着,活着见证了奇迹!如果有一天我离开了这个世界,我不会遗憾。因为我留下了一本书,这本书留住了我的爱和祝福,这本书将永远陪伴着我的儿子!

第二篇

成长篇

家庭是学校。爸爸妈妈在这所学校里扮演的角色，有时是老师，有时是学生。没有人天生就会做父母，去爱、管教、鼓励、信任和放手都是我们在陪伴孩子成长的过程中，用时间、耐心在欢乐和辛苦的交织中一点一滴学来的。

2. 单飞的时刻

不管妈妈多么的不舍，当孩子“单飞”的那一刻来临时，就要完完全全、彻彻底底地放手。

2005 年 8 月 9 日下午 4 点 28 分，我们离开温哥华的家去纽约。

这天我送儿子去纽约哥伦比亚大学法学院读书。他是该校在加拿大录取的 4 名学生之一(温哥华和多伦多各两人)。

当他决定去哥大读书时，我就打算要送他到学校。实际上，儿子不太愿意我去送他，他认为自己有能力把一切搞定。另外，他也有些不好意思，都这么大了，还让妈妈送。

比起那些 18 岁上大学时就离开家的孩子来说，儿子大学毕业才离开家，算是比较晚的吧？不是我们不放手，不放心，也不是担心他的能力，因为我知道：他的独立能力、适应能力一点都不比其他人差，因为在童年、青少年时期频繁转学的日子里，他已经学会、练就了一身“随遇而安”的本领。

10 年前，我们曾经自驾去过纽约，现在儿子要到纽约上学。当年我们去旅游时，怎么会想到这一切呢？人生就是这样奇妙。

我心中有一种恋恋不舍的情绪，有“不去会后悔”的想法，它促使我坚持己见。实际上，那时公司的工作很忙，我们的房贷还有20多万未还，除了来回机票，还要请事假，一来一去，花费不小。可是，冥冥之中，我铁了心要去送儿子。

飞机第二天一早到了纽约，我们乘出租车到学校宿舍，儿子办了入学手续。我们把行李一件件地搬到他的房间，这间包家具的房间要1000美元一个月，不便宜，但在纽约已经算便宜的了。

房间不算小，铺了地板，有床、桌椅，儿子与其他两个学生共用一个卫生间、厨房和有沙发的客厅。

我住在亲戚家，接连四天给儿子送一些吃的、用的东西。当时纽约气温在35摄氏度以上，路上车水马龙、人来熙攘。有时我早上7点多出门，马路上已经有许多人匆匆忙忙地赶路上班，很多商店也开门了；有时晚上9点半回家，街道上依旧灯火辉煌、人来人往，我还看到过一些演员仍在辛勤工作、拍电影。

啊，这就是“天堂”纽约。

8月14日晚，我们去看望一位亲戚，回来时下大雨，地铁站台上有很多水，我和儿子在那里告别，他动情地说：“妈妈，谢谢你！”

那一刻，我说不出话来了，站在车厢门口，车开动后，目送着儿子的身影渐渐地远去，心里就像被挖空似的。那种空空的、酸酸的滋味终生难忘，我的眼泪不由自主地流了下来，心里默默地说：“谢谢你，孩子，谢谢你这么努力！”

但我一点也不沮丧，因为，我已经将他的每一份笑容、体贴和爱意留存在了心中。我知道是该放他飞的时候了，虽然心中有那么多的不舍，但孩子总要离开父母，走自己的人生之路。不管这条路是阳光大道，还是荆棘曲折的泥泞小路，他都不能停顿，只能向前，只能自己走，谁也代替不了他。离开家，离开父母，就像小鹰飞向天空，要经受暴风雨的考验洗礼；要独自承受孤独、寂寞、挫折；很多事情，只能自己一个人做，一个人承受，一个人承担……

在这放手的时刻，我眼中充满了温情不舍的泪水，就像泉水一样不断地涌出……感谢神给了我们相亲相爱的一段美好时光，母子一场，你教会我懂得了爱，让我更加热爱生活，热爱生命。

每个人都要离开父母，放手，意味着我和儿子的缘分就是不断地目送他的身影渐行渐远，目送他展翅飞翔。

8 月 15 日，我写了一封信给儿子。我是这样写的：

亲爱的孩子：

昨天你对妈妈说谢谢，我非常感动，妈妈也要谢谢你。感谢你给我们带来的快乐和幸福，感谢你在艰苦的移民岁月中，努力学习，取得这么好的成绩，让我们非常欣慰和欢喜。

你昨天回学校时，遇到大雨，没有汽车，走了一段泥泞的路，回到住处已经半夜了，一定很辛苦吧！是呀，从现在开始，你就要独自承担学习、生活中的一切困难和挫折了。过去，遇到一些问题、困难，有的你自己解决了，有的爸妈给你挡着垫着，没让你饿

着冻着痛着。但是孩子，从现在开始，你要单飞了，要独自面对人生中的衣食住行、甜酸苦辣、风风雨雨了。

记得你13个月大时才会走路，当你迈出第一步时，妈妈为你拍手鼓掌。过了21年，今天你要独立生活，逐步走向社会，面对人生中的一切，妈妈对你有信心，相信你一定能行，一定能克服学习上、生活中、心理上的种种困难，成为一个真正勇敢的男子汉。

你现在的一切条件比我们上大学时好得多，你要珍惜。你读了名校，不要认为就是站在金字塔上了，就是一个“成功”的人了。不是的，前面还有很长的路要走，人生的惊涛骇浪，你还没有遇到。但是不要怕，勇敢面对吧！没有一个人的人生道路是平坦的，苦难挫折是塑造坚强性格的最好学校。孩子，一步一步向前走吧，不要给自己太大的压力，因为你以后会知道，成绩、荣誉都是暂时的，健康、快乐才是永远的。妈妈永远爱你！

回温哥华那天，儿子因为学校有活动，不能来送我。在去机场的路上和飞机上，我感受到了一种久违的情感——孤独。回到温哥华的家里时已是清晨4点多了，我没休息，7点就去上班了，我不想待在家里，儿子的房间空荡荡的，我还无法适应。

家中的小狗狗也去敲哥哥的房门，它还不明白，每天都能见到的哥哥怎么不见了？啊，亲爱的哥哥，我想你了。在很长一段时间里，它每天早上都会用小爪子去敲哥哥房间的门；有时大门有动静，它也会飞快地跑下楼梯去看看是不是哥哥回家了。

习惯“空巢”是一个艰难的过程。孩子离开家，就像把身上的肉割下来一样，多年水乳交融的生活，现在被打破了；多年形成的习惯，现在在空间上、时间上处处留下空缺，不停地提醒我和孩子在一起的美好岁月。就像吃真正好吃的东西，会让我们放慢速度，一口一口地仔细地、慢慢地品尝里面的每一丝滋味，口齿留香，回味无穷；也像我们人生中经历过的幸福时光，每一幕都鲜活生动。

20 多年来儿子用欢声笑语温暖我们的心，下班了想赶快回家和他一起吃饭，有什么事情都想和他分享。他的点点滴滴、所作所为照亮了我们原本平凡的生活，现在这一切突然变得虚幻和遥远。

周末上午，我坐在家里客厅的沙发上，清晨的阳光从阳台的落地玻璃门照进来，像一束束花朵开在客厅的地板上。有时我会想象他正在屋里睡觉，在书房做功课、玩游戏、阅读，到吃饭的时间会习惯地叫他，所以说习惯空巢真的不容易。

8 月 31 日，我在日记中写道：“儿子，妈妈想念你。眼泪不由自主地掉下来，这辈子最大的幸福快乐，就是有了你。亲爱的孩子，你是妈妈一生最大的成绩，你让妈妈没白活一回。谢谢你，你让妈妈学会了做母亲。”

3 个月后我全身开始疼痛难忍，发高烧，晚上不能入眠。

12 月 8 日，我住进温哥华总医院，被诊断为急性淋巴白

血病。

2005 年 12 月 25 日,一个难忘的圣诞节,我是在温哥华总医院度过的。医院的护士打扮成圣诞老人,慰问每一个不能出院回家的病人,给每个病人派发了圣诞礼物:小照相机、糖果、袜子。我还收到了最好的礼物——亲人、朋友们的关心、探望和儿子的到来。

我在日记中写道:“儿子今晚回温哥华。孩子,你是上天送给妈妈最好的圣诞礼物。”

儿子主动休学一年,每天陪我去医院,帮我翻译、做饭、打扫卫生。2006 年 6 月 21 日,老公和儿子见证了我的骨髓移植;2009 年 5 月 21 日,我和老公到纽约哥伦比亚法学院参加了儿子的毕业典礼。

毕业典礼上,天之骄子汇成一片沸腾的喜庆海洋,喝彩欢呼雷鸣浪涌。观礼篷里的亲友们声嘶力竭的呐喊声,震耳欲聋。听到广播里念到儿子的名字,看到大屏幕上他从校长手中接过毕业证书时,我忍不住热泪盈眶,感谢上天,让我看到了这个欢庆的时刻。在欢声雷动中,我心中涌出一股股暖流。感恩上天让我活着,活着见证这欢庆的盛会!

我看到儿子成家立业,看到他和女友喜结良缘。2010 年 3 月,他宣誓成为美国纽约律师。

在人生历程中有一段时间和孩子一起生活,一起成长,是上天赐给我的幸福。在生命中,最大的幸福是天伦之乐;在生活中,最大的快乐是和孩子一起成长;在一生中,最大的福分是拥有一个好孩子。谢谢你,孩子,感恩我们一起度过的幸福时光!

3. 写给周岁儿子的信

亲爱的孩子：

今天是你一周岁的生日，是你出生365天的日子。

当我写下“周岁”这两个字时，回想起当医生确定地告诉我怀孕时，自己心中的喜悦和担心。喜悦的是我将做妈妈了，担心的是我有能力养育他吗？

那时，我在上海工作，做助理工程师，住在单位办公室式的单身宿舍里，条件非常简陋，吃食堂，没有自来水，上厕所要到对面办公楼去。如果有了孩子，怎么办？当时，我真的非常困惑和担心，但是，心中的喜悦超过了一切。“船到桥头自然直”，这句话鼓励了我，只要把孩子生下来，一定会有办法的。

你出生了，在过去365天里，你像个小魔术师一样，每天都有变化，变出一个个动作，翻身、爬、坐、站立、踉踉跄跄地学走路、叫爸爸妈妈，让我们对每一天都充满盼望，充满惊喜。如果没有你，这365天，会像以前的日子一样，一天天平淡地过去。

在你还没有出生时，妈妈和几个阿姨聊天，我们谈到一个问题：“为什么要生孩子？”有人说“传宗接代”，有人说“喜欢小

孩”，也有人说“孩子是爱情的结晶”。

我忘了自己当时是怎样说的，但是经过这365天，我现在可以回答了：“参与孩子的成长，是为了让我的人生更完整。”

怀孕对女人来说，是一个蜕变过程。为肚子里的新生命着想，我喝以前从来不喝的牛奶，每天散步、早休息、听音乐、看笑话。

当怀孕9个月时，医生告诉我，我血压偏高，她建议我吃药，开了假条让我休病假。原本我的预产期还有两周多，拿了假条，我交接了手中的工作，直接回到了杭州你外婆家。

住院一周后，经过13个半小时的疼痛和挣扎，在下午1点35分，你出生了。听到小婴儿响亮的哭声的那一刻，医生告诉我：“是男孩。”我赶紧看看你的手脚，啊，都齐全；手指、脚趾没多，也没少，我还不知道原来手指齐全可以让人这么惊喜。生产过程中为了不大喊大叫，我咬破了嘴唇，以至于在一星期内吃东西都很困难。可是当看到可爱的你的时候，完全忘记了生产的辛苦，心中充满着喜悦快乐。

在孕育、养育你的日子里，我体会到了生命的神奇，感受到了生命带来的欣喜。感谢你让妈妈懂得了什么是“爱”，感谢你让妈妈的生命更完整。

汉语中有个词叫“望子成龙”，这个词让我疑惑，令我反感，有本事你自己“成龙”好了，为什么要望子成龙？生孩子是父母的选择，孩子没有选择权。所以，儿子，妈妈不敢对你的未来有什么奢望，你的人生是你的，成不成龙由你自己决定。

孩子，等长大后，你想当企业家或者工程师，就去努力吧，但如果你喜欢做一个厨师或木匠，那也不错；你想做老师或者医生，妈妈也支持，但你想做个理发师，那也挺好。妈妈希望的只是：在成长的过程中，你能幸运地实现自己的梦想，做自己喜欢的工作，并且能用劳动所得养活自己。

是的，妈妈希望你“成功”，妈妈所说的“成功”是你对自己选择做的事情充满热情。在妈妈看来，一个每天觉得上班是负担的律师，并不比一个笑眯眯地看着他的糕点，骄傲地对顾客说“尝尝看，我的面包味道很好啊！”的面包师更加成功。

妈妈希望你不要白来这个世界一趟，希望你有好品格、有爱心，希望你有求知欲，大到“天外还有天吗”，小到“我们为什么每天要吃饭”的探索精神。

妈妈希望你有正确的人生观，希望你成为一个有责任感的人，希望你明白，我们的精神食粮和物质所求吃穿住一样，它们不会从天而降，也非一劳永逸，而需要我们努力追求和奋斗。

妈妈希望你诚实，能在诱惑前、在事实前有勇气说“皇帝没有穿衣服”；希望你有梦想、有担当、有百折不挠的精神，摔跤后能快快爬起来。啊，妈妈的希望太多了，希望你能快乐成长，妈妈也会和你一起成长。

有一次，我和朋友们聊天，我说希望以后“能和自己的孩子成为好朋友”，结果朋友们都笑了。他们说，这事很难说，因为你不能预测你的孩子将来长成什么样。一个妈妈喜欢言情小说，孩子可能喜欢哲学；妈妈热爱烹饪，孩子可能喜欢冒险；甚至，同一个妈妈可能生出不同性格的小孩；就算孩子的兴趣爱好和你相近，他也宁愿和同龄人交流而不是你。所以，朋友们告诫我，别做梦有一天能和你的孩子成为朋友啦。

好吧，妈妈不做这个梦了，我不指望你14岁那年和爸爸妈妈一起去看电影，或者24岁旅行时叫上妈妈。如果有一天你成为一个和父母截然不同的人，我仍会为你的独立而鼓掌；如果有一天你愿意和攻击过你的同学和好，愿意站出来为其他人发声，而这些都没有告诉妈妈，那么当我知道后，也会为你的行为高兴。

好吧，虽然其他人那么说，妈妈还是期盼你幸福，期盼你健康成长，期盼我们能成为肝胆相照的朋友。

啊，看看出生到现在的你，有几十个烦人的理由：你有时不肯好好喝奶吃东西；有时候不肯睡觉，要妈妈半夜三更给你唱五音不全的小曲；你日夜不分，妈妈刚刚睡着，你哼呀哈啦，原来又便便了；你常常感冒发烧，发烧刚好又开始咳嗽。在筋疲力尽的妈妈开始考虑是否要把你放回妈妈肚子里还是送人时，你却在妈妈怀里突然甜甜地一笑，小嘴巴张开，小眼睛眯着，就这一笑，又足以让妈妈升起“再累也值得”的壮志豪情。

岂止你的笑，小阿姨也把你当个活玩具。当你能按照她手的指示，把头向左向右摆时，我们会像小动物那样发出惊喜的叫声；当外公每天给你讲小羊的故事时，你会咿咿呀呀张开小嘴、耸耸鼻子；你出生后，从没有带过孩子的外婆提前一年退休，帮助妈妈照顾你；我们经常跟你念念叨叨地说话，也不管你是否能听懂。

妈妈不知道，你会那么喜欢我的声音，只要妈妈连着说宝宝睡觉吧，你就像听到轻柔悦耳的音乐那样，慢慢闭上眼睛。看着你长长的睫毛、天使般的小脸，妈妈是那么的惊喜。

妈妈以前不知道人会爬、会坐、会根据声音转头也能让他人感到喜悦；不知道你嘴里吐出一个“啊”字也值得妈妈兴奋；不知道一个小小的人会那么信任、依靠另外一个人，你会把小手那么紧紧地握着妈妈的大手，让妈妈感到那么的温馨。

孩子，愿你健康成长，愿你万事如意，如果有时不如意，愿你在困难挫折中学会坚强；愿你将来不为生活发愁，如果没有，愿你在贫穷中学会勤俭；希望你爱人如己，并被许多人爱，如果有人打击你，愿你在逆境中学会勇敢；愿你快乐微笑地迎接每一天！

4. 给孩子一个玩的童年

刚到美国时，我们带着儿子到加州圣地亚哥的海洋世界去玩，让我印象最深的不是海豚表演和各种海洋动物，而是孩子们的笑脸，是孩子们脸上绽放出的发自内心的笑容。当表演者发出邀请，需要几个孩子配合他时，孩子们都争先恐后地举起双手，高声呼喊：“选我！选我！”

哇，可以说那是我以前很少在孩子们身上看到的情景，那种无拘无束的快乐，那种自由奔放的快乐，那种发自内心的快乐，是那样的富有感染力。那个震撼我心灵的场面，让我久久不能忘怀。

在当今竞争激烈的社会中，要让孩子“玩”，多么不易。“不输在起跑线上”是千千万万中国家长的心声。孩子刚会说话就开始背诵《三字经》、唐诗，学习画画、弹钢琴、拉小提琴等，恨不得除了吃喝拉撒，其余时间全部占满。

“虎妈”们说：“这是为他们好。”有多少孩子是在“虎妈”式的教育下成长的，他们多么可怜，一生一次的童年时光，是在书房、琴房，在哭泣中度过的。

有一次，我听了一位在国际钢琴比赛中获得过大奖的女士的演奏。她父母都是音乐工作者,她从3岁开始学钢琴,脚够不到钢琴底板,爸爸就把一个木凳放在她脚下。她14岁到欧洲钢琴俱乐部去学习,住在周围是一片森林的一个与世隔绝的城堡中,几个月的时间,每天就是吃饭、弹琴、睡觉,没有跨出过城堡一步。如今她获得了国际比赛的大奖,取得了辉煌成绩,可是她却说:“如果我有女儿,再也不让她学钢琴了。”她说自己的童年是“悲惨”的。

我问过一些让孩子学这学那的家长,为什么要这样?他们多数人说:“别人家孩子都学了,咱们不会,那怎么行?”当你让孩子去学琴时,他愿意吗?还是家长的一厢情愿?是为了孩子,还是为了父母?没有学才艺的孩子,就输在了起跑线上了吗?孩子不情愿,会快乐吗?父母这样做,是爱孩子吗?

童年只有一次,当孩子长大后,他的童年记忆只是在钢琴边,在一个个教室之间来回奔跑;当别的小朋友在踢球时,他却只能在弹琴。谁敢说这样的童年经历不会影响孩子的人格发展呢?

一个朋友告诉我,在她子女小时候,她每周要送两个孩子去不同的地方学钢琴,每天督促他们弹琴。几年过去了,孩子们都考上了钢琴的十级,子女问她:“妈妈你满意了吧?”后来子女上大学后,就再也没有碰过钢琴。朋友告诉我,她花费了那么多的时间、金钱、精力,得到这样一个结局,她说:“我真是做了一件大蠢事。”这是对父母的警示,强扭的瓜不甜。

我们的生活有太多的人为压力。从幼儿园开始,孩子学音乐、学绘画、学舞蹈,小学、中学、大学一路学下去。正常的学校作业已经把孩子压得喘不过气来了,再加上各种特长课、

辅导课、提高班等，聪明的孩子学傻了，活泼的孩子变蔫了。

家长要孩子考第一，老师要学生成社会栋梁，领导要员工工作出色……各方的要求和高标准常常让我们无所适从。在逐步长大的过程中，我们学会了和别人攀比：比学习、比父母、比孩子、比工作、比工资、比升职……这种攀比又带来了更多的压力。

2012年10月，我在温哥华的报纸上看到一篇报道，题目是：《音乐神童，痛心虎妈逼学琴》。有“音乐神童”之称的音乐家李伟安，6岁时一举成名，19岁就读英国皇家音乐学院，他在音乐事业高峰时，选择告别赛场，说不再参加任何比赛。

他对“虎妈”“虎爸”说：“音乐是表演艺术，不是比赛艺术。”他已经成为父亲，他不想让自己的子女承受庞大的压力。

我还在网上看到一篇美国人评论中国妈妈的，文章说：“美国人养孩子是为了让他们生活得快乐幸福，很少会下狠心非要让孩子做人上人。中国妈妈对自己的孩子下手太狠了，逼着他们从小学钢琴、学武术、学芭蕾、学中文、学数学，最好18岁就把硕士、博士都读完。所有小孩子喜欢玩的，年轻人喜欢做的，中国家长都禁止他们去做。中国家长似乎是不把自己的孩子当人看，他们的唯一目标就是尽快把自己的孩子逼疯。”

当然，孩子喜欢、有兴趣则另当别论。像林书豪，就是因为喜欢篮球，才能始终如一地坚持。如果在他小时候，父母不管他的喜好，而硬让他去学钢琴、学画画，那么今天体坛上不是少了一颗“星”吗？

如果孩子喜欢，家长就让孩子学习一门至两门才艺吧，但是要给孩子留出玩的时间,特别是学龄前的儿童。

有人问我:“你儿子有什么才艺?”我想了一下,还真没有,我把此话告诉儿子,他听完哈哈大笑。

像我这样的妈妈是否太少,可我也无能为力。当时我在上海,老公在外地,我一人独自带孩子,又要工作、做家务,实在没有精力和时间带他去学什么才艺了。

用现在的一种说法,儿子是“输在起跑线上”了。

哪里是“起跑线”?胎里?婴儿期?幼儿期?不知道有没有人知道。有人说:“成功的人不是赢在起点,而是赢在转折点和终点。”要说有起跑线,那么每一天都是新的起点,都是起跑线。人生前进的过程,就像马拉松比赛,最后的成绩如何,不是看你在起跑线上是否落后了一米,不是看你起跑时是否跑得快,也不看你在中途是否跌倒,而在于你有没有毅力、耐力和坚韧不拔的精神,能在跌倒后爬起来,坚持跑到终点,赢在终点。

如果说,儿子“输在起跑线上”,那么他却赢在行进的路途上。20年后他没有落后,他努力向上,有健康的心态、好的品格、喜欢的工作、相爱的人生伴侣,他实现了“美国梦”,走在了同龄人的前列。但是,在漫长的人生旅途中,是否能赢在终点,他还要不懈地加油,努力再努力!

试想,如果“输在起跑点上”这句话成立,又如何解释“大器晚成”?历史上,很多名人都是大器晚成的,他们开窍得晚,但一开窍后,往往表现得比一般人更好。

美国的心理学家指出:“人的个性,像树的年轮,是一圈又一圈地发展出去的。婴儿的一圈,代表爱与享受;孩童的一

圈,代表创作与幻想;少年的一圈,是玩乐及嬉戏;青年的一圈,是情爱及探索;而成年的一圈,则象征现实和责任。一个完整的人,上述哪一圈都不能少。”

诺贝尔奖得主中德国人(含移民美国、加拿大等国的德裔)占了总数的一半,但德国宪法禁止过早开发孩子的智力,避免将孩子大脑变成硬盘。为了留给孩子更多的想象空间,孩子在小学前的“唯一任务”就是快乐成长。他们选择保护孩子情感胚胎,浇灌情商,不过度开发孩子智力。

在回国探亲期间,我们有时会去公园逛逛。在公园里,可以看到许多中老年人在锻炼身体,打太极拳,唱歌,唱戏,但是很少看到青少年。孩子们真可怜,他们没有周末,没有假期,每天都在书桌旁,夜以继日地学习。

在加拿大的公园里,不管是晴天还是刮风下雨,都有孩子在玩耍、踢球、赛球,他们的欢笑声能传得很远很远。

可是在今日的中国很少,甚至根本看不到这样场景。

狼爸虎妈们“研制”出一批批成功的产品:“五道杠”、钢琴十级、奥数大奖、上名校……

当然,还有更多的孩子在苦苦奋斗:补习班、才艺班……没有童年,没有娱乐,更没有无忧无虑的快乐时光。

每个人只有一个童年,从很多实例可以看到:失去了童年和快乐,会给孩子们的一生带来伤害。而一个人心理是否健康是很重要的,良好的性格和心态重于事业、成就,关系到其一生的幸福和快乐。这是我们为人父母者在养育孩子时应该牢记的。

儿童时代是人生学习的黄金阶段,人的创造力常常在这个阶段有所体现。不要抱怨孩子贪玩，有人说："调皮的孩子聪明。"我儿子小时候就是非常调皮的，如果他不调皮，我还担心呢，因为那是他不舒服、生病了。

有的父母无法忍耐调皮的孩子，带着孩子去看医生，有的孩子被诊断为"多动症"，然后吃药治疗。

到美国后，我认识了一对朋友，他们有一个9岁的儿子小民(化名)。小民在出国前，被医生诊断为"多动症"，是一个"坐不住"的孩子，他刚到美国时还在吃药。就是这个让父母头痛，上学后被老师每天批评的孩子，10年后考上了全世界最好的大学——哈佛大学。从连一个英语字母都不认识，一个连5分钟都坐不住的多动孩子，成为哈佛大学生，真是令人感叹。

我把小民的故事告诉一些朋友，他们都觉得不可思议。他的成功得益于父母的培养和付出，同时也得益于宽松的教育制度、老师们的鼓励教导。这些使一个调皮爱动的孩子脱胎换骨，充满自信，使他发挥了聪明无限的潜力。他的实例也说明不要相信"三岁定终生""不能输在起跑线上"的论点。

想一想，小民如果一直在一个负面的学习环境下，一直被老师批评，没有自信，怎么有动力努力学习呢？很难说他能不能考上大学，更不要说上哈佛大学了。学习环境的不同，使他随之改变、成长，让一个"多动症"的孩子有了完全不同的命运。

如果你的孩子"坐不住"，千万不要灰心。在无法改变学校和外部环境的情况下，也一定要对孩子有耐心、有信心，要倾听孩子的想法，多多给予鼓励，在任何情况下都不要对孩子

说丧气的话。这样,“坐不住”的孩子也会有光明灿烂的明天。

父母不要压制“皮孩子”,而是要鼓励、引导、培养,给他们更多的时间和空间,让他们去“淘气”,自由自在地遐想、娱乐、创造。朋友问我的“育儿经”是什么,我说:“没有什么育儿经,让孩子在童年时代多玩玩吧!”

20 世纪 80 年代,我们没有自己的房子(住在单位的一个 8 平方米的宿舍里)。儿子 6 岁半之前,最大的玩耍的地方就是我们睡觉的床。平时我和他一起玩,一起捏橡皮泥,一起在床上搭积木,一起在床上“打仗”。他在床上学孙悟空,狭小的空间一点没有减少他快乐的心情。晴天我们到铁路边捡石头,下雪天我们一起打雪仗,周末我们会去公园、动物园。

一次,我跟他说:“对不起,妈妈在你小时候,没办法给你一个好的生活和玩耍的环境。”儿子说:“没有呀,我觉得小时候很快乐。”

我们没有给儿子买太多的玩具,他小时候玩的是各种枪、积木、橡皮泥、拼图等。我们给他买各种颜色的橡皮泥,让他根据自己的喜好用小手捏各种想象到或者书上看到的小动物。根据不同的年龄,我们会给他买不同的积木。他也能根据自己的想象,用积木搭出不同的东西来。他喜欢搭各种楼房,还给它们起一些名字,如:宫殿、狗狗屋、爸爸妈妈上班的楼等。每当他搭好一种,他都会兴奋地叫大人去看,而我们一定会拍手,为他叫好,鼓励他。一个不变的玩具很快就会让孩子厌倦,而百变的积木却可以启发孩子的想象力和创造力,让孩子的童年趣味无穷。

玩积木不仅能让他开心,也开拓了他的思维空间和创造能力。他凭借想象力搭建各种各样的房子、不同的东西，并且能举一反三，谁说这不是在开发他的智力呢？

在孩子成长的过程中，我们经常带他走出家门，去看外面的世界。

在国内时，我们带孩子去过杭州、广州、青岛、无锡、北京；出国后去过芝加哥、水牛城、纽约、华盛顿、圣地亚哥、洛杉矶、旧金山、拉斯维加斯等地方。中国有句古语道："读万卷书，行万里路。"旅游对孩子早期智力发展、心理健康都有好处。

在孩子童年时，我们每周带他去公园或者动物园，把大自然作为活教材，让他从大自然中学习在书本上学不到的知识，让他在旅游和玩耍的过程中受到教育，并且让我们和孩子更加亲近。

儿子一天天长大，在大自然中开始认识世界：花草树木，开了他的眼，开了他的耳。在大自然中他认识了红黄绿白等颜色。在他两岁后，当我指着花、草、树、石头等，问这是什么时，他都能准确地说出来。

散步健行，听听鸟语，闻闻花香，当孩子停留在小溪边捡石子时，我们会停下脚步等他，他也乐此不疲。

啊，孩子的快乐就是妈妈的天堂。

父母能为孩子做的事情，就是让他们拥有孩提时代的快乐回忆，给他们一个健康的身体、健康的心理、快乐的人生。

亲爱的父母，给孩子一个快乐的童年吧！

5. 要不要给孩子看电视？

朋友问我："要不要给孩子看电视？"我说："给他看吧。"电视能帮助孩子开阔眼界，只要根据他的年龄选择适合他的节目，并控制好时间，看电视也能让孩子收获很多。所以从小到大，我们都给儿子留出了自由活动和看电视的时间。

朋友说，孩子学习那么忙，怎么有时间看电视？

当然，如果把孩子的课余时间全部安排满了，包括周末也要学这学那，当然就没有时间看电视了。

有一位只读了三年小学的美国单身妈妈，她有时要打 2 到 3 份工才能维持生活，她住在贫民窟，有两个儿子。在小学时，他们的学习不好，让她伤透脑筋。后来，她限制孩子看电视的时间，并且规定孩子每个星期要去图书馆借两本书看，看完后还要写读书心得。就这样，两个男孩的学习成绩不断进步，后来分别成为工程师和医生。这位妈妈知道，电视不是一无是处，所以她没有"禁止"孩子看，而是"限制时间"。

如今的电视节目做得很好、很丰富。记得 20 世纪 80 年代初期，家中有彩电的不多，当我拿到一张购买索尼彩电的票（包括自行车等产品，当时都需要有票才能买）时，在美国读书的妹妹、妹夫省吃俭用给我们寄钱，我们花了1500元买了一台14英寸的彩电。电视主要是买给孩子看，因为很多知识不仅仅来自于书本，对于学龄前的儿童来说，也可以从电视节目中学到知识。当然，今天还可以通过互联网来学习。

《聪明的一休》《黑猫警长》《蓝精灵》《大闹天宫》等节目给儿子带来了无尽的欢乐。他学那些动画片中的台词，给我们带来很多欢声笑语，让我深深感受到家庭的温馨，做母亲的幸福快乐，这是千金也买不到的天伦之乐。

一次，他听了《血染的风采》，把自己的一只脚抬起，只用一只脚站立。问他为什么这样时，他说："学唱歌的叔叔，他脚断了。"那时他4岁，看着他天真可爱的模样，我恨不能让时间定格在那一刻，啊，如果他不长大多好呀。

孩子可以通过看书、看电视，学习人生的知识，增长智慧。在儿子上小学二年级时，一天他回家跟我说，有一个叔叔在校门口想带一个女同学走，他跑去帮助那个女生，后来老师来了，那个叔叔就跑掉了。我告诉他，下次要先去告诉老师。看着小小瘦瘦的他，有这样的勇气"英雄救美"，怎能不让我感动呢？"路见不平，出手相救，"儿子说，"从电视上看到的。"

在三年贫穷的美国留学生活中，我们花了44美元买了一些二手的生活必需品，桌子10美元、4张椅子共4美元、微波炉30美元，沙发和睡觉的床垫是捡来的。但用100美元买了一台比较好的二手电视。说实话，我们自己没有太多的时间去看，买电视主要是为了儿子。他看卡通片，《辛普森一家人》《米老鼠》《绿野仙踪》等，学了英语，开心又快乐，为什么不让他看呢？

电视还是梦想制造机，它能满足小小梦想家对成就感的需求。

儿子幼儿到青少年时期，喜欢看卡通片，看科幻片。ET、蜘蛛侠、蝙蝠侠、探索，他都喜欢看，因为这些影视剧中的好人最后都能获得胜利，取得成功。

电视为孩子展示了部分外面真实的世界，帮助他了解了一些道理。在游戏中，他喜欢扮好人，并且在学校，在和朋友们的交往中，他都愿意做诚实、正直、打抱不平的英雄，这就是电视的奇妙之处。

儿子喜欢看《星球大战》等科幻片，这些科幻片之所以能吸引许多孩子，甚至大人的眼球，就是制作人触动了人类敏感的心理因素：追求成就感，追求“成功”和胜利。

在电视的梦幻世界中，很多都是好人取得最后的胜利。所以在潜移默化中影响了观众，特别是对于成长中的孩子，他们喜欢扮演英雄——助人为乐、打抱不平、见义勇为，并把这些好的品格应用到实际生活中。

现在有太多沉迷于电视与电脑的孩子，“网络成瘾”是我们所担忧的，“电视成瘾”也是潜在的问题之一。

我认识一对夫妇，他们有三个孩子，如果小孩子吵闹，他们就打开电视让小孩看或让大孩子玩“益智线上游戏”。虽然爸爸妈妈偷得半日闲，但不知不觉中，孩子使用电视和电脑的时间就会愈来愈长，成为被电视、电脑“喂大”的孩子。

这类孩子，缺少与家庭成员互动的机会，多了声光刺激的陪伴。而被电视或电脑“喂大”的孩子，可能会有社交方面的问题：不愿意和他人交流、交往，应对进退慢半拍；做事无法按部就班;学习态度草率贪快,不能专心学习;甚至注意力不集中、容易恍惚……其实这些孩子是令人心疼的,他们心里也渴望父母多陪陪自己,和自己聊聊心事,陪自己一起开开心心地玩……

实际上,孩子10岁以后,就开始不太喜欢爸爸妈妈陪了,而更愿意和同学、朋友窝在一起。所以换个角度想,小时候他们需要我们,是父母的福气,我们应该尽力、尽量、乐在其中地陪伴孩子。

我们让儿子看电视,刚开始规定他看的时间:平时完成作业后看15分钟;或鼓励他把喜欢的节目录下来,等有空或周末再看。由于他学习非常自觉,所以后来就让他自己决定看电视的时间了。

孩子做作业累了,看电视也是放松休息,有利于学习。换位思考,如果孩子喜欢的节目开始了,你不让他看,他心不在焉,怎么能好好完成作业呢?还不如让他好好看完节目。

儿子13岁时,我们技术移民加拿大。和许多新移民一样,来到一个人生地不熟的地方,首先要解决的是吃住,以及孩子上学等事宜。因初来乍到还没买车,我们就找了个交通和购物方便的住处。经过几周的奔波,终于把家安顿了下来,所有家具都买的是二手货,吃饭的桌子10加元、沙发50加元、茶几20加元、椅子1加元……总之,一切从节约出发,能省就省。

当我们只有床时,就花了1500加元(相当于我们一个半月的生活费)买了一台新的27英寸的彩电。当电视放在空空荡荡的客厅时,我听到儿子说:“啊,这么大,太好了!”他坐在

地毯上，高兴地看他喜欢的节目。

我心中充满了感激之情，孩子要求真的不高，而在我们力所能及范围内满足他看电视这一小小要求时，就能看到他满足、可爱、发自内心的笑容，作为母亲的我心怀感激。是呀，原来孩子的每个小小的动作、每次笑语，都会在父母心头留下永久的记忆。

啊，我多么怀念和孩子相处的那段美好时光呀！

6. 激发孩子的创意

作为父母,我们都希望自己的孩子头脑聪明、反应灵敏、学习好、有创造力、能举一反三。但是怎样才能让孩子具备这样的素质呢? 那就要告诉孩子不懂就要问,要不断地探索才能进步;告诉他,科学家、发明家都是喜欢追根寻源的人;让他懂得怎样表达自己的想法、意见、主张,让他多开口,在日常生活中激发他的创造力。而鼓励就是一个好方法,它能给孩子的创意插上翅膀。

儿子 3 岁时,我们买了一台电视。他对电视里的小动物能说话感到非常好奇。后来到了动物园,看到小猴子跑来跑去,他能看 20 分钟左右,他会跟它们打招呼,向它们问好,可是让他失望的是:小猴子们没有理他。为此,他问我们:“为什么电视里的小猴子会说我们的话,动物园里的却不会说? 他们是不一样的猴子吗?”

我说:“你说说看,它们有什么相同的地方,又有什么不一样的地方。”

儿子说:“它们都会动,都会吃东西,都会挠痒痒呀。可是为什么动物园里的只会乱叫呢? 为什么听不懂我的话呢?”

我们告诉儿子："电视里的猴子是人把它们拍下来，或者画出来，然后叔叔阿姨再给它们配音的，这样它们就能说话了。而动物园的猴子说的是猴子的话，所以我们听不懂。"

这样和孩子讨论问题，不仅鼓励了他进行观察，也启发了他从多方面思考问题。遇到问题，多问为什么，找出相同和不同点，用发散式的方式思考，也就是"举一反三"。

儿子小时候，我们给他买五颜六色的橡皮泥玩，有时故意把其中的一块拿走，他很快就能发现，这在无意中培养了他的敏感性。自然界的花、草、石头、泥巴也都可以成为孩子的教具教材。

玩橡皮泥、泥土，是非常适合"梦想家"的游戏。捏橡皮泥可以刺激想象、空间思维能力。孩子能根据自己的观察、想法，动手"做"出他所看到、想到的东西，会令他非常有成就感。

由于橡皮泥、泥土、面团容易被塑造、改变，而且不会有什么伤害，所以是很好的玩具。家长们可以让 2 到 7 岁的孩子玩玩。

搭积木也是儿子小时候喜欢玩的。橡皮泥、积木可以让孩子的创意得到无穷无尽的发挥和发展。这样在玩中学习，能让孩子兴趣浓浓、思想集中，不仅不会让孩子疲倦厌烦，还培养了他们的创新、创造思维能力。

我们带儿子去公园观察花草，让他看看花朵的形状、颜色，让他闻闻气味；冬天下雪时，让他抓雪花，观察雪花的形状，还用脸盆把雪装起来，拿回家堆雪人，并让他观察雪人是怎样融化的，以此加深他的观察印象和对大自然的热爱。

注意孩子的创意"幼苗"，3 到 6 岁的孩子对很多事物好奇，对老鹰、小鸟、飞机能飞上天非常感兴趣，喜欢问“为什么”。这时，爸爸妈妈要走进孩子的世界，分享他的好奇。

儿子对鸟类感兴趣，我们就因势利导，4岁时带他去广州动物园，告诉他“腿长脖子细，头上戴顶红帽子是‘仙鹤’”，他至今还记得。这样，通过看实物，他逐渐学会、掌握了把名字、实物对照和观察的方法。

在生活中，我们常常碰到顽皮淘气不按常规出牌，处事灵活，喜欢发问，喜欢独立做事，专注的孩子。这种孩子敢于挑战，具备创造特质，父母千万不要把他们当成“坏孩子”。

我儿子身上就有这样的特质，他小时候我们为他的调皮担忧过，但是没有压制他的顽皮淘气。那么该怎样激发孩子的创造力呢？

我们是这样做的：

（1）接纳、容许孩子有不同的思维和想法

小时候带儿子去公园、动物园时，他会问：“变色龙为什么会变颜色？”“天为什么是蓝色的？”“下雨时天为什么是灰色的？”

我们问他：“你认为呢？”他说：“天是仙女用墨水染的。变色龙为了不被发现，在草里藏起来，所以会变颜色。”

这些是他自己想出来的，他的回答对不对不重要，重要的是他能联想到故事中的事物。他上学后，看各种书籍，提高了独立思考和分析的能力。

（2）在玩中培养孩子的学习兴趣，让他张开想象的双翼

童年是充满幻想的时期，孩子会异想天开。小时候，儿子

喜欢变形金刚，可是因为它的价格太贵，所以我们很少给他买。可是孩子又非常喜欢，那怎么办呢？

儿子想出一个办法：用积木搭。他照着已经有的简易的变形金刚，拼出积木的变形金刚，就是这样简单的玩具，可以让他玩上很长时间。

他也喜欢玩具枪，我们会一起玩“抓坏人”的游戏。这类游戏能刺激孩子的梦幻思想，借着这些假武器，孩子可以想象自己在世界的任何地方，扮演各式各样的角色，警察、士兵、将军、太空人等，让创意蓬勃地成长起来。

（3）利用语言、文字、图画等不同形式，让孩子表达意见和想象

想象力、创造力就像一本书，如果没有读过就没有用；就像一把伞，没有张开就不能遮雨。儿童时代是孩子最有想象力的时期，所以家长要好好利用这个时期。

儿子小时候喜欢听故事，我经常把他的名字和家里其他人的名字编进故事中，增加他的兴趣。鼓励他编故事讲给爸爸妈妈、外公外婆听。用看图说话、图画创作、故事接力（就是妈妈讲一句，孩子接下一句）、猜谜语、过家家、拼图、玩警察抓坏蛋、做泥偶、玩水、打仗等办法，培养孩子的想象力，鼓励孩子的创造梦。孩子对此乐此不疲，这既融洽了亲子关系，也培养了爱学习、爱动脑筋、喜欢动手的孩子。

拼图是培养孩子学会专心、静心、耐心、一丝不苟的好方法之一。面对调皮爱动的儿子，我们根据他的年龄，买各种拼图给他。刚开始，他拼完一幅图用的时间比较长，后来逐渐有了进步。小时候，他除了睡觉，其他时间都不太安宁，可是自从对拼图有了兴趣后,注意力集中了很多。记得他曾经用三天多的时间拼过一幅世界地图,那是用了上百块形状不同、看起来颜色相似的图块组成的,我看了都头昏。这需要耐心、毅力才能完成的拼图,他完成了。(注意:如果孩子累了就休息,连续拼图的时间最好不要超过一小时。对幼儿特别要注意掌握合理的时间。)

少年时代,儿子喜欢用廉价的木块、胶水,按照图纸做飞机、汽车、建筑物的模型。做模型锻炼了他的动手能力(一套套的各种模型的零件图纸可以到模型专卖店去买,非常适合男孩)。

13 岁后儿子有了自己的计算机,如果它不工作了儿子就自己修理。我们下班后,经常看到他把计算机的零件一个个摆在地毯、书桌上,一问就是某某零件不好了,某某要换了。后来他的“手艺”熟练了,还帮助同学修理;家里的计算机有问题,大部分也都是他修理的。

(4)鼓励孩子凡事要思考,多问“为什么”“真的还是假的”

在孩童时代,孩子随着年龄的增长,对一些事物逐步有了解。心理学家说,儿童的理解力有三个阶段:第一阶段是情绪理解,比如,我讨厌吃胡萝卜;第二阶段是个人逻辑。比如,西瓜像足球;第三阶段是标准逻辑,就是一般正确的逻辑。这是创造力发展的三个阶段。

儿子对有没有外星人、飞碟的问题非常感兴趣,为此他阅读了不少书籍。儿子说,他从书中看到两种意见,各有道理,而他相信地球外面可能有我们不知道的生物。

对于这些问题的解释,我们没有说“对”或者“不对”,而儿子通过阅读、分析、思考,不仅学习到了天文地理知识,也增加

了他的自信心，求知欲越来越强，逐步成为有独立思考能力，有创新思想的人。

儿子对自己的人生和职业生涯也有自己的规划。在他16岁时，计算机专业非常热门，就业情况非常好。他也喜欢计算机，而且他的几个好朋友都选了计算机专业，所以大学他选择了这个专业。可是学下来，他发现自己“输在起跑线上”了。

出生成长在北美的同龄人在幼年时就开始学习应用计算机了，而他在漂泊的学习、生活环境中，13岁才有自己的计算机，才开始正式、系统学习这方面的知识。即使他在大学时非常努力，但是怎样也赶不上那些从小接触计算机的同学。他又对自己有高标准、严要求，在同届一百多人中，他不满足自己是第二、第三名，从将来的职业生涯考量，计算机吃的是“年轻饭”，所以他根据自己的情况、就业市场，看好律师这个职业，并向着这个目标积极努力。他说律师就像医生一样，失业压力较小，没有年纪限制（从温哥华的广播中得知，律师的平均退休年龄是75岁），年纪越大，经验越多；而且学了法律后，即使不当律师，还可以在很多领域找工作。他分析了美国、加拿大的律师情况，要达到成为律师这个目标，需要做这些准备工作：考LSAT，报考法学院，选择律师事务所实习，选择具体法律专业的工作，毕业后考律师执照。他在法学院二年级找法律实习工作时，查询了多个律师事务所的历史、文化，合伙人的情况等，然后根据自己的爱好、能力进行了选择。工作后他不满足现状，不断求新，不断调整、学习，给自己一个个挑战。他为了梦想，不怕“从零开始”，工作三年多时已经跳槽三次，在四个律师事务所工作过就是证明。

让我欣慰的是,这个小时候调皮捣蛋的孩子,成长为一个有创新思想和智慧的人了,并不断地带给我们一个个惊喜。

有的父母对孩子的要求是“听话”,这在不经意中阻碍了孩子创造力的发展。实际上,每个孩子都有想象力和创造力,父母要发掘。鼓励孩子,使其创造力得到发展。

我们的做法是这样的:一是尊重孩子的意见,不轻易说“不”。二是孩子如果说得不对,要引导、鼓励他寻找正确解答。三是孩子不一定非要听父母的,如果事实证明孩子错了,让他得到教训,明白为什么错,怎样才对,这样可以训练他的独立思考能力。四是不拔苗助长,不功利主义,不让孩子做力所不能及的事。五是不问考试的排名,不把分数当命根,要以鼓励为主。六是不给孩子压力,注意培养孩子喜欢读书的习惯,鼓励孩子学习课本外的知识,培养他“想要阅读的心”。七是即使孩子有时成绩不理想,帮助他找原因,但不质疑、不怀疑他的学习能力,鼓励他向前看;不帮他检查作业或处理和朋友之间的事情,培养孩子自己的事自己做的好习惯。

一个圆圈在孩子脑海中可能有千万种答案,请不要告诉他那只是一个圆圈,让他展开幻想的翅膀。当天鹅被剪掉翅膀时,它便再也无法飞翔;当孩子被剪断幻想的翅膀时,可能再也找不到那个充满乐趣的创造天堂了。

父母从学习习惯、品格等方面培养孩子,把孩子当成一个独立的人,不强迫孩子做他不喜欢的事,鼓励他不墨守成规,敢于创新,相信并激发他的能力、智慧。让孩子的创意插上翅膀,那么他一定能成为有创造力的人。

7.
喜欢玩游戏的男孩

儿子是80后,和大部分年轻人一样,喜欢玩游戏。他从8岁开始玩,小学、中学、大学、法学院一直玩到今日。在学习、工作和玩之间他掌握了平衡点,劳逸结合,没有因为玩游戏耽误学习、工作,并且在游戏中玩出了快乐人生。

作为父母都希望孩子成才,可是有的孩子沉迷在游戏世界里拔不出来,甚至可以不吃饭、不睡觉,对父母的话也爱听不听。所以不少父母对于电动游戏深恶痛绝,把它当成噩梦。

玩电动真的那么不好吗?首先有人认为对眼睛不好。

在北美的《世界日报》的1488期《世界周刊》上有两篇文章。一篇是《小孩玩电动　竟可以改善视力》,还有一篇是《弱视儿童打电动　刺激视力发育》,这颠覆了大家的传统观念。

儿子从8岁开始玩游戏一直到现在。在上大学前他的双眼是75度的近视(不需戴眼镜)。大学学的是计算机专业,每天十几个小时都在计算机前,做功课、打游戏。大学毕业时,眼镜度数50度,反而减了25度。当时我不得其解,现在看来,只要合理地安排学习和玩游戏的时间,就不会影响视力,专家讲的是有道理的。

还有一个观念："玩电动会影响学习。"如果不克制地玩，当然会影响学习；但是如果孩子有自律能力，能合理安排时间，那它也可能成为学习、社交的润滑剂呢！

什么叫自律？简单说就是"遵循法纪，自我约束"。什么叫自律能力？我的理解是：能控制自己行为的能力。

自律力不是天生的，要靠父母用心培养才能形成。什么时候开始培养孩子的自律力比较好呢？越早越好，越小越好，学龄前是培养自律力的黄金时期。在此，我想和大家分享儿子在成长过程中的这个阶段。

（1）不溺爱，是培养自律力的第一步

在公共场所、商场，我们时常会看到在地上耍赖的孩子，看到父母不给买玩具就大哭大闹的孩子，这些都是缺乏自律力的孩子。

怎样培养孩子的自律力呢？那就是要做一个"狠心"的父母，要敢于对孩子说"不"。为了孩子，父母要做到：说了"不"以后，就要坚决执行，哪怕是吃一块糖、买一个玩具。

孩子有好的习惯，逐渐就会形成好的素质。

不宠孩子，不能孩子要什么就买什么，不然孩子会认为，只要会哭闹，他们想要什么就一定能得到。

儿子3岁时，他想买一个玩具，我说："太贵了，不能买。"他就躺在百货公司的地上，又哭又叫，耍赖皮，这时我们不理他。他看爸妈没有理他，哭了一会，就自己爬起来了。

回家后说是托儿所的小朋友告诉他："如果想买东西，只要耍赖皮，爸爸妈妈就一定会给我买。"

我说："我们不吃这一套，如果不讲理、耍赖皮，我们什么

都不会给你买。”他说：“知道了。”后来再也没有这样做。

5 岁时，我们带他去上海百货公司。当时孩子们流行玩变形金刚，他看中了一个，一看价钱，要 70 元。

我告诉儿子：“爸爸妈妈每月工资加起来 100 多元，我们要吃饭，买一些用的东西。如果买它，就只剩 30 多元了，你看可以买吗？”

他说：“妈妈，我不要了。”

3 岁前的小孩，都是自然人，父母的责任就是要想方设法把孩子管教成一个体面的社会人：不咬手指，不洒饭粒，不嘴里含着食物讲话，不为所欲为……如果小时候不给孩子讲道理、立规矩，不多花些时间管教孩子，以后教养方面的问题会越来越大，这样的实例不少见。

（2）父母说话算话，是培养自律力的第二步

父母以身作则，说话算话，要树立“一言既出，驷马难追”的威严。在孩子还小，肯听父母话时，就要建立这种威严。

孩子小时候要吃糖，爸妈说了“不”后，孩子一哭，很多父母就想“算了吧，不过就是一块糖”，这就会给孩子一种“会哭就有糖吃”的认知。

当孩子要的玩具、礼物等（书除外）太贵，超过了家庭的经济能力（即使你的经济情况还可以），爸妈也应该对孩子说：“不能买。”不能孩子一吵一闹，就“算了吧”，给他买了。

一次次的妥协，一次次的“算了”，日积月累，父母还会有威信吗？孩子还会有自律力吗？对于纠正孩子的不良习惯和不合理要求，拿性格温和、妥协的父母和性格坚定的父母相比，后者更容易培养出一个不被宠坏的孩子。

管教和教育的成功的标准是什么呢？那就是20年后，孩子长大成人，进了社会，不论他们做什么职业，都有正确的人生态度，都有正确的世界观、价值观、人生观。

有人说："上天只把孩子借给你18年，如果到时候父母在孩子心中还不能占有一席之地，那父母的角色也就报废了。"如果20年后，父母才发现孩子的人生态度有问题，那时就太迟了。

在孩子还是一张白纸时没有多花些心力，等到他们人格都已定型后，父母的教育功能早已衰退，对孩子的影响力已经有限，如果继续溺爱他，到时候唯一能做的事，就是帮他还一笔又一笔的债。

另外还有一种，父母没有跟孩子好好说话。跟孩子好好说话的时间，与抱怨啰唆的时间不成比例，时间久了孩子就练就一身"充耳不闻"的本事了。所以有的家长抱怨，阻止孩子玩游戏，他们偏要玩，就是这个道理。

自律是好品格的一种，从小能自律的孩子，长大也大多会遵纪守法，这是做人最基本的素质之一。自觉遵守、培养自律最佳的方式是：树立目标—不找借口—完成任务—达成目标。

（3）青少年爱玩游戏现象的应对措施

年龄小的孩子，大多数还是会听父母的话，最让父母头痛的是青少年。面对青少年爱玩游戏的现象，怎么办呢？建议用大禹治水"疏"的办法，而不要用"堵"的办法。为什么不要用"堵"的办法，因为没有用。

同事曾告诉我过一件事，她告诉儿子放学后要先做作业，

孩子答应了。当她下班回家时，孩子听到车库门响了，赶紧把电脑关了，把书打开看书做作业。妈妈一摸电脑是热的，一问才发现他已经玩了三个小时电脑了。

你说我把游戏给他收起来，他就玩不成了吧？这个方法也没用。孩子是绝顶聪明的，他们会去同学家玩，或者借别人的游戏机玩，所以用“堵”的办法是不行的。

我们用的是“疏导”的方法，明确告诉儿子，作为学生，首先要努力学习。因为不管你将来做什么工作，想要自食其力，就要有知识，而知识就是在每天的学习中获得的，这是你的首要任务。

儿子上学后，我们让他写个学习计划，规定在每天完成作业的前提下，周末可以玩。每周给他 30 分钟时间玩游戏（建议用于 8 岁左右的孩子）。长大一点后，增加到一小时，但是中间要督促他休息一下。并且告诉他，如果他能自觉做到的话，这个计划可以连续实行两个月；若做得不好，要扣玩游戏的时间，或者取消一段玩游戏的时间。

对孩子玩游戏的时间是要控制的。一天我去眼镜店，看到一个妈妈带了三个孩子，她说老大每天玩游戏，近视一年增加 100 度，这个 9 岁的女孩已经要戴 400 度的眼镜了。所以家长不能对孩子听之任之。

儿子有时在考试前一晚会玩一会儿游戏（这是他放松的办法），我们没有说什么，因为我们知道他会控制自己，他从没有因为玩而耽误写功课或者读书、复习。

学习的时候，他专注在课本上；玩的时候，他把课本抛在脑后，痛痛快快地玩。他上课认真听老师讲课，下课后抓住重点,把老师讲课的内容理解消化,把书本上的知识变成自己的东西,这使他赢得了既会念书又会玩的美名。

在儿子读高中的时候,有一次考化学,全班绝大部分同学都没有及格,同学们抱怨老师讲得不好,而老师指着我儿子说:“那他为什么考得那么好?”(我儿子考100分。)

我问了儿子,他说,考试的题目实际上老师在上课和复习时都讲过了,但是只讲了一遍,如果认真听不会不及格的。所以认真专注是取得好成绩的一个要素,其实只要专注认真地把作业做完,就能痛痛快快地玩,不但快乐而且也能让孩子充满自信。

儿子喜欢读书,他能很好地平衡学习和玩游戏的时间。在11年级时,他已经学完了必修课,选修了高等数学(大学课程),以98分的成绩通过了北美考试。高中毕业时,他被同学们选为“最有希望成功的人”。大学毕业时,他拿到了计算机和商业双学位。法学院毕业后,工作不到三年,就能独自完成几百页以上的合同。

他热爱学习、勤奋努力、不断进步。在学习和工作之间,他抽出时间玩游戏。他说,游戏是润滑剂,它不仅可以锻炼智力,还可以让自己放松,使自己有继续前进的动力。

直到今天,他工作累了,还会玩一会儿游戏作为休息。

刚进律师事务所时,儿子在700多位律师参加的国际扑克牌比赛中,获得了第一名。在和同事们聊天时,他也把讨论游戏作为一个话题,通过谈游戏,增加了与同事之间的共同语言,促进了彼此的关系。甚至在找工作面试时,有的合伙人喜欢游戏,他们便能一起谈论。

看，游戏也可以成为社交的一个好方法呢！

另外一个“疏”的办法就是和孩子建立良好的亲子关系。

有一次，我老公的同事说，他 13 岁的儿子每天都躲在房间打电动。一问他，他说功课做完了，再多问一句，儿子就什么话都不说了。这位父亲说，儿子的成绩不太好，但是在学习上不肯再多用一点功，真不知道怎么办才好。

我老公告诉那个同事，和孩子一起玩游戏吧。

过了一段时间，那人告诉我老公，这个方法很管用。他和儿子一起玩游戏，儿子当老师，爸爸做学生，在玩中改善了关系，增进了父子感情。当父子建立了良好的关系后，爸爸说的话，儿子也能听进去了，学习自觉了，成绩提高了，真是皆大欢喜。

游戏可以使人快乐。儿子是独生子，但他的性格开朗、阳光、合群。我想玩游戏也是形成他这种好性格的原因之一吧。我经常听到他在玩的时候高兴地叫起来，有时他和朋友、同学联网玩，有时我们全家一起玩。有一次，天气不好，不能出门，他教我们玩打乒乓的游戏。爸爸手忙脚乱、满头大汗，儿子眉开眼笑、快乐无比。全家其乐融融，啊，这不就是幸福吗？

在一本《凭什么上哈佛》的书中，我看到有一位从玩电脑游戏起步，上了哈佛的男孩。刚开始他迷上游戏时，父母很紧张，但他们因势利导，把孩子的兴趣引到游戏设计上。因为喜欢，所以孩子学习了许多计算机游戏程序的知识，在一些比赛中取得了好成绩，19 岁时就被哈佛大学录取了。

亲爱的父母，不要抱怨孩子不听话，只知道玩游戏，要从自己身上找找原因。问问自己:为什么孩子喜欢游戏?喜欢什么类型的游戏?这类游戏有什么优点?……站在他们的角度考虑问题,像朋友那样多多关心他们吧!

给孩子一些空间,设身处地为他们着想,了解孩子心里想些什么,作为父母就不用太担心他们的未来。

8. 当受到欺凌时

有的事，孩子不说，父母可能永远不知道。

在儿子申请法学院期间，每个学校都要求交一篇文章。其中有学校的题目是：“你为什么要当律师？”

一天回家后，儿子告诉我们，他写了 10 岁刚到美国时，在学校受到欺凌的事。下面是我翻译的，他写道（摘要）：

> 我离开了那个没有浴室和自来水的家，离开了中国，和父母到了美国。爸妈的大部分储蓄都用于购买机票了，由于语言障碍，父亲只能找到体力劳动的工作，生活是非常困难的。在两年多的时间里，我们睡在撕开的床垫上，坐在臭虫出没的沙发上，它们都是从学校的垃圾桶边上捡来的。
>
> 然而，我父母坚信，美国是一个自由和平等的国度，10 岁的我也全心全意地相信这一点。
>
> 但这种信念不久便受到了冲击。在学校，我羞涩地躲避在一个角落里。在教室里，没有人跟我说话，一些老师和同学毫不掩饰自己的烦恼，因为我这

个体格瘦小的中国男孩听不懂英语。

我清楚地记得，有一天，在走廊上，一个脸上有雀斑的白人男孩和他的朋友向我搭话，他吐出了一系列的骂人和种族歧视的脏话，并告诉我要离开"他的"国家。

我不知道"Chink(中国佬)"的意思，但我知道这是一个可怕的词。他的朋友们笑了起来，其中有一个人打我的肚子，我感到震惊和害怕，拼命逃跑，后面传来了一阵阵笑声。

这时，一个白人男孩救了我，还有其他男孩和他站在我面前，让欺负我的人停止叫我的名字，这让帮助我的男孩也被打了几拳，但他拒绝让步。我从来没有机会感谢他，但我永远不会忘记他勇敢地挑战欺凌行为的勇气。

后来我在其他两所学校也有类似的遭遇。

三个严冬后，我们离开美国，全家移民加拿大。13岁开始，我能更好地理解我的经历……对我来说，我们可以打开心灵，释放令人窒息的情绪。我停止责备自己和别人，伤口慢慢愈合……

后来，我逐渐克服了羞怯，获得了信心，高中毕业时，我的GPA成绩为3.9(满分为4)。在这段时间里，我对法律产生了兴趣，到加拿大法律援助组织当了义工，帮助别人。

……

儿子说在10岁受到欺负时就下决心要学好英语，为消除种族歧视而努力奋斗。我很惊讶，因为他从来没有跟我说过此事。

他怕妈妈担心，就把嘲笑、伤害变成自己学习的动力，真棒！

啊，在欺凌事件发生11年后，我才知道，我感到惭愧内疚。刚到美国时，忙于生存和一些事情，忽略了随时跟儿子沟通和了解学校的情况。对一个10岁的孩子来说，他的学习环境压力一点不比我们轻，作为母亲，没有很好地关心孩子，真的非常对不起他。

当时10岁的儿子，有这样的勇气，真是了不起。啊，他的勇气可以和古往今来的英雄媲美！

2016年，北京一所小学的一名10岁学生，在上厕所时，被一些同学用一个垃圾筐从头上扔下来，里面擦过屎的纸撒了这孩子一身。当他的妈妈告诉老师时，老师说是小孩子开玩笑，对方家长说小孩淘气，不懂事，还埋怨被欺凌孩子的妈妈小题大做。

把欺凌行为说成开玩笑、淘气，是纵容“恶”！

3岁立规矩，5岁明是非，如果10岁的孩子还不懂事，以后社会会让他们“懂事”！当他们成为“魔鬼”时，当他们成为像在美国因欺凌同学被判刑的那些留学生时，家长再去呼天唤地吧！

每个人身上都有“恶”。当“恶”还在萌芽状态时，就要及时摘除。

我儿子小时候很调皮。他两岁时，我们全家去公园玩，他用树枝打我妹夫，他说是和姨父玩。我们告诉他，不能用树枝“玩”，因为树枝打到身上会痛，不可以这样做，并且让他跟姨父说“对不起”，后来他再也没有做过这种行为。不管孩子多小，当其行为不良时，家长一定要及时制止，及时批评纠正，告诉他对错，绝不能纵容和忽视。就像小树需要经常扶正，才不会长歪。

在加拿大，也时常有欺凌事件发生。有新移民的孩子刚来，英语不好，受到排斥。有的孩子甚至用不好的语言侮辱、谩骂他们，甚至还发生过孩子因此自杀的悲惨事件。

2012 年 10 月，一个 15 岁的中学生在家中自杀。这个少女连续三年遭遇网上霸凌。一次被一群人暴打后，扔在水沟里，是她父亲救了她。这个女孩曾经把自己受霸凌的过程制作成视频传到网站上，说自己被欺凌，在学校被孤立，经常有人羞辱、威胁她，让她失去朋友和做人的尊严，她感到在这个世界上很孤独，可惜的是没有奏效。不得已，她选择了自杀。她说：“我这样做只是为了让痛苦远离自己。”

一个花季少女的离世给我们带来了太多的反思。当家长得知孩子受到欺凌时，可以采用告诉老师、学校有关负责人的方法，让他们出面教育那些欺负同学的孩子；而父母一定要给孩子情感上的支持，倾听他们的心声，安慰他们受伤的心灵，拥抱、关心他们。

被欺凌这种令人伤心、难堪、羞愧、生气的事情，有时发生在学校，有时发生在其他场所。对孩子来说，如果父母没有很好地理解他的悲伤，没有和他交谈，他们可能很长时间都不能释放这种不好的情绪，而倾诉、发泄、释放是解放心灵枷锁的

好方法。

在《少年派奇幻漂流》的电影中，有这样一句话："I must say a word about fear. It is life's only true opponent. Only fear can defeat life."（"我必须说说恐惧，它是生命中唯一真正的敌人。因为只有恐惧才可能打垮生命。"）

美国小说家雪儿·史翠德(Cheryl Strayed)谈到什么是勇敢，她说："坦然面对心碎是一种勇敢，接受一无所有是一种勇敢，在绝望中坚持到底是一种勇敢，决定原谅自己是一种勇敢……而真正巨大的勇敢是——正对着恐惧，瞪视它。"

虽然事过境迁，我还是要对儿子说：孩子，你是幸运的，你有为你打抱不平的同学；孩子，你是有福的，在10岁年幼时，就经历了挫折，经受了考验；孩子，你是勇敢的，你擦干了眼泪，在逆境中勇敢地向那些熊孩子说"NO"，用优秀的成绩击败了他们！啊，孩子，你经受了历练，战胜了霸王，收获了坚强，祝贺你获得这宝贵的人生财富！

儿子当时的心情，可想而知。太伤心的事情，不告诉妈妈了，咽下、坚强、再努力。看到父母的辛苦，没有把烦恼告诉爸妈，而是选择独自流泪，勇敢面对，努力学习，自强起来！

孩子，妈妈为你的勇气鼓掌！

儿子的高中，是他12年中上的第九所学校。记得有一次，他说学校有人欺负同学，他站出来替那个同学打抱不平。我问："你没事吧？"他说："谁敢！"

不管是高出他半个头、身强体壮的同学，还是其他年级的同学，都佩服他。他不仅门门功课优秀，而且经常帮助同学，有一身正气，这样的人，谁敢欺负他呢？

儿子在被欺凌的逆境中，没有屈服，把它视为挑战，并且以此作为激励自己向上的动力。他知道在对自己不公的恶劣环境下，哭泣是没有用的，而要有明知不可为而为之的精神，做“百尺竿头站住脚，千层浪里能翻身”的强者。

儿子终于如愿以偿，实现了自己的梦想。自强才能自立，此话非常正确。而学习生活中的眼泪，也是成长的养分。

9. 自己的事自己做

让孩子做事,鼓励他们学习独立。在孩子幼年时期,把家里布置成可以让他们自己动手、活动的样子。可以把冷开水、书籍放在他们能拿到的架子上;把小碗、饼干、牛奶放在小桌子上,这样 3 岁的孩子起床后,饿了就能自己吃早饭。

西方人注重对孩子生活能力的培养,他们的教育目标非常清楚:把孩子培育成独立的人。我散步时,曾经看到一个 10 个月的小婴儿自己拿着奶瓶喝奶。1 岁自己扔尿布;2、3 岁自己吃饭、穿衣服;4、5 岁帮助摆刀叉;6、7 岁洗碗,生活自理;18 岁开始独立走向社会,上大学的学费一般从银行贷款,生活费有的也靠自己打工赚取。儿子上法学院的费用,就是学生贷款,工作后每月自己还。

独立不是一朝一夕就可以培养出来的,孩子逐步长大,妈妈要在一件件小事上放手,让孩子做他那个年龄段能做的事情。有这么一个现象:如果妈妈不能干,反而子女会做家务;妈妈很能干,子女就可能不太会做家务。为什么呢? 小时候,他可能想学,可是能干的妈妈看不上孩子慢吞吞、笨手笨脚地做事,“算了,还是我来吧”。就这样,孩子学习的积极性被打压下去了,所以很多年轻人什么都不会做,这和家长“不让做”有关系。

比如:早上孩子起床磨磨蹭蹭地穿衣服,有时到上学的时间了,可是孩子还没有吃早饭、收拾好书包,这时父母“忍不住”去帮忙。就是一次次的“忍不住”,使孩子养成依赖的习惯,不能学会做在他的年龄段应该能做的事情。所以有专家建议父母有时要学会“袖手旁观”。

还有父母让孩子做家务,孩子用功课没做完等借口不做家务。有一位妈妈让女儿洗碗,女儿说:“你让我洗碗,浪费那么多时间,我考不上大学怎么办?”妈妈说:“考不上就考不上,但是碗要洗。”妈妈坚持不纵容她。结果这个女孩不仅考上了大学,而且还是美国名校。

我认识一个很不错的男孩,成绩优秀、有礼貌,各个方面都很好。可妈妈的过度照顾,使他无所适从:吃饭帮他夹菜,穿衣帮他准备,上学帮他整理书包,家务从不让他插手。后来,他选择了上离家千里的大学,离开家的目的就是想摆脱母亲对他的这种窒息式的“爱”。上学后,虽然相隔千里,但妈妈还是坚持每天给他打电话,一说就是一小时,衣食住行一一说到,他说:“我要被妈妈逼疯了。”

这位母亲为孩子付出得太多,母亲过度的“关照”,是对孩子的禁锢、折磨。在父母过度呵护下长大的孩子怎么能应付千变万化的世界呢?母亲过度“帮助”孩子,把照顾孩子当成生活的重心,会让孩子养成依赖心理,把父母所做的一切都当成理所当然,身心也得不到成长。

在《我家有个独生子》一书中,作者谈道:“摘除孩子自立

幼苗的母亲,会创造出恋母情结的男性。”这类男孩用上海话说就是“娘娘腔”,而“娘娘腔”的男生会在社交、婚姻方面遇到一些障碍。

身为父母,如果不想孩子成为“残缺无用”的人,那就不要为孩子做太多,不要为他们打理操劳一切,让他们在生活、学习以及各方面学会独立,成为他们自己。

每个孩子都是独一无二的,想让孩子变得独立,父母就要明确告诉孩子该做什么。比如:“你起床后,把被子叠好。”“你在吃晚饭前,把玩具收拾好。”“你在做完功课后,把书包整理好。”自己的事自己做,这是培养孩子独立性的最基本的一条。

对于青少年,父母要逐步放手,但不能不闻不问,要积极与孩子沟通,了解他们的问题、困难,给予支持、帮助。要珍惜和孩子共处的机会,在吃饭、周末、旅游等时机,利用各种话题,在潜移默化当中,帮助孩子排忧解难。碰到孩子抑郁愤怒,无法交流的时候,可以用信件、邮件的方式来缓解、疏通他的情绪。

很多朋友提到他们的青少年子女时,感到很头疼。因为青少年对父母的意见、看法、管教开始不听取、不服从,而且家长控制得越严,他们的叛逆就越激烈。我们的做法是在非原则的小事上不管太多,给孩子一些空间,尊重孩子的隐私,绝不查看孩子的日记、手机、计算机等。

“我的孩子为什么不听话了?”爸爸妈妈们不要忧愁,这是孩子长大的标志,这是他们学习独立自主,走向成熟的前奏。

有人说:“成长是学习取舍,成熟是知道取舍。”自己的事自己做，包括很多层面，从生活自理、作业完成、处理问题、朋友交往、学业选择、职业生涯规划到方方面面。但前提是爸爸妈妈们要逐步放手，这是非常重要的。相信孩子，相信他们的能力，相信他们摔跤后能爬起来，那他们一定能学会独立。

10. 放手，孩子才能独立

刚到美国时，我们认识了一位20多岁的白人。他是计算机专业的学生，家庭富裕，但是父亲没有给他学费、生活费，这些全靠他自己。他上完大一，去了中国台湾一边教英语，一边学中文，所以他能说一口标准的中国话。挣了一年的钱后，他又回到了大学。他说美国人18岁后就要独立，就算家里再有钱，子女也不会问父母要，大部分人都是自己打工赚钱和贷款上大学的。

孩子在幼年时依赖父母，青少年时期发展人格，寻找自我，成年后需要在现实社会中竞争立足。当孩子长大成人后，他们在职场中要面对各式各样的挑战。比如怎样把工作做好，怎样跟同事、上级和睦相处，遇到困难挫折时怎样面对和处理。

家长要为孩子日后面对社会做准备，要从小培养孩子的独立性和良好的心理素质能力，而“放手”就是爱。

在西方国家，父母非常注重培养孩子独立的性格，1岁的孩子东倒西歪向前走，妈妈不会大惊小怪；孩子走路摔跤，让他自己爬起来；在中学，很多孩子自己挣零花钱；18岁时，可以随时搬出家,独立生活,父母不会干涉。

孩子小时候难免会和小朋友推来推去,甚至受欺负,这时中国妈妈会找上门去理论、告状。而西方的孩子和小朋友有了争执,或者受到欺负,妈妈会问孩子:“他们为什么要欺负你呢?难道你们不友好了?你有没有对他们不礼貌?”她首先是让孩子检查自己做得对不对,即使是别的孩子不对,大部分情况下妈妈也不会为孩子出头,而是让他自己想办法处理。比如:让他去找那个孩子说理,努力言归于好;让他告诉对方父母;等等。这也是在培养孩子的独立能力。

中西孩子在独立能力上的差距,也是妈妈之间的差距。所以妈妈要学习,要成长,要学习放手让孩子解决问题,独立处理问题,这样他们才能在人生道路上正确对待问题、困难和挫折。

我碰到过一些 20 多岁的中国留学生,大事小事都要打电话问妈妈。还好现在通讯便宜方便, 20 世纪八九十年代,打一分钟电话要 2 美元多,光电话费都可能让人倾家荡产了。给妈妈打电话很好,但是在地球的另一边的她怎么能每一次都能帮你做正确的决定呢?

成年的子女还没有“断奶”,离开妈妈什么决定都做不了,这样的人何时才能长大呢?

现在为什么有那么多的成年子女做“啃老族”?有两个原因:一是怕吃苦,对工作挑三拣四、挑肥拣瘦;二是有父母的呵护,“不行就回家吧,有吃有喝,有零钱花”。

父母抱怨子女不独立,抱怨孩子不争气。可是他们为什么会变成这样,有没有问过自己?

如果成年的子女不想离开父母独立生活，父母不放手让成年的子女独立，都是有问题的。

父母要教育孩子努力学习、自力更生，根据孩子的兴趣，培养他们，让他们有一技之长，将来可以自食其力。

独立是一种品格，要从小培养。有一种爱是以“分离”为目的的，这种爱就是让孩子尽早作为独立的个体从父母的生命中分离出去，这种分离越早，父母就越成功。

如果从小作业帮孩子看，书包帮他背；学习什么才艺，选择什么学校，什么事情都帮孩子安排好；每天穿什么衣服裤子鞋子都帮孩子准备好；长大后找工作、找对象都帮子女做主（可提意见，但不要包办）；甚至找工作面试时，还陪着他；他工作中出了问题还出面解决 ……那他们怎么能独立呢？

有个女孩上大学是父母帮她填的学校。在中国，大学志愿可以填几个学校，可是父母只给她填了一个，女孩没有被录取；第二年，她复读考上一个普通大学，选择学校、专业都是父母代劳的。

工作三个月后，女孩辞职了，回到家里，每天待在自己的房间，拉上窗帘，连阳光都不愿意见，更不愿意见人。这个年轻的女孩，心理生病了，父母过度的干涉，把孩子“培养”成了废人。

就像孩子学走路，如果父母一直扶着，孩子还能学会走路吗？家长停止搀扶，孩子才能学会迈步。孩子在成长道路上，有的父母过度劳心劳力，从饮食起居，到大小事情无所不包，为的就是让孩子少吃苦。有的父母甚至还为“不能照顾孩子一辈子”而遗憾，但是有没有问过儿女是否愿意“被管一辈子”呢？

有个 27 岁的女生，从小到大，今天吃什么，明天穿什么，怎么和同事相处，哪些朋友不应该交……她的生活，被父母事无巨细地“保护”着。因为什么事都要靠妈妈做决定，她不会与人相处，导致两年里辞掉了 26 份工作。

这些不肯放手的父母，有一种把孩子当宠物的情结。他们有爱宠物的能力，却不懂得怎样爱孩子。

他们不知道对宠物的爱与对人的爱是不同的。

训练宠物就是让它听话，不希望它自主。宠物给主人一种善解人意的感觉。我们家的小狗狗，我们一回家，它就摇起尾巴，我们让它“坐”，它就坐；让它“出去”，它就飞快地跑下楼梯。

不管孩子多小，也是人，父母要让他们像人那样成长，让他们具备独立自主的人格，这样以后才能在社会上生存。父母千万不要把对宠物的“爱”用到儿女身上，不要忘记了儿女应有自己的空间、隐私、思维、见解和独立处理问题的能力。

怕孩子摔跤、怕他受伤、怕他吃亏、怕他犯错、怕他走弯路，怕，怕，怕，父母的“怕”造就了今天不独立的子女，而家长不肯放手也是儿女不独立的主要原因。培养孩子正确的价值观和良好习惯是父母的天职，对孩子——童年要管教，青少年要逐步放手，18 岁后要放飞，这样孩子才能独立。

对青年人来说，你首先要有一份稳定的工作和收入。当然，也许一开始工资不高，但只要你努力工作，一定会逐步改善的。有了工作，经济上独立了，你才能做自己想做的事，才能有自己快乐幸福的人生。做“啃老族”能快乐起来吗？

建议父母们要学会“偷懒”。我就是一个懒妈妈,如我不检查儿子的家庭作业,对错由他自己负责。在他不同的年龄段,在一件件小事上,该放手时就放手。遇到一些问题、困难,鼓励他想办法,给他建议,把关注默默地放在心里;不怕他摔跤,给他独立解决问题、为人处事及从挫折中学习的各种机会。收起呵护的羽翼,让他去飞翔,这样,雏鹰才能练就一双坚强的翅膀。

上学后,儿子的学习,除了他爸爸有时给他布置一些算数题,其他作业都是他自己搞定的。从初中开始他就独立选择课程(北美的课程要自己选择),写作文,做将来的人生规划,也通过做家教挣一些零用钱。人格发展有很多方面,独立只是其中的一种。当父母给了孩子最大的支持时,他就会建立自信心。在父母过度关照下成长的孩子,一旦离开父母将会无所适从。

爸爸妈妈们放手吧,如果不放手,孩子永远长不大。

父母放手、相信孩子,孩子才能勇敢地前进,勇敢地飞翔。

爱是培养孩子独立的过程中重要的养分。因为爱可以给孩子带来安全感。“就算全世界都抛弃了我,我还有个温暖的家。”

爱不仅是让孩子吃好穿好,给很多零用钱。真正的爱,是帮助孩子成长。孩子总要离开父母,开拓他们的人生,而一味地担心、溺爱、干扰会变成阻碍他们成长、独立的绊脚石。

在人生中,沒有一对父母可以帮助儿女一辈子。俗话说:“爱他就给他自由吧!”在儿女羽翼未丰前,父母可以依照他们的兴趣,从旁扶持,依他们自己志趣修学谋生才能。儿女迟早都得学会如何立足世间,而且越早越好。

不要怕孩子失败,因为失败也是他们人生中的必由之路。我们要告诉孩子,没有跨不过去的坎。不要怕孩子吃苦。当孩子有坚强的意志时,苦难和挫折不会让他们寂寞沮丧。当一扇门被关时,会有一扇窗被打开,窗外阳光明媚、晴空万里,而放手才能让他们勇敢地飞翔!

11. 迎接孩子的青春期

当我们看到孩子茁壮成长时，觉得很骄傲。但有的青春期孩子就像“小祖宗”，说不得，碰不得，让父母很头痛。一句话不对，孩子就像触发地雷那样随时爆炸。父母觉得，孩子怎么好像变了个人似的，不少家长形容孩子的青春期是为人父母的“黑暗期”。

有个女孩，从小聪明伶俐，讨人喜欢。在中学时，她交了一个男朋友。本来这个女孩只是把他作为一般朋友看待，可是父母过度敏感，极力反对，在一次大吵大闹后，女孩离家出走，索性和男生同居，后来生了两个孩子。可是由于高中都没有毕业，他们做的是服务性的低薪工作，生活贫困。多年后女孩的父母看到自己的女儿和外孙，心疼又后悔，悔不该当年的举动。女孩的母亲说：“如果那时我多一些耐心和理解，女儿就不会走到这一步了。”

青春期的孩子在心理、生理各方面都发生了变化，他们的这些变化，让父母觉得陌生。他们喜欢和同学朋友探讨问题，不喜欢和父母在一起。我认识的人当中，就有孩子不肯和父母一起旅游，而愿意和同学结伴出行，而我儿子在这方面还好。

纽约大学心理学教授 Niobe Way 的研究表明,男孩在 15 岁之后,更容易感到孤独。他们中的很多人选择少说话,不表达情绪,也容易感到沮丧。反之,如果能及时表达情绪,就易增加正面情绪。和朋友、家人分享自己的喜怒哀乐,积极参加各种活动都能疏解心中的郁结。

儿子在青春期时,说话减少,但是我们告诉他,如果有遇到什么困难,要告诉我们。所以一般情况下,他都会一五一十地告诉我们,我们也会提看法和建议,并且尊重他的意见。

男孩和女孩在生理上不同,但在情感世界里是相同的,都需要关心和呵护。做家长的,不要忽略男孩坚强外表下脆弱的一面。与孩子做朋友,让他们愿意把心里话跟父母分享,引导他们提高 EQ(情商)。

爱一个人时,能忽略宽容他的不足和缺点。可是信任却不是那么容易做到的,信任来自坦诚,它需要更稳固的基础。

我们要给孩子一个温馨的家,耐心聆听,让他说出心里话。当孩子愿意谈心灵深处最隐秘,甚至不堪的想法时,做父母的也不要轻易批评论断,而要像朋友那样提建议意见。让孩子获得安全感,畅所欲言地谈自己的看法意见,这就是信任的表现。

青春期的孩子想在大人的世界中找到自我,找到定位,他们在探索。他们不想和父母一样,想创新,遇事想自己做主,可是如果父母还把他们当成小孩子呼来唤去,那么孩子就会反感,或者什么都不愿意说了。有时青少年抗拒父母,抗拒的

不是父母要求的内容，而是抗拒父母命令孩子该做什么，不该做什么的形式。

我们对儿子有信心。他进入青春期，自我意识觉醒。这时我们放松心态，逐步放手，让他学习独立。从自我管理开始，像学习安排、起居作息、零用钱使用以及交往朋友等，我们都只在旁关注。他有时会犯错，有时不负责任，有时不知感恩，这个成长过程是在“做中学”“错中学”。这段路也是对父母的耐心、信心的考验。而亲情、爱让我们克服重重困难，共同成长。

作为父母，都想让孩子快乐成长，所以对一些鸡毛蒜皮的小事，就不要管太多了，鼓励孩子自己做主，这样不仅让自己轻松，而且避免了和孩子的争执，并且让孩子在实践中逐步走向成熟。

从小到大，家里有什么重大事情，我们都和儿子商量、讨论。当然有些事情孩子可能没有决定权，但是要给他发言权，就像我在《倾听就是爱　更可提高情商》这篇文章中提到的。

有一位父亲，有两个儿子，一个 14 岁，一个 16 岁，正处于青少年时期，可是他的两个孩子都没有叛逆行为。这位父亲说，他的经验就是找孩子喜欢的事情，并且和他们一起做。当林书豪出名后，儿子突然对篮球感兴趣，这位父亲就给他讲篮球的发展历史等。

这和这位父亲从小关心孩子分不开。他工作繁忙，但是一下班，就陪着儿子们。幼年时期的孩子们在外面玩，爸爸就在旁边看着他们，这样的父爱给了孩子极大的安全感。到了青少年时期,他的孩子们没有让父母担心,也没有叛逆的行为,因为他们已经培养出了“朋友式”的父子关系。

尊重、理解、倾听非常重要,父母在孩子小时候就和他们建立亲密良好的关系,到青少年时期,就不会头疼了。在抚养孩子的过程中,我们也要不断学习,改变不正确的思想和做法。

要让孩子心悦诚服,乖乖做事情,并且放弃他不正确的想法,按照父母的指导去做,关键就要是让孩子觉得父母了解他,并且聆听了他的意见。就是这种亲密、被理解、被尊重的感觉,让孩子会自愿去做他可能不想做的事。

孩子不喜欢的家长类型有这么几种:一是管得太多(包办),二是管得太细(监控),三是管得太频(唠叨),四是管得太死(霸道)。

对于中学时期的儿子,我们让他学会情绪处理和与他人交往的技巧。这个时期,我们逐步放手并且在旁观望、提供帮助,让他遇到问题时,不发火不发怒,站在别人的立场上考虑问题,用正确的方法处理问题,并逐步学会掌握控制自己情绪的能力。

儿子给我们说事情时,我们保持静听,因为我们知道青少年不喜欢对老是插嘴的父母说话,因为他不希望父母“指导”他;即使提建议,我们也用商量的语言,所以他从来没有“对着干”的行为。

给孩子一些隐私空间,给他自己解决问题的机会,不要怕他犯错。这样他不仅不会和父母“对着干”,而且独立思考、独立处理问题的能力也得到了锻炼,在生活、学习、交友中逐步

学会独当一面，这对他将来走向社会，发展职业生涯非常有利。

儿女如鸟，父母放手放飞，让他们经风雨、见世面，他们才能成为敢于在狂风暴雨中展翅高飞的雄鹰！

12. 创造温暖的家

在孩子成长过程中，家庭环境和家庭成员之间的关系非常重要。不论是吃饭、穿衣、做家务，还是做功课、阅读、玩耍，这些看似平凡无奇的日常生活，却是影响人生发展的重要因素。父母是孩子的启蒙老师，家是孩子学习处理人际关系的第一所学校。

父母教育子女的态度和方法，关系到孩子的身心健康，也直接影响到家庭关系。建立和睦亲近的家庭关系会让人感到幸福踏实，可以让孩子阳光、开朗、健康成长，家庭幸福是个人幸福的源泉。

今天我们远在大洋的彼岸，哪里才是我们的家呢？有这样一句话："我身本无乡，心安是归处。"那就是我们不管在天涯海角，还是地球彼岸，把"心"安下来的地方就是家。

今天，儿子已经长大，自己也成了家，但是父母所居住的地方也是永远为他敞开的家。

在我们的生活中，搬过很多次家，从中国到美国再到加拿大，儿子在小学到高中读书期间，共读了 9 所学校，都是因为搬家造成的。作为父母，不管搬到何处，不管物质条件多么艰

苦,都要为孩子创造一个温馨的家,而这需要用爱来搭建。温馨的家庭对孩子的成长是有正面的影响的,在一个有爱的家庭里长大的孩子,一定会积极向上、有爱心;同时在他有了家庭后,也一定会效仿。

在一个充满爱的家庭中,父母和孩子的关系亲密,也能有情感和思想方面的交流。孩子把父母当作朋友,觉得父母可以信赖,对父母的教育持接受的态度。在这样的家庭中成长起来的孩子,能愉快而自信地学习,较易形成友善、真诚、合群、自立的品德,有健康的心理,走向社会后,才会有良好的适应能力。

有的父母说自己太忙,他们忙着把生命的大部分时间用于事业、金钱。有了钱做什么?去买更大的房子,可是自己早出晚归,根本没有时间享受,甚至连吃饭都不回家,还说是为了这个家。你看这个“忙”的造字,忙=心死。如果忙到孩子连父母的面都见不到,让孩子对家的心枯萎,让孩子不想回家,觉得回家“没意思”,对家庭的归属感荡然无存,那家就不是家了,是冰冷的石窟。

有一位美国公司的高层管理人员,当他 50 多岁遭遇公司裁员时,他才发现,他的四个孩子已经长大,他把自己大部分生命消耗在每天和客户打交道,修订各种图表上,错过了孩子们成长的时间。可悲的是,这份工作并没有给他带来成就感,而他又为此耗费了太多的时间,他后悔莫及。失业、离婚,双重打击,让他沮丧。

后来他到星巴克找了一份工作,时薪只有 10 美元,可是在那里他找到了尊重、理解和关怀。他提的建议被采纳,得到同事们的关心,受到顾客们的欢迎。他改变了心态,重新树立了自信,组成了新家庭,关心他的小儿子,成为和以前完全不同的人。

通过以上经历,这位先生明白了:一个人要想生活幸福,就要有家庭归属感。茫茫人海中,当你疲倦时,哪里可以休息?当你恐惧时,哪里才有安全感?只有家。要努力为自己、为家人创造一个温暖的家。

怎样创造一个温暖的家呢?最简单的方法之一,就是全家人尽量一起吃晚饭。对一个家庭来说,这是好习惯。

因为每个人都要学习、工作,而晚饭时间是全家人聚集的时间,在这段时间里,一家人可以天南海北地聊天谈心。而就在这每天半小时、一小时的时间里,思想、信息的交流,问题的讨论,能增加全家人的感情,也是建立亲子关系的好机会。

父母要让子女知道,不管彼此意见是否相同,家人之间都要坦诚,要给孩子一个说真话的环境。如果家长搞“一言堂”,孩子就不愿意说实话了。要孩子诚实,不要让他们当听话的机器!诚实则是在温馨宽松的环境中培养出来的。

我们一家人吃饭时,从来不开电视,也从来不问儿子“功课做完了吗”这类问题,而是把晚饭时间作为家人相互关心、问候和交谈的时间,鼓励儿子对各种问题发表自己的意见和看法,让他畅所欲言。

这样,通过家庭成员的互动,孩子逐步学会谈话和处理问题的技巧,并且通过在学校和老师、同学、朋友之间的交流不断提高,为将来走向社会打下了良好的社交基础。

从小到大,我们都把儿子当成独立的人,因他是家庭的一个成员,家里的重要事情都告诉他,让他了解,倾听他的意见、

建议，很多事都是在吃饭时全家一起讨论的。而从小培养的这种家庭成员之间的亲情，将会伴随着他一生。全家人一起共度的温馨时光，也是他成人后美好的回忆，是父母送给他人生的宝贵礼物之一。

一起吃晚饭，说起来简单，但有的家庭因为种种原因，无法做到，大多数是因为父母工作忙，不能保证每天和家人一起吃晚饭。那么怎么办呢？有一位父亲，加班到深夜，回家时，孩子已经睡觉了。他就给孩子写一张纸条，告诉孩子：“爸爸今天为了完成一个合同，不能早回家，对不起。”并且写道：“孩子，你今天过得好吗？开心吗？爸爸爱你。”

声称工作忙的家长，不要找理由，不要找借口，向这位爸爸学习吧。如果不能回家吃饭，那就花几分钟给孩子写一个小纸条。虽然孩子没有看到爸爸，但是纸条上的字句会温暖他的心，会增加他的家庭归属感。

儿子工作后，经常加班加点。那时，他刚刚结婚，但是他还是在努力工作。当他的工作态度、工作成绩被认可时，老板跟他谈话，肯定了他的工作，问他有什么意见和想法。儿子提出了能不能回家陪太太吃晚饭的问题。

他说：“如果需要加班，我可以吃完饭后，在家加班。”

老板说：“对不起，我们应该早点考虑到这个问题。你的工作无可非议，回家陪伴太太吃晚饭是应得的。”

在初夏的傍晚，迎着橘红色的夕阳，儿子快步走在回家的路上；在寒冷的冬天，虽然工作了十几个小时，但他还是精神抖擞地匆忙赶回家。啊，看见了在高楼的万家灯火中，有一盏灯为他而亮着，家里美丽贤惠的太太做了一桌丰盛的晚餐等着他共同享用。什么叫幸福，这就是幸福。孩子，好好珍惜吧，珍惜生活中的点点滴滴，珍惜生活中的每一顿晚餐，珍惜你人生的伴侣。

西方人非常重视与太太或先生、孩子就餐的时光。不管是平常百姓还是公司老板，都会把和家人一起吃饭看成是重要的事。在条件容许的情况下，大家下班后都往家赶，为的就是能早日围坐在餐桌旁，和家人享受愉快的晚餐。

西方人把工作和家庭区分开来。只要离开办公室，工作模式就结束了。家就是温暖的港湾，就是充电的地方，就是享受亲情、享受快乐的地方。不管多么累，都会跟家人一起吃饭、郊游、散心，过温馨的家庭生活，不把工作和生活的两种情绪混淆在一起。

爱情、亲情都要维持，在孩子小时候，父母给了他一个温暖的家；长大成人后，他会知道应该怎样做，怎样让爱情保鲜，怎样在家庭中维护和另外一半之间的美好关系。

有这样一句话："我的家，就是我的城堡。"负面情绪在家里可以得到消除。一个家不在于你把它布置得多么华丽，而在于能给每个家人，甚至客人带来亲切自然的感受。

温馨的家是"富有"的。什么是富有？那就是每个家人都有归属感；就是当屋顶漏雨时，全家人同心协力共同修理，让每个家人都有一个遮风避雨的场所。

给孩子一个温馨的家，创造一个温暖的家。这个家也许只有破烂的床垫，摇摇晃晃的桌椅，但是这个家的成员每天一起吃饭，一起讨论，一起欢笑，有福一起享，有难一起担，爱充满着这个家，那这就是一个温暖的家。

第三篇
学习篇

让孩子爱上书，每位父母都能做到，那就是：付出耐心、爱心和时间。在日常生活中处处都有可以学习的知识，而激发孩子对事物的好奇心和对学习的渴望是培养孩子的重点。

13.

从讲故事开始

怎样让孩子热爱学习呢?

有一个简单的方法,就是从小讲故事给孩子听,培养孩子读书的兴趣,让他养成读书的习惯。这是父母送给孩子最珍贵的“爱的礼物”,也是终生受用的礼物。

这几年我看了一些关于教育孩子方面的书籍,感到有些惭愧。有的作者甚至能列举孩子从小到大的一件件努力学习的事,就像昨天发生的一样,真是太佩服他们的好记忆了。我怀孕时买过一本书,后来送给朋友了,也没有买过教育孩子方面的书,奇怪的是,儿子没有比那些精心养育的孩子差很多,这是教育的殊途同归现象。

有朋友说,那是你儿子聪明。但是从我看过的书中得知,普通人之间的智力并不会相差很远,当然不包括天才。儿子刚上小学时,有的成绩不太好,但是通过努力,后来越来越好。

德国一位教育专家说:“给孩子读书和讲故事,是最不复杂,也是最合算的对未来的投资。”

为什么要念故事给孩子听?因为它不仅简单好用,还能培养孩子的学习兴趣,所以不管父母多忙,在孩子还是小小孩

时，尽量抽时间给他们讲故事吧，培养孩子喜欢读书的心，使孩子自觉自愿地把学习作为乐趣，变成习惯，会让父母以后省心省力。

记得儿子出生后，我请了一年的假。在月子里，看着他的小脸，我会不停地跟他说话；在两个月后，每天带他出去散步，他在婴儿车里，手舞足蹈、叽里呱啦；在他还不会说太多单词时，会指着书，让我讲故事；一天天过去，睡觉前讲故事已经成为习惯，习惯则是最简单的学习形式。

在《朗读手册》这本书中，有这样一段话："你或许拥有无限的财富，一箱箱的珠宝与一柜柜的黄金。但你永远不会比我富有——我有一位读书给我听的妈妈。"

对于学龄前的孩子来说，爸爸妈妈是他的全部，他对父母是全身心依靠的。如果爸妈能放下一切，耐心地为孩子讲故事，即使爸妈没有对他说"我爱你"，他也能深深地感受到那温馨的爱。在父母为孩子讲故事的同时，自己也收获了满满的爱。

孩子长大后，不管他在何处，不论他经历多少艰难困苦，遇到多少人生起伏，这个童年的快乐回忆，将是陪伴他一生的重要养分。

孩子的学习兴趣和品格培养要从幼儿开始，这是学习的黄金时期。对于双职工的父母，下班后就像打仗，买菜、做饭、打扫卫生、整理房间等，到睡觉时已经疲惫不堪，哪还有力气和孩子一一讲述每件事情的道理呢？

可是孩子不能不教啊，那么怎么教呢？其实，有一个最简单的方法，就是念故事给孩子听。当他们认字后，鼓励他们自已读书,父母和孩子一起讨论问题,比如:为什么要团结友爱?为什么要和其他小朋友轮流玩玩具?为什么要有礼貌?对于不懂的问题要鼓励他们从书中找答案。

现在市面上有太多的故事书,建议从简到难给孩子讲故事。如《安徒生童话》《格林童话》《一千零一夜》,还有北美的《心灵鸡汤》等数不胜数,挑一些适合你孩子的书籍,一本两本都可以,一定要给孩子读。有的家长买了书就放在书架上,那有什么用呢?

孩子真是一个奇怪的小生灵,他们会对自己感兴趣的事情不厌其烦。儿子在学龄前,有时会对某个故事很感兴趣,要爸爸妈妈一遍遍地读,这时我们做的事情就是顺其自然,耐心再耐心地重复读那个故事。读得多了,有时爸妈读上句,孩子接下句,当他说出来了,不失时机地亲吻他,说:“你真棒!”

渐渐,孩子不仅把书当成好朋友,而且从读书、学习中找到快乐,这是学习的最高境界。

为什么要给孩子读故事书呢?因为每本书都有主题,各种故事、书籍中的人物,他们的好品格、人生观和人生态度都体现在故事中,而生动的故事情节可以激发孩子对学习的兴趣。

知识并非天生就有的,要通过学习获得。孩子不会一出生就喜欢读书,爸爸妈妈要每天坚持,每天抽出 10 到 15 分钟的时间,根据孩子的不同年龄阶段,读不同的书给他们听;当孩子认字了,可以先给孩子读前面几节,后面让他自己看;书中有好的语句,鼓励孩子抄下来;不厌其烦地多讲故事给孩子听,并让孩子自己创造故事。父母要以身作则多读书,这是教

养最好最快的途径。

在《朗读手册》这本书中，提到两个例子：

珍妮出生时患有唐氏综合征，她的父母抓住所有的机会给她读故事。她4岁时接受智商测试，智商高达111（从网上查到：智商121—140为最优秀，101—120为优秀，90—100为正常……）。

从艾琳出生第一天起，妈妈就开始给她读书。21个月时，她就可以说出完整的句子；24个月时，她就知道了1000个词。

读故事给孩子听，孩子借着书本跟你分享内心世界的时候，就是人生最美妙的时刻。妈妈念故事给孩子听，是和孩子之间感情的，还有人生观、价值观的传递。通过倾听、谈话、交流，可以形成两代人之间亲密无比的关系——那就是比山高、比海深的亲情。

14.

培养孩子"想要阅读"的心

在《朗读手册》这本书中，作者提到："你读得越多，理解力越好；理解力越好，就越喜欢读，就读得越多；你读得越多，你知道得就越多；你知道得越多，你就越聪明。"

书中有个例子：罗伯特是个孤儿，7 岁时姑婆给他读书听。后来他读一切能获得的书，读完了一家图书馆的每一本藏书。之前他没有上过一天学，直到 32 岁才进入一所学院，并以优秀成绩毕业；后来读了硕士、博士，他 25 年坚持阅读并获得了成功，如今在大学任教。

书的世界广大如海，它包括人文历史、天文地理……它给予我们知识和智慧。书是一份最好的礼物，因为你能一遍遍地打开它。

有人说："打开一本书，就打开了一个世界。"

无论身在何处，一书在手，就能让人进入灿烂丰富的世界。阅读是一个人持续进步的动力，也是一种良好的生活习惯。阅读的目的是学习一种思维方式，学会思考，懂得遇到问题如何选择、如何解决。阅读还是一种获得幸福的能力。但是阅读的习惯需要培养。父母要培养孩子的阅读兴趣，让孩

子从阅读中学会独立思考，使阅读成为孩子的一种能力，并且让他终身享受阅读的乐趣。

如果孩子有阅读的好习惯，会受益终身。

每个孩子都是独特的，就算是同一对父母生的，也会有不同的个性。孩子不可能天生就喜欢阅读。而培养阅读的好习惯，要从小做起，要从父母做起。就像一颗种子一样，要把它种在好的土壤里，要有阳光雨露，它才能发芽茁壮成长。

对孩子来说，阅读是培养他们爱学习的好土壤。

读故事书，并且把它变成每天要遵循的一个习惯，就像洗脸、刷牙、吃饭一样，每天做、按时做。让孩子在睡觉前听一会儿故事，或者自己读一段故事，日积月累，一个好习惯就养成了。

一定要让孩子把阅读作为一种习惯。心理学家认为人所有的行为，99%以上都是受习惯主宰的，习惯几乎就是人的一切。

儿子小时候是个调皮爱动的孩子。在他一岁后，每天晚上睡觉前，我说："讲故事的时间到了，快上床吧。"他会很快到床上，认真地听我讲故事。有时他调皮捣蛋了，我就说："妈妈晚上不给你讲故事了。"他就会收敛。对于喜欢的故事，他听了一遍又一遍，百听不厌。这样，睡觉前听故事、阅读就成了他的一个习惯。

这个阅读的好习惯，不是被家长逼迫、老师规定才做的，而是一旦形成习惯，孩子会自觉自愿、心甘情愿地去做。

儿子逐步养成了阅读的习惯，他不浪费一分一秒，在睡觉前、在候车时，他的床上、包里都放着书，会随时拿来阅读一番。就这样，积少成多，他学习了天文地理、人文科学等各方面的知识。阅读也在潜移默化地影响他的人生观、世界观、判断力等。在阅读中，他从别人的经验中学习，从他人的错误中吸取教训，举一反三，从而使自己少走弯路。

对于独生子的他来说，玩耍的对象只有朋友，所以他非常渴望交朋友，希望和朋友和睦相处。但是怎样交好朋友？他想知道和朋友有了意见怎么办，怎样才能让对方喜欢自己。我们告诉他，看书就可以了。这些看似较难解释给小孩听的人生道理，书里通通都有。

通过阅读，儿子懂得了想和朋友们愉快相处，就要体谅别人，不说刺耳、不好听的话。在人性化教育下，儿子更加巩固了有礼貌、关心他人、关怀同学的好品格。当他和同学哈哈大笑、打成一片时，会注意到躲在角落里没有笑的人；当他遇到一个新转学的同学时，会主动打招呼，帮助他熟悉学校；在学校里如果有人欺负同学，儿子会像一些同学那样站出来，打抱不平；在公共场所，遵守秩序，不大声说话；等等。

中国国内现在关于育儿的书籍可能是销售量较高的吧。如果孩子学习好，上了名校，家长就会写一本教育孩子的“真经”来分享自己的经验。

但是每个孩子的情况不同，把别人的育儿方法照猫画虎地用在自己孩子身上，有时可能会适得其反。

条条大路通罗马，育儿要抓住教育的精髓，那就是培养孩子的学习热情，因为内因起着决定作用。

对于热爱学习、喜欢阅读的孩子，父母不要太担心他某一阶段的成绩，因为他会在意想不到的时间，绽放出光芒！

孩子上学后，有时可能成绩不佳，要和他一起找原因，不要计较考试的名次，这不重要，重要的是学习态度。比如有没有认真听讲、复习等，如果孩子的学习态度正确，成绩一定会上去的。

父母爱孩子，就应该从小给孩子读故事书。故事书中有许多助人为乐、诚实、积极等品格，这些好的品格会悄悄浸润他的心田，长大后他会在不经意间展现出这些品格。

儿子看了西方礼节方面的书，去商店时会主动帮助别人挡门；在同学需要帮助时，他会毫不犹豫伸出援手。我们经常在下班回家后，听到他在滔滔不绝地打电话，他说在帮助同学解答问题；在法学院读书时，不管多忙他也会抽时间帮助同学搬家，做义工，做学校的法律杂志的编辑工作；在工作后，他仍会主动帮助同事。

如果让孩子们在玩游戏和做作业、读书之间选择的话，他们中的一大半大概不会选择做作业、读书，因为孩子不能预知教育对自己的价值，人在读一本书之前也不能预知它对自己的价值。

有人说："世界上价格与价值最不成比例的商品就是书。"

人能一眼认出货架上的衣物，但不可能在茫茫书海中一眼认出可能改变自己一生的不起眼的书。

所有的父母都希望自己的孩子有好习惯、好品德，那么在孩子的功课之余，让孩子多读些他们喜欢的好书吧。让孩子在阅读过程中，深入体会作者的想法，体会作者用心一丝一缕编织的人生命题。真正的阅读是指忘记周围的世界，与作者一同在书的世界里快乐、悲伤、愤怒、平和。

今天也许因为工作、环境等各种原因,父母不能陪伴在孩子身边,如留守儿童。还有所谓的“寄养儿童”,他们的父母不在外地,但是忙于工作,就把他们交给长辈或者保姆看护。这些孩子的枕边虽然没有父母的陪伴,但至少应该让他们拥有几本造梦的书,让他们获得力量,努力去实现梦想。

英国著名哲学家 Francis Bacon 有句名言:“知识就是力量。”他对知识的概括是:“历史使人明智,诗词使人灵秀,数学使人周密,自然哲学使人深刻,伦理使人庄重,逻辑修辞学使人善辩。”

我们从不干涉、限制儿子读什么类型的书,鼓励他读自己喜欢的书,建议他读杂七杂八的书、读好书,特别是经典名著。这些不同作者的书,在多样风格中,在不同主题、形态的领域里,潜移默化地把人生道理和价值观传递给孩子,并让孩子在现实生活中不断实践,获得知识,获得智慧。

书是实现梦想、获得成功的好帮手,千万不要错过呀!

阅读还能培养孩子专心的好习惯。儿子学习专心、上课专心、写作业专心,这份专心来自于从小听故事和阅读,要知道,他小时候可是个连 5 分钟都坐不住的调皮蛋。通过听故事,他养成了专心听讲的好习惯,到了上学的年纪,也能认真听老师讲,所以给孩子读故事也能培养专心的习惯。阅读能使孩子聚精会神,并且越小开始越好。

专心能使学习效果变得更好,因为你能控制孩子的外在行为,却控制不了他脑子在想什么,自觉专心是取得好成绩的重要因素。

现代的父母为了不让孩子输在起跑线上,掏心掏肺、照顾

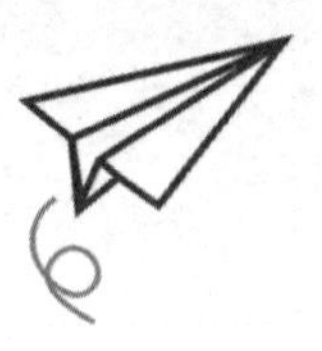

有加，接送孩子学才艺、补功课。但孩子不喜欢的东西，家长逼着学，只会弄得两败俱伤。要知道，强扭的瓜不甜，“强迫”会扑灭孩子学习的愿望和兴趣。

很多家长热衷于送孩子上才艺班，让孩子背诗词、从小认字。但是读故事书、阅读可以激发、培养孩子对书本的兴趣，这才是最重要、最根本的，因为只有“热爱”才有学习的动力，孩子才有孜孜不倦的进取精神。

知识并非天生具有，要通过学习才能获得。给孩子讲故事，可培养孩子的阅读之心，培养孩子主动自觉想要读书之心。

没有人一出生就德才兼备，相反，婴幼儿是以自我为中心的，或可认为是自私的。因为这个年龄的孩子完全没有意识到大人眼里的世界，他们对世界一无所知，缺乏自控能力。

所以，在孩子成长过程中，父母要用耐心关心呵护他们，在给他们讲故事的同时，也培养他们喜欢读书的好习惯。

对于忙于工作，把孩子交给爷爷奶奶或者保姆看护的爸爸妈妈，希望你们不要错过培养教育孩子的黄金时期，在孩子幼儿时，每天抽出十几分钟给他讲故事，关心他，要知道：赚钱的机会很多，而孩子的成长只有一次。

讲故事，不仅可以培养和孩子的感情，也能让孩子形成“喜欢读书”的想法。阅读是精神食粮的宝库，阅读的习惯最好在孩子 15 岁之前养成，这也是父母送给孩子最好的礼物之一。

刚开始，可以从图画书讲起，然后带着孩子看图说话，读文字故事，最后让孩子自己阅读。没有逼迫，没有压力，一天天、一月月、一年年过去,在阅读中获得的知识在时间中积累、感知、理解、记忆。就像我们所摄入的饭菜,它的营养能维持我们的生命和健康。

阅读也是这样,不知不觉中,我们会发现孩子把故事书中熟悉的事情,变成自动的、随意的行为。书中的营养滋润着孩子,你会发现他在你并不在意的某件小事上,把好的品质表现出来了,这也是孩子成长的标志,也就是他长大了。

儿子上小学二年级时,回到了我们身边(原来在杭州外婆家)。他自己完成作业、复习功课、整理书包、阅读书籍,一切自己搞定。小学离我们的家有半个多小时的路程,从 7 岁半开始,他自己走路上学、放学,不过那是 20 世纪 90 年代初的事了,听国内的亲戚说,现在他们孩子就读的小学,一定要家长接送,否则出事了学校不负责。

儿子在中国上小学时,我偶尔发现他回家较晚,我问他,为什么回家晚?他说帮助同学。后来在温哥华读中学时,也经常有同学打电话问他问题,他会在电话里滔滔不绝地解答。

我们支持他的行动,不怕他因为帮助同学,而减少了自己的学习时间。相反的,他在和同学一起复习中,巩固了所学到的知识。

自己解决学习、生活问题的能力,也是孩子在人生道路上必备的一种能力,而借着书本可以让孩子不断地了解,并且学习到这方面的知识,不管你的孩子 5 岁,还是 10 岁,只要开始,永远不晚。

有人说,工作忙,没有时间看书。可是我们真的那么忙吗?每天抽 20 分钟来阅读,比如在睡觉前,或者在等车、乘

车、候机、午间休息时，日积月累，不知不觉中，你会把阅读变成一种习惯，习惯是一种有用的适应机制。

就像刷牙、洗脸、吃饭、喝水一样，每天都进行，不会因为天气、环境、时间变化而变化。就像我吧，如果在睡觉前不读一点什么，就睡不着。有时因为外出回家晚了，就睡觉了，可就是睡不着，没办法，只好开灯，看一会儿书。

我去过纽约四次，在地铁上，看到了纽约生活的另一种状态：阅读。纽约地铁可以算得上是一个移动的地下图书馆，很多人手里都捧着一本书，不管是青少年、上班族还是老人，不管是站着还是坐着，他们都在安静地阅读，他们惜时如金的学习精神感人至深。

我儿子阅读的习惯很好，他能抓紧、利用一些零零碎碎的时间来读书。他买了一个小电子记事本，上面下载了一些书，随身携带。这样的话，等公共汽车时，在机场等候时，都可以随时阅读。儿子不浪费一分一秒，积少成多，用“滴水穿石”的精神来学习。他也有写日记的习惯，这个习惯一直延续至今。

如果一部新电影上映，儿子会找相应的书来看。比如2012年的《少年派的奇幻漂流》上映时，他就给我们介绍了扬·马特尔的 *Life of Pi* 这本书，说书中有很多需要思考的内容，隐藏着很多的隐喻，有很多深层次的哲理问题。

比如：“If every unfolding we experience takes us further along in life, then, we are truly experiencing what life is offering... ”(“如果我们在人生中体验的每一次转变都让我们离生活更远，那么，我们就真正地体验到了生活想让我们体验

的东西……”)

儿子在 LSAT 考试中,能一次就取得好成绩,和他平时的阅读积累是分不开的。这个考试中有五个部分,包括三个方面的内容:阅读理解、逻辑推理及分析推理。主要测试考生这几方面的能力:一是准确阅读并理解复杂文章的能力,二是组织有关信息并得出合理结论的能力,三是批判性的推理能力,四是对他人的推理进行分析和评价的能力。

其中逻辑推理有 48—52 道试题,每道题都有一篇涉及哲学、文学、政治、科技、艺术、历史、体育等的短文或对话,然后针对它们提问题。答题时间为 35 分钟,平均一道题的答题时间只有 40 秒。逻辑推理试题主要测试考生的以下能力:确定中心思想,找假设得出结论,确定准则并应用推理的方法或结构,找出错误及误解,确定新的事实或论证,对论证进行分析。

冰冻三尺非一日之寒,平时的阅读,知识的积累,使儿子在短短两个月的自学后,第一次考试就取得好成绩,为实现自己的梦想和职业生涯打下良好的基础。

有一位学者说过:“一个人的精神发育史,应该是一个人的阅读史。”而一个民族的精神境界,在很大程度上取决于全民族的阅读水平。一个社会是向上还是向下,就看阅读能植根多深。一个国家的民众,谁在看书,看哪些书,甚至会影响、决定这个国家的未来。读书不仅影响到个人,还影响着整个民族和社会。

读得多,学得多,懂得多,努力多,成功的机会就多。

那么,阅读——就从我们自己做起,从我们的子女做起吧。

培养孩子“想要阅读”的心，要比教他“阅读的技巧”和督促背诵诗词、上补习班重要多了。

培养孩子“喜欢阅读”的习惯更是父母送给儿女的人生礼物之一，而这一份礼物会让孩子受益终生。

15. 让孩子爱上书

美国诗人 W. H. Aude 关于好书有一句有诗意的话:“A real book is not one that we read, but one that reads us. ”(“真正的书不是给我们读的,而是读我们的。”)

怎样让孩子爱上书呢?首先是父母要带头,在家里给孩子创造一个安静的读书环境,经常带孩子去图书馆、书店。

我儿子在机场、公交车站时,可以不受外界环境影响地读书,那是他已经长大,他已经把读书作为乐趣,所以思想集中,可以“刀枪不入”了。但这样的素质,也是逐步形成的。在小孩刚开始上学读书时,要给他安静的环境。

我和老公都喜欢读书。我们平日里不打麻将、不打牌,有时看看电视,每天保持睡前最少看一小时书的习惯。

有人说,我的孩子不喜欢读书;有人说,我的孩子天生不是读书的料。作为父母有没有反省过,孩子为什么会这样?这和父母无关吗?比如:让孩子好好读书,可是家长从来不看书,而是手机不离手,看电视、打牌、打麻将、聊天,在这样的家庭环境下,孩子怎么能集中精力好好读书呢?怎么能静心做作业、学习呢?怎么能取得好成绩呢?

所以，父母要以身作则，给孩子营造一个安静的学习环境。

那么，什么年龄开始培养孩子的阅读习惯呢？

美国阅读研究专家 Jim Trelease 在《朗读手册》的书中建议讲故事要从婴儿时期开始。他说：“对刚出生到 6 个月的婴儿，我们通常只需要让孩子习惯父母的声音和受故事的熏陶，而不是让他们了解你说的话和故事的内容。”

儿子在刚出生到 1 岁时，我请了一年的假照顾他。在月子里，他不爱睡觉，我就不停地跟他说话。也是歪打正着，后来才知道，这样可以刺激孩子的脑神经发育，因为这个时期的孩子对音位是非常敏感的，他们喜欢听到平缓的音乐。可以与孩子轻轻地说话，给他听听轻快的音乐。同时，婴儿是非常喜欢听妈妈的声音的，妈妈的声音给了他安全感。

婴儿在七八个月时会叫爸爸、妈妈，开始学习语言，从一个字、一个词开始认知、发音，并且开始创造小的词语。这个年龄段到 3 岁左右的孩子，父母可以先从一些小动物的故事书讲起，也可以用一句两句话编个故事，讲给他们听。然后随着年龄增长，逐渐增加讲故事的时间。还可以把孩子、爸爸、妈妈、外婆、外公编到故事中，增加孩子听故事的兴趣。

儿子小的时候，他外公把他放在两只脚上，一边摇，一边讲故事：小山羊与大灰狼、小红帽。讲了一遍又一遍，他百听不厌。

书和孩子不会天生就互相吸引，就像广告，你每天都在听一个广告，听的时间久了，对品牌有印象了，就会忍不住去尝试购买这个产品，让孩子爱上书也是这样。只要父母坚持，每天念故事书给孩子听，天天讲、月月讲、年年讲，孩子不爱上书才怪呢。

孩子是聪明的，他们在听故事时，会发现书是个好伙伴，能给他们带来很多的喜悦，便会在不知不觉中喜欢上书。

“书中自有黄金屋，书中自有颜如玉”，这是中国的经典古语。人生的道理千万条，在书中都可以找到。书是最好的老师，孩子也可以从故事书中学到许多人生的道理和规矩。

儿子是上天赐给我们的最好礼物，我们爱他。可是小时候他非常调皮，也时常有一些怪里怪气的动作和想法，比如1岁多就会把钱藏在被子里，把锅碗脸盆当鼓敲，把墙壁当画板，等等。有人说：“调皮的孩子聪明。”可是因为他的调皮，我们曾伤透了脑筋。

身为父母，怎样针对孩子的特点进行培养，也是一场智慧和爱心的考验。在儿子读小学之前，我们没有教他识字，而是让他玩。但从他1岁多刚会说话开始，我们就教他要有礼貌，培养他的好习惯。见到女性要叫姐姐、阿姨、奶奶等，见到男性要叫哥哥、叔叔、爷爷等，这话教了两三遍，他就记住了。到后来，不用我们提醒，他就会主动去叫人。

学习的本质也是这样，不在于记住单一的语句，不在于背诵一段诗词，而在于触发思考，举一反三。

我大学学的是机械设计专业，从中也能得到一些启发。在机械设计的环节中，有很多要求。在设计产品时，要考虑尺寸、材料、强度、刚度、稳定性等很多因素。但是，不可能把各种要求、因素全部背下来。但只要懂得原理，不管设计什么机械产品，都有相关的设计手册可以查询，对于工程师来说，就

是找到相关资料，然后计算、画好各种图纸，再把零件制造、加工出来。

有两点比死记硬背更重要，一是知道到哪里去找比自己的记忆多得多的知识；二是综合从书本、网上等获得的知识和自己的理解，提出见解、建议等，这就是创造力。

网上有篇文章，谈到在 21 个被调查国家中，中国孩子的计算能力排名第一，想象力排名倒数第一，创造力倒数第五。此外，在中国的中小学生中，认为自己有好奇心和想象力的只占 4.7%，而希望培养想象力和创造力的只占 14.9%。

相对的，北美的学生在“多看、多问、多想、多做”中，锻炼了独立思考、学以致用的实践能力。如果老师布置了作业，学生知道怎样寻找有关资料，并且根据自己的见解和理解，写出各有特色的文章和论文来。老师平时也注重把平等、自由、公平、正义的价值观传授给学生。

教育，包括家庭教育，如果能做到不论孩子的智力如何，都让孩子充满自信，发挥自身的潜力，就是成功的教育。方法之一就是让孩子爱上书，而这一点每位父母都能做到——那就是付出耐心、爱心和时间。

孩子爱上书，就会从中学到许多人生的道理，这对于他的品格塑造很有帮助，有时还会成为父母的老师呢。

记得刚到美国不久，我们在超市购物，大声讨论买什么，10 岁的儿子及时告诉我们：“不要这么大声说话，会影响到别人的。”

有的父母说，我们工作忙，每天照顾孩子的生活起居就筋疲力尽了，哪里还有时间去给他讲故事呢？

我的手机可以看天气预报。它有每天日出和日落的时间,从 8 月份开始,每天日出的时间晚 2—3 分钟,日落的时间早 2—3 分钟,加起来也就是 4—6 分钟,但就是这样一点点缩短,不知不觉到 10 月后,白天明显变短了。

给孩子讲故事也是这样,就看父母能不能“挤”时间了。

在儿子 2 岁半前,是我自己独自带他(他父亲在外地)。我有全职的工作,还要照顾他,过得挺辛苦。那时我 1 米 65 的身高,体重仅 35 公斤,可以说是很“骨感”呀。就是这样的条件下,我还是坚持给儿子读故事。10 分钟、15 分钟,一年四季地持之以恒。

不管外面是刮风下雨,还是雷电交加,妈妈那暖和的被窝,就是孩子的天堂,就是全世界最温暖、最安全、最幸福的地方。

在寒冷的冬天,钻进妈妈暖和的被子里,头枕在妈妈的胳膊上,听妈妈讲故事:《丑小鸭》《卖火柴的小女孩》《皇帝的新衣》《灰姑娘》……也许孩子当时还不能完全理解故事的意思,但妈妈的爱像播种机,播下了孩子爱读书的种子,这颗种子在他心中生根、发芽、成长,最后根深叶茂,长成了一棵能经风雨的大树。

16. 给 10 岁儿子的信

亲爱的孩子：

今天是你 10 周岁的生日，是你出生 3650 天的日子，是妈妈离开你 70 天的日子。两个多月前，妈妈离开了你们，离开不到 10 岁的你，来到美国，来到一个和中国完全不同的国度。

记得 1993 年 1 月的那一天，一个普通的日子，一个虽然寒冷，但也阳光灿烂。对妈妈来讲却是一个终生难忘的日子——因为这一天，我离开了生我养我的土地——中国，离开爸爸和你，离开外公外婆，拿着五十美元，离开上海，飞往一个遥远、陌生的国度——美利坚合众国。

当亲人和朋友们忙碌着帮我托运行李、办各种手续时，我脑子一片空白。你穿着我亲手做的衣服，小脸上没有一点儿笑容，妈妈知道你舍不得妈妈离开。和你们拍完照，登机时间将到，我瞬间热泪盈眶。

我没敢回头，把护照递给海关人员后，推着随身行李一直往前走去，心中感到一阵阵疼痛。你还不到10岁，正是需要母爱的时候，我就这样离开，前程未卜，一切从零开始。当时我已经是上海一家研究所的工程师，工资不低，我抛弃了国内稳定的工作和生活，抛弃了这一切，是不是很傻？我不知道。当时我只有一个想法：想看看外面的世界。

在进入候机室的路上，我在心中一遍遍地念："对不起，孩子，我一定努力尽快回到你身边。"我觉得很对不起你，在你最需要母爱的成长过程中，离开了你。妈妈百感交集，我问自己：我是不是太狠心了？是不是不够做母亲的资格?!

后来你爸爸来信说，你一直在问："妈妈怎么一直不回头，怎么不再看我?"孩子，妈妈不是不想再看你，而是怕回了头，就没有勇气迈开这艰难的一步。

孩子，请原谅妈妈不能陪你过10岁的生日。看到你们寄来的信和照片，看到你和小朋友们一起庆祝生日，我非常高兴。祝你生日快乐，祝你快乐地度过每一天！

到美国后，我遇到了很多事情，看到孩子们都满脸笑容，喜笑颜开；在路上碰到陌生人他们会打招呼；看到蓝蓝的天、绿绿的草；看到五颜六色的房子……看到我们曾经在电影中才看到过的世界。

妈妈曾经和一位比你大10多岁的哥哥聊天，他的话让我惊讶。他和他的哥哥们一起经历过睡地铺、打工洗碗、被人欺负的日子，但是他没有任何抱

怨和消极情绪，反而非常感恩，感谢他的父母，感谢从贫穷中学会了自强不息。他现在是大学生了，还抽空去餐馆打工，挣零花钱。他说："家里现在条件好了，但是我还是要想办法减轻父母的负担，打工也是为了不要忘本。"

听了这个哥哥的话，我联想到你。你是独生子，在家人的呵护下长大，不知道什么叫"贫穷"，什么叫"困难"，什么叫"感恩"。妈妈希望你知道这些，也希望你能来美国看一看，你会看到一个完全不同的世界。

妈妈希望你能来美国，希望你对每一天都充满盼望，让每一天都充满惊喜和收获，妈妈希望你能学到很多老师没有教过，书本上学不到的知识和道理。

得知爸爸和你获得美国签证，妈妈激动得一晚上没有睡着。能来美国是多么不容易，你要好好珍惜这个机会，看看外面的世界，开阔你的眼界。

在前些时候，妈妈和几个朋友聊天，我们在讨论一个问题："要不要带孩子出国？"有人说："就怕带孩子出国，回国后学习跟不上。"有人说："怕孩子学坏"。

我说："学习跟不上，大不了留级一年。另外，只要我们关心孩子，我相信，孩子是不会学坏的。相反，学好英语，还多了一种语言技能。"我说："这个年龄的孩子是要和爸爸妈妈在一起的，就算以后回国，在美国的这段经历也会让孩子终身难忘，受益匪浅。"

孩子，到美国来，你要做好思想准备，我们的物质生活可能不如在国内；我们的生活困难，可能只够温饱；因为语言不通会遇到很多困难，甚至是歧视；美国不是天堂，也许刚开始对我们来说是“地狱”。但是，我们不能灰心丧气，我们要一起努力，克服困难，只要努力，一切都会改变，让我们对每一天都充满希望。

曾经在写给你周岁的信中提到对“望子成龙”这个词汇的看法，我现在还是这样认为的。出国是爸爸妈妈的选择，你没有选择权，所以我不敢对你的未来有什么奢望，你的人生是你的，成不成龙是你自己决定的。孩子，你现在的任务就是努力学习，如果你的成绩好，能够顺利从中学、大学毕业，妈妈为你高兴；如果你学习一般，希望你有一技之长，将来能做一份养活自己和家人的工作。妈妈希望的只是，在到美国学习的过程中，你能好好学习英语，巩固中文，将来在社会上多一个生存的技能。

不管我们将会遇到怎样的困难挫折，现在都不要过多去想。中国有句话：船到桥头自会直。我们全家一起努力，尽我们每个人最大的力量，创造我们的未来！

孩子，到了美国，新的环境、新的文化、新的语言，对你是一个挑战。妈妈希望你尽快融入这个环境，如果有时不适应，愿你在困难和挫折中学会坚强；愿你甘心情愿地和爸爸妈妈过一段艰苦的日子；

愿你在贫穷中学会勤俭节约，练就一颗慈悲的心；愿你用永不放弃的精神对待挫折和苦难，怀着谦卑的心认识新的朋友。到一个陌生的学校，语言不通，如果有人欺负嘲笑你，愿你在逆境中学会勇敢，愿你每一天都有一点点收获和进步，愿你逐步喜欢新的同学、老师和学校，愿你用微笑迎接每天的日出和日落。

一年后儿子从 ESL 毕业，三年后我们移民加拿大。

17. 作业自己做

每个新学年开始的时候,特别是第一天上学,家长都和孩子一样紧张兴奋。当孩子背着书包回家,告诉妈妈,“老师留了家庭作业”时,怎么办?有些妈妈,理所当然地帮助孩子,帮他检查作业做得对不对,让他改正错误。

在儿子上一年级时,我们不在身边,只是鼓励他自己努力。告诉他:“不管是不是全部正确,你自己完成作业就很棒呀。”

做作业是独立性格养成的过程,家长的辅导容易让孩子有依赖心理。对孩子来说,从小就学会承担责任是一个重要的训练,完成作业就是他自己应当担负起来的责任之一。

三、四年级后,儿子不仅独自完成作业,还能帮助同学。

有朋友问:“不帮助孩子检查作业,那他错误一大堆怎么办?”是呀,家长怎么忍心眼睁睁看着孩子把错误答案交给老师呢?

对此,美国的教育专家指出:“在作业上家长应该对孩子放手,允许孩子犯错误,而不是企图帮助孩子把作业‘修理’完美。因为孩子只有从小学会怎么面对和解决困难,养成接受

并战胜挫折的能力,才能慢慢锤炼出自己的学习技能,从而应对将来人生道路上可能的困难。”作业做得不对,有错误,如果真的需要辅导的话,那也应该是老师的工作,而不应该由父母来承担。老师用专业的方法纠正孩子错误,这样他们才能记得住。

北美的老师不是照着教科书在课堂上对孩子们灌输书本知识,而是想方设法,通过提问题、留作业把孩子的目光引向校园外那个无边无际的知识海洋。这样做的目的,是让孩子知道,生活中的一切都是他们学习的课堂。老师没有让孩子们去死记硬背公式,也没有让孩子记住标准答案,因为很多问题,由于每个人的思考问题的立场、方法不同,答案也是不同的,特别是对于一些文科题目来说。

所有这些作业,不需要背,也没有标准答案。孩子能得到什么评分,全靠他自己搜集材料的功夫和有没有独特、有根有据的观点、见解,并且不必担心是对还是错。

老师们这样的教学方法,能让孩子学习怎样思考问题,怎样带着问题寻找答案,开阔了眼界,活跃了思维。老师肯定孩子的努力,赞扬他们自己查询、思考的结论,保护和激励了孩子的创造欲望,激发了他们对学习的热忱。

老师给学生布置作业的目的,除了增加孩子对课堂传授概念的了解,对学习相关学科的技巧之外,更重要的是打开孩子的视野,锻炼孩子自我探索和拓宽知识的能力,让孩子养成独立思考的习惯,最后形成对事物的独立看法。

10 年 20 年后,当孩子们走上职场,组建家庭之后,恐怕他不知道一些历史运动发生于哪一年,但雇主和配偶都不在乎。而他是否知书达理,能否双赢沟通,能否站在他人的角度考虑问题,才是最重要的。

在北美,一些华裔家长帮助孩子做论文作业。为此老师说,学校的作业都是根据每个年龄层精心设计的。学生不管做得怎样,都没有关系,如果失败了也可以从中学习到一些经验教训。作业从易到难,能让学生累积经验,培养创造力,进而发掘自己的兴趣和潜能,这是金不换的宝贵经验。但华裔家长帮助孩子,打乱了学校的规划,使老师很困扰。

不难想象,家长的成品远胜于孩子的能力所及,写的报告一看就不是出于十几岁孩子之手。许多华裔家长注重成绩,不计手段帮助,在追求高分的同时,也导致孩子不喜欢动脑筋,错失了学习乐趣。家长的行为和不劳而获的成绩,是对孩子的负面影响和负面教育。

曾经从电视上看到这么一个故事。一位年轻的美国建筑师每天上班经过一个地方,一天他看到一个流浪汉,他停下脚步对流浪汉说:“有两个方法给你选择,一是给你 100 美元;二是我每天教你一个小时候的计算机,你选择哪个?”流浪汉选择了二,他说:“要钱,很快就会用完;学会技术,可以用终身。”经过一段时间的学习,他学会了应用软件(Application software,有时会被简称为 App,指用于特定用途的软件)的编写,后来工程师买了一台笔记本电脑送给流浪汉,流浪汉又学会了编程序,两人一起创办了公司。

“授人以鱼,不如授人以渔。”是说送人一条鱼能解一时之饥,如果想让他永远有鱼吃,不如教会他捕鱼的方法。同理,如果帮孩子解决难题,不如帮助他理解解题的原理和方法。

鼓励孩子先弄清楚例题，让孩子自己做作业，通过独立思考完成作业。

家长辅导过的作业，老师判断的是家长的水平和思路，根本看不出学生的想法，这就失去作业的本来意义了。长此以往，孩子不仅会养成依赖的想法，也会失去自我探索的能力和创造性，就等于折断了他们独立飞翔的翅膀。

如果想让孩子成为一个有独立见解的人，就要从做作业这样的小事开始培养。我们知道：天鹅起飞要比麻雀困难得多，要大片水面和长距离助跑，但一旦飞上天，其飞行距离、高度是麻雀不可比的。

父母应当成为孩子的“学习伴侣”。孩子刚上学时，可能有的作业不会做，如果询问家长，家长可帮助他理解，和他讨论，指导他阅读，告诉他从哪里可能找到相关的资料，可以提出建议，激发孩子的学习兴趣。但是不要告诉他答案，要让他自己找到答案，直接告诉答案会让孩子把你当拐棍。家长要学会逐步放手，让孩子独立完成作业。

如果作业是孩子自己做的，那记忆维持的时间会比较长。因为通过找资料、整理、思考、编辑等环节解决问题，学到的知识会比仅仅听老师讲课的记忆更长久。

爸爸妈妈们请注意，哪怕孩子做的作业在妈妈眼里很烂，被老师画了很多红叉，但是也不要忘记说上一句：“妈妈为你自己完成作业高兴，要再接再厉。”但一定要让孩子明白作业的一些问题为什么错，错在何处，怎样改正。

不用钱和礼物诱使孩子做作业，而要用积极的活动鼓励孩子，比如带孩子去向往的动物园、公园、游乐场等。只要孩子的学习态度正确,相信他一定会逐渐进步,取得好成绩的。

有人说:“一个主动追赶蝴蝶的孩子,会比后面有野猪追着跑的孩子跑得快也跑得久。”所以培养孩子热爱学习至关重要。

父母应帮助孩子一起规划业余时间,使家庭成为一个激发孩子学习的好场所。让孩子养成规律的作息,确保他们有充足的睡眠、均衡的营养、适量的运动,避免孩子过度看电视和玩电动等。家长应在家里放一些拼图、图书等,激发孩子的学习兴趣和热情。

好的学习环境、气氛是最重要的。规定固定做作业的时间,比如放学后,先做作业再玩;辟出专门做作业的空间,里面没有会分散注意力的东西等。家长还可以把做作业当成一个亲子互动的过程,并且做出好榜样。若想孩子专心并热爱阅读的话,家长自己也要拿起书本;要想孩子爱学习,自己要以身作则才是。

不管爸爸妈妈出于什么理由,都不要帮孩子做作业,这才是真正地帮助他们,爱他们。

18. 儿子说“我喜欢读书”

能从学习中找到快乐，是学习的最高境界。“我喜欢读书”是我儿子说的，可能现在说这句话的孩子已经不多了。

儿子 10 岁刚到美国时，要上 ESL 的课程。那时，他每天抱着一本厚厚的英汉双解字典，一个单词一个单词地学习，不懂的地方他就问邻居上大学的姐姐。在学校，他认真听老师讲课，认真完成每一次家庭作业。

有一次，他跟我说起一道数学应用题时笑了：某某有 5 支铅笔，他的哥哥比他多 3 支，问哥哥有几支。他说：“这太简单了。”这是美国小学五年级的算术应用题，他在小学三年级就考上了上海奥林匹克数学班，已经学习了简单的概论、统计等课程。

我们鼓励他，你只要把英语学好，一定会在各门功课中取得好成绩的，爸爸妈妈相信你。就这样，他从 ABC 学起，直到以名列前百分之一的 LSAT 成绩考上法学院。

儿子考上哥伦比亚大学法学院，临上学的前几天，我们全家谈了很多。他感谢我们培养他喜欢读书，感谢我们教育他有向上进取的精神，感谢我们“不管”他太多，鼓励他独立思考。

每个人的学习方法不同。有的是如果老师教过，就能理解并取得好成绩；有的是在家长督促下，会好好学习。儿子是自觉学习，而且不管老师有没有教过，他通过自学也能取得好成绩。

在儿子上中学后，我们所在的加拿大不列颠哥伦比亚省省级执政党是一个左派党，他们青睐的工会动不动就罢工，公共服务、医务、邮政人员，甚至中小学老师也有好几次为了加薪罢课，学生经常在开学前、考试前被“放鸽子”。在儿子上十二年级时，因老师罢工，学生们没法参加省考（相等于中国的高考），应届生差点错过大学申请的日期。

我儿子没有受到老师罢课的影响，不上学时他在家自己学习，做题目，自觉阅读，并且提前完成了省考所必须完成的课程，提前一年参加了大学入学考试，取得了好成绩，也提前半年申请大学，被无条件录取。

所以，不管处在什么环境、条件下的孩子，不管你的智力高还是低，都努力地学习吧。也许你今天做的家庭作业或者学的知识和你现在的生活无关，但知识不是一天就可以学到手的，要靠一点一滴的努力：上课认真听讲，按时完成作业，每天阅读，努力去做对每一道算术题，写好每一篇作文……

如果你考了低分，并不代表你比别人笨，而只说明你需要花更多时间来学习，没有一个人是不经努力就可以取得好成绩的。

儿子在八年级（初二）时，作文总评分是“B”，但是经过努力，在大学的高级写作班中，成绩名列前茅了。他的作文成为

范文，为他的律师职业生涯打下了良好的基础。

有时刚开始，可能做得不太好，解一道数学题，需要 20 分钟，可是经常练习，下次可能就用 15 分钟，经过努力再努力，过一段时间后，就能在短时间内解出题目。同理，它也适用于其他方面。

走弯路是自然界的一种常态，河流在前进过程中，会遇到各种障碍，有些是无法逾越的，所以它只能绕道而行，避开道道障碍，最终抵达遥远的大海。

人生也是如此，当遇到坎坷时，我们就把曲折的人生看作是常态吧，不悲观失望，不停滞不前，把走弯路看成是前行的另一种途径，这样就能像河流一样，抵达自己的“人生之海”和目标。

在儿子的求学过程中，他应用东西方不同的学习方法，并且将好的方面发扬光大。如中国注重基础知识的学习和训练，而北美的教育是注重培养学生自学和持续学习的能力。北美的教育让学生通过上网、找资料和组队（几个同学一起做一个题目）的方法，提出一些课题让孩子感悟、思考、讨论，举一反三得到知识，而这样获得的知识会变成智慧，这里的智慧是指我们通常说的创造力。

创造力有三个基本元素，那就是好奇心、想象力、批判性思维能力，它们不是知识本身，是超越知识的。

儿子在考试前，会找一些以前的相关试题来做。练习的方法是：先做一套历届的试题，看好时间，做完后找出错误，把每道题、每个问题都真正地弄明白；做错的地方找出原因和正确的做法。

休息后他会再做一遍,刚开始可能做得慢,也有一些错误,经过几次后,就有了突破。做题目时,他按照正式考试的要求、时间,集中精力进行。经过几周后,他做试题就有了质的飞跃。另外,我们提醒他劳逸结合,累了就休息。

在考法学院时,他通过自学做了几十套题目,并且每次按照正式考试的要求完成试题,所以一次就取得 LSAT 考试的好成绩。他用这个方法也一次通过了纽约、加州的律师考试。

儿子上法学院时,同学中有很多硕士、博士,或者是在美国著名的公司工作过的。他们每天的作业是读一百页左右的文章,然后理解分析。每当教授提问时,同学们都争先恐后地举手,抢着发言,真是令人惊讶。同学中有许多聪明又用功的人,有的同学写的文章,教学多年的教授都说,连他们自己都写不出这样的文章。

第一学期,儿子很有压力,因为这所精英学校的同学、老师各方面都和上大学时不同,同学们个个身手不凡、聪明伶俐。

上课时,一大半同学都会举手争先恐后地发言,而上大学时只有少数人发言;在大学时几个人合作写论文,他都是主写者,可是现在他成了附属者……他觉得自己不如别人。我们告诉他,你年纪轻,就是优势(同届学生 395 名,他是年龄第二小的)。

当他打电话告诉我们的时候,我们鼓励他:“不要怕,我们相信你一定可以。”经过努力,在不到一个学期的时间里,他就适应了新环境,取得了好的学习成绩,并且和同学们很快地融合在一起。在紧张的学习中,他还积极参加学校法律杂志的

编辑工作和一些公益活动。

法学院的教授上课提问题时，同学中一半人会抢着举手发言。就是答得不对，教授也不会指责，而是请另一位同学继续回答。就这样，学生们从中学习到了从各种角度解答一个问题的方法。没有统一答案，只有最合适、最合理的答案。

敢于提问题，不懂就问是非常重要的。

不要害怕提问，也不要害怕向他人求助，求助不是软弱，而是勇敢。它表明你有勇气承认自己的不足和弱点，也表明你有学习的热忱，因为不热爱学习的人怎么能提出问题呢？敢于提问题的人才能不断学到新东西、新知识。

现在为什么有那么多的孩子不喜欢学习，不喜欢读书，原因不是单一的，如一个单词抄写太多遍，作业太多，考试成绩排名不理想，父母的责备、苛求、批评，等等。

有人说：“我孩子也努力了，可就是成绩不好。”

当然，由于智力、发育、环境等因素的影响，孩子可能刚开始学习会有一定的困难，表现不太好。我儿子在小学一年级拼音考试中还得过 50 分，是全班倒数第二名呢。

现在许多家长怕孩子“输在起跑线上”，所以让孩子从幼儿园就开始学习小学的课本。我们没有这样做，为什么？因为这样孩子上学后，发现老师讲的自己都懂了，会不注意听讲，因为都会了，没兴趣了，所以建议家长最好不要这样做。在孩童时代，应该给孩子讲故事，培养他专注的好习惯，培养他对读书学习的兴趣。

有的父母说：“要好好学习，长大才能找到好工作，过上幸福快乐的生活。”可是用功读书，找到好工作的人，快不快乐呢？不是所有的人都幸福快乐，因为一部分人把学习和工作当作负担，那怎么能快乐起来呢？

在我们中国千百年的文化教育理念中，教育孩子有三大支柱：一是管教，二是严厉，三是服从。那么家长一定要“制服”孩子吗？

曾看过一篇家长的网文，他看到读初中的儿子没有暑假家庭作业，就让儿子写作文，儿子说没有灵感写不出来，但是他不同意。迫于爸爸的“淫威”，孩子就到电脑上去写作文。他在键盘上一阵敲打，一篇“声讨”爸爸非理性的家教“檄文”就此诞生了。他在文章中淋漓尽致地表达了对爸爸这种不讲道理，不讲教育理念的家长作风的深恶痛绝，他认为这种强迫孩子在没有灵感时去写作的行为，就等于在小鸟的喉咙里塞了一个布团然后要它唱歌，在马嘴上套了嘴套然后要它嘶叫。这种非人道的教育方法会在孩子成长过程中留下心理上的阴影，孩子长大后容易留下心理上的伤痕。

儿子的一篇文字激扬的作文把老爸的“霸道”家教作风驳斥得体无完肤，读了孩子的“批判”文章爸爸头皮发麻，但是幸运的是这位爸爸还算开明，觉得文章虽然“出言不逊”，但内容“言之有理”，从此爸爸再也不提暑假作业之事了。

这位父亲被儿子“造反”的举动触动，最终折服于孩子的激扬文辞。他的孩子到了高中后，英语写作兴趣浓厚，美国大学入学 SAT 语言考试得了满分，还自费编辑出版了一本学生作文，大学毕业以后也继续以高昂的激情撰写和编辑自己的网站。

要用鼓励的方法培养孩子对书本的兴趣，这个兴趣不是

一天就可以形成的，也不是靠高压手段形成的，而是要用“铁杵磨成针”“滴水石穿”的精神，一点点启发孩子。

培养孩子不是“念书”，而是“学习”。真正有意义的学习，是能诚实地面对自我，发掘自己的兴趣，设立目标，并且不断成长。把阅读、学习作为习惯，并且不断强化它，那么这个习惯就会保留下来。而这个习惯的培养要从小小孩开始。

朋友说，孩子小时候自己没有给他读故事，现在孩子已经10岁了，怎么办？我说：“那就从现在开始培养他对学习的兴趣吧。”

去商店买东西，让孩子列清单；带孩子去旅游，在旅游中看文物介绍，并且上网查找有关资料；到餐厅吃饭，让他们点菜，把菜名记下来，回家后查询，比如一些菜，像“麻婆豆腐”名字的来源等。日常生活中处处都有可以学习的知识，而激发孩子对事物的好奇心和学习渴望是家长培养孩子的重点。

每个孩子发育期不同，不要和别人的孩子比。只要孩子学习态度正确，有学习的渴望，父母不要太担心他们某一个阶段的成绩。实际上，很多男孩也是上中学后才开窍的，而且在创造思维上、在数理化方面一点不差，甚至会越来越好。

孩子们不容易，在北美，除了上课之外，“虎妈”“狼爸”们还让他们学钢琴、舞蹈、书法等各种才艺；中国国内的孩子也是家庭作业一大堆，业余时间还要上各种补习班、才艺班。

孩子被弄得精疲力竭，还会对学习有兴趣吗？

不，简直是讨厌至极。

2012年6月，在温哥华的电视上，播出了一则中国高考完毕的学生们的新闻：在学校七八层高的阳台上，站满了学生,他们一起做了一个动作,就是把手中的书一页页地撕掉,一张张地抛下楼,高声欢呼“解放了”,这是一个让人震撼又痛心的场面。

如果你的孩子真的不喜欢读书,那他喜欢什么呢?他有什么其他方面的特长吗?对于这些,父母要好好花些时间去和孩子交谈,帮助他朝自己喜欢的方向发展。

我们的社会不仅需要精英,需要工程师、医生、会计师、建筑师、老师,也需要厨师、木工、水电工、建筑工、油漆工、清洁工,等等。工作没有高低贵贱之分,在人格上我们是平等的。

我的一位表弟,是计算机专业毕业,还到英国进修过。可是他喜欢日本料理,在美国开了一家日本餐馆,自己动脑筋改良寿司,后来连日本人都不远万里到美国来向他学习做寿司的方法。

现在育儿的书籍很多,但是爸爸妈妈们请记住:没有什么人的经验是可以复制的,因为每个孩子都是独一无二的。家长要因材施教,要考虑自己孩子的情况,而不要依葫芦画瓢。

育儿之法没有绝对之途,而是“条条道路通罗马”,严格管教出才子、才女的有;放任自流,自我成才的也不少,所以不要迷信什么“育儿秘诀”。

我儿子小时候是调皮好动的孩子,但是他上小学时就能静下心写作业、看书阅读。所以,不要因孩子好动而苦恼,而要不断发现孩子的优点、特点,用鼓励的方法来启发他对书本的兴趣。

小小孩更需要鼓励,他们在刚开始上学时,在拼写方面容易出错,如果每写错一个字就要被修理一顿,孩子的学习热情

会受到很大打击。带着畏惧的心理去识字读书,效果会大打折扣。反之,对孩子写得好的字和作业,称赞鼓励,会激发孩子的学习热情。

我的朋友中有“橡皮擦父母”,他们一边看着孩子写功课,一边拿着橡皮擦在旁边伺候,动不动就叫孩子擦掉重写。

我劝他们不要这么做,因为在擦掉错字的同时,也同时擦掉了孩子的自尊与自信。如果孩子长期在这种紧张、泄气的负面压力环境下学习,怎么可能学得好,怎么会不讨厌学习呢?很多孩子的厌学心理,就是这样被“培养”出来的。

有的家长每天坐在孩子身边,看着他写字、做功课,还说不这样孩子就不会好好做。想想这些家长真是辛苦,白天要上班,晚上还要陪孩子。我的朋友中就有这么辛苦的妈妈,她们羡慕我不用管孩子做作业,说:“你看,你不管,你儿子成绩还这么好。”

我说:“不是每天坐在孩子身边,他的学习就会好。而是在孩子小时候,多花些时间陪伴教导他,培养他的学习兴趣。如果孩子热爱学习,你们会像我一样,这么省心省力啊。”

19.
分数是命根吗？

2016年11月，我看到北大副教授徐凯文写的一篇文章，他谈到北大30.4%的新生有厌学情绪，或得了找不到生命的意义、找不到自己的“空心病”，严重的甚至有自杀倾向。文章提出了一个很好的问题：教育的目的是什么？是帮助孩子成长，还是毁掉他们？

出国9年后，2002年我回国。一天约了几位同事见面，一起去餐馆吃饭，他们你一句我一句谈的都是房子、车子，以及孩子考了多少分的话题。他们说现在的教育是“分数挂帅”，以分数论好坏，学习好就是“好学生”，反之就是“差学生”。

聚会中看到同事的两个本应是生龙活虎的青少年孩子，从头到尾没讲一句话，板着一张扑克脸，脸上没一丝笑容。

他们都是被妈妈大加夸赞的、成绩优秀的“好孩子”。

啊，看到国内孩子这样的表情，真让人伤感。和北美的孩子们相比，反差太大了。

有位西方的父亲告诉他上小学的孩子：“在学校，有高兴的事就哈哈大笑，有人追你就快快地跑，有委屈的事就大声地哭。”跟中国父母说的“好好听讲，上课精力集中，别搞小动作”

截然不同。

在现代社会的压力和竞争下，我们几乎忘记了可以快乐学习。孩子们在升学的压力下，不得不一味地追求分数，在中国校园中就流传着“分、分、分，学生的命根”这样的话。在这种情况下，要想快乐学习，快乐成长，恐怕是一种奢侈。

2011 年，我回国探亲，一天因为有事去坐早上 6 点多的汽车，汽车站正好在学校附近，我看到许多小学生、中学生背着书包去学校。我问一个孩子：“这么早去学校干什么？”他说：“上早自习。”我看了手表，才 6:30。

中国的教育体制，除了分数、名次，天赋、能力全都退居其次。一些家长对于分数的执着，已经到了疯狂的境地。有关升学的重点科目，更是分分计较，太多家长计较名次、排名。因此，有些孩子为了不让父母失望，不惜以作弊换得好成绩。

孩子小时候上特长班、提高班；上学后，到了周末，电视不让看，网不让上。家长爱分数胜过爱子女，希望子女实现自己未实现的“黄粱美梦”，有的甚至不惜把子女的生命“教育”掉……

学习，已经成为孩子生命中不能承受之重。在学业上得不到肯定的学生，在现行体制下很容易被老师和学校放弃，而被放弃的孩子则容易自暴自弃。给他们增加超额负荷的老师、家长，究竟是为了孩子们的前途，国家的未来，还是为了其他什么？对孩子们的一味重压，会折断他们飞翔的翅膀。

那家长应该怎么办呢？我给亲戚们说，不要再给孩子增加压力了，在孩子完成学校的功课后，只要他们已经听懂、掌握了课堂上的知识，就不要上什么补习班了。周末假日带孩子去公园、动物园、游乐场玩玩吧,我儿子在中国上小学时我们就是这样做的。

给孩子一个快乐的童年,不计较分数,是非常重要的。

要知道,有时考得不好,有各种情况,可能是身体不舒服,或者没休息好,而家长给孩子的压力也不可忽视。

“你一定要考第一名”“一定要考多少分以上”等,这些话对于孩子都是无形的压力,甚至是噩梦,如果考不好,会被爸爸妈妈批评、数落,有这么大的包袱背着,孩子能轻松吗?

有对移民的中国父母对女儿要求“学习要全 A”,苛求完美,并且说某某是你们同龄人中最聪明的,考上名校,你要和她交朋友。他们常常喜欢拿女儿和别人家的孩子比较。女孩觉得永远有人比她更优秀、更好,她慢慢也相信应该是这样,以完美主义要求自己,如果什么事情不能做到完美,就宁可不做。她的自信、自尊渐渐降到谷底,后来被诊断为人格分裂症。

有的父母有“百分情结”,就是要求孩子考试都要得 100 分,他们认为这是对孩子好,让孩子有向上的动力。如果这样认为,真是大错特错了。因为对于大多数的孩子来说,这是一个不容易达到的目标,就算是学习比较好的孩子,也不可能每次都能得 100 分。

家长的“百分情结”会造成孩子的负面情绪,从而使学生产生对学习的厌恶感,就像高考完毕,高中生撕书的举动那样。

压力来自各方,家长不要当充气泵。不要太在意孩子的每一次的考试成绩,重要的是培养孩子热爱学习的好习惯,让

他们懂得学习不是为了父母、老师，而是为了自己，这才是父母应该做的。有了学习的动力，成绩一定会上去的。

学校讲究按分数排名，有些老师还会公布出来，这样孩子在学校就会有压力。对于学习理解比较慢的孩子来说，学校成了一个痛苦的地方。考试的排名，一点一滴地瓦解着孩子的自信心，直到荡然无存。若考得不好，孩子会感到自卑，在学校抬不起头来，真的希望中国教育逐步改变这种做法。

可是教育改革，不是那么容易的，作为父母的我们先从不计较自己孩子的分数、排名做起吧。家长无法控制学校的做法，但是能改变自身的态度和行为。

最近看了一本书，书名是《"输"在起跑线上的哈佛男孩》。在书中，作者也提到考试排名的问题。他在小学留级，在中学排名倒数。他说中学课程多、考试多，排名是家常便饭，而他的数理化总是倒数第一，为此挨过妈妈的打。排名让他至今心有余悸，虽然他的文科成绩不错，但是成绩是按理科排名的，这对他的自尊心造成很大伤害。

在高中时，他留学美国，他称是"胜利大逃亡"。美国的教育，老师以鼓励表扬为主，增加了他的自信心。经过努力，他考上了大学，后来又考上哈佛的 MBA。

作者的家人比较开明，虽然他的一些成绩不好，但是还支持他去参加他喜欢的田径队，给了他很多的鼓励，也没有给他太大压力。

但不是所有的父母都能做到这一点。有的孩子考得不好，爸妈不高兴，他会遭到一通指责甚至打骂；有的孩子考了 96 分，妈妈还不满意，说："你怎么没有考 100 分？"

这就是孩子不爱读书、害怕考试，甚至可以说讨厌读书、憎恨考试的原因，因为指责、苛求是摧毁自信心的最主要因素。

北美的教育，老师以鼓励为主，考试有时会公布前几名的同学，目的是让其他同学向他们学习，而大部分同学的成绩只有自己和老师知道，这样保护了孩子的自尊，促使他们努力向好的同学看齐。父母们如果也按这个原则，鼓励为主，不给孩子压力，那么孩子就能轻装前进了吧。

在北美的一些学校，老师打分非常严格。像我儿子在大学学的计算机专业，80 多分已经属于好成绩了。这样的好处是：让学生刻苦学习，而不是自我感觉好；在获得知识的同时，帮助他们完成人格的成长，培养对挫折的承受力，逐步形成对现实世界的认知。

在充满竞争的时代，家长、老师的鼓励是培育人格健康、具有奋发向上精神的人才的重要因素。

儿子 10 岁到美国，虽然英语不好，但我们没有担心，没让他补习，也没请家教，不反对他看电视，不反对他和小朋友玩，也不阻止他玩游戏。可就是这样，他仅仅用了一年的时间，就从 ESL 毕业了(一般要上两三年)，六年级下半学期就和同学们一起正常上课了。

在这期间，我们不问他考得怎样，分数如何，只是让他知道如果考得不好，要弄清楚错在哪里，为什么错，怎样做才正确。

不是我们不关心孩子的成绩，而是我们不愿意给他压力。为什么这么说呢，因为这是一个同理心的问题。孩子考得不

太理想,家长还问东问西,他会高兴吗?不问,儿子反而愿意告诉我们,因为我们能接受一切。

我们希望孩子努力,而努力是用力、勉力、认真去做的,是不设定结果的积极过程。在这个充满压力的年代,家长对子女的爱心,鼓励比施加压力好,能促使孩子的进取心在良好的氛围中表现。

学习不是为考高分,而是为掌握知识,遵循这个宗旨,就不会对分数那么看重了。

在学习方面,对孩子最大的帮助就是“不帮助”。

家长要做到不过于在意分数,放松心情。同时,要通过和孩子心平气和的交流,传达给孩子这样的信息:先易后难。

有的人擅长理科,有的擅长文科,考试成绩也不会都相同,就像那个哈佛男孩也是文科较好,所以他后来选择的专业都和文科有关。父母要多多理解,不给孩子压力,不把考分当命根,要相信他们,这样他们才能发挥自身最大潜力,取得好成绩。

我儿子喜欢游戏,但是我们从来不许诺给他什么。当他被 8 所法学院录取时,我们全家出去吃饭。儿子知道,家里经济不富裕,出去吃饭是爸爸妈妈对他的奖励。

有两个令人唏嘘的案例:

一年级大学入学测验时,一位考生在语文卷子上写道:“我的人生在初中就已经失去。”无数的考试和分数织成一张大网,把年轻的学子囚禁在里面,使他们变成笼中鸟。十六七岁正值青春年华,却否定人生,让人心惊,而这一切只是为满足父母“分数第一”的虚荣。

老师出了一个“我对未来的希望”的作文题目，有位是独生子的学生写道：“我对未来没有希望，只求有不痛的方式，让我早死早超生。”他的父母都是公务员，他们不允许孩子看课外书、交朋友，只在乎他的成绩，他每天补习到晚上10点。单调的生活、父母的干涉，让他对一切都不感兴趣，甚至觉得没有活着的必要。

讨论教育问题，不能只关注学校或者孩子方面，父母要改变观念，如果不改变，一直停留在“分数代表一切”“唯有读书高”的观念上，那教育改革和改变都抵抗不住来自家长的压力。

以“爱”为名，父母可能成为孩子成长中最大的绊脚石，成为抹杀孩子创意天赋的头号杀手，成为孩子进步的最大阻力。

每个孩子的情况不同，如果孩子的成绩有所提高，哪怕只是一门课，或者只比之前稍提高了几分，也要及时表扬。家长切记不要把自家孩子与别人家的相比，而要和他以前比，有了进步就要鼓励。

曾经听过这样一件事，一位姐妹有两个儿子，老大聪明伶俐，不需要父母操心；老二发育比较晚，功课不好，考试经常不及格。可是妈妈没有放弃，老二考25分，妈妈说：“儿子，你有进步，比上次多了5分，争取下次再多几分。”并且为了奖励，还带他去餐馆吃饭。就这样，妈妈用鼓励的方法把这个儿子送进了加拿大的好大学——不列颠哥伦比亚大学(全世界排名第35名)。

孩子取得好成绩时要奖励，但是如果他张口要，比如说：我取得了好成绩，你们就要给我买什么样的礼物等。这时父

母要坚决说:“什么都不能买。”并且告诉孩子:不能张口要礼物,要就什么都没有。

有的妈妈为了让孩子好好学习,就说,你如果得多少分,排名第几,我就给你买礼物。妈妈这样做,会让孩子产生错误的观念,让孩子为了礼物,为得到妈妈的欢心而学习,这样奖励就成了学习的诱饵,一旦得到或者没有物质奖励,孩子就没有了学习的动力。就像一辆汽车,发动机有了毛病,你再加油有什么用呢?

请试试这样的说法:“你这次数学考得比以前进步了,爸爸妈妈为你高兴。希望你继续努力,争取语文和其他课程都像数学这么棒。”用真诚的语言给孩子鼓励,他们一定会越来越好。

对孩子要鼓励,也要奖励:一个拥抱、一个亲吻、一句表扬、一句好话都是奖励。但对于物质奖励(除了书),越少越好,不管你多么富有,也不要无缘无故进行奖励。除了节日和生日,其他时间的礼物要让孩子明白他为什么会有这个额外的奖励,并且让他懂得耐心等待。

父母的肯定是孩子学习的动力,为孩子加油,做不计较分数、不计较排名的父母,孩子就会不断进步。

儿子高二时,已经通过数学、物理、化学、英语省考,并且以 98 分的成绩通过北美的高等数学考试(大学可以算学分),他完全可以提前申请上大学,但是我们没有这样做。高三时,他选修了学校开设的一些课程,其中有图书管理、地理,他都取得了 100 分的好成绩。这些课程和升大学无关,但是他学习到了各方面的知识。业余时间学钢琴、玩游戏,每天快快乐乐，多么好呀！有时我也会对儿子说："不要看太长时间的书，休息休息吧。"

一些家长、老师把学习成绩作为衡量孩子是否优秀的重要标准，这也在很大程度上增加了孩子的学习压力和负担。

孩子学习好就是好学生吗？让我们想一下，如果一个孩子没有理想，走一步算一步；没有勇气面对生活中的困难挫折，动不动就灰心丧气；自私自利、毫无奉献精神。那么，即使这个孩子门门功课考第一，将来他也能成为有用的人吗？

从很多实例可以看到，孩子健全的人格比 100 分更有价值。10 年 20 年后，孩子长大成人，没有谁会记得他曾经得到过多少满分，得过多少第一名，而他的个性、品德将决定他的命运。

20.
不问考第几名

温哥华广播电台请来嘉宾讨论 2013 年国际学生水平 PISA 测试结果。PISA(Program for International Student Assessment)是国际学业评估,考核内容是数学、阅读理解和科学知识三个领域。2012 年有 65 个国家和地区,50 多万学生参加,被称作“世界上最重要的考试”。上海学生排名第一,衷心祝贺他们。但是我们都知道,这个成绩的背后他们付出太多太多了。

听众打电话说,中国教育的最大弊端是过于注重考试,是重“技”不重“识”,学生“没有童年”,从小无休止地接受应试教育,擅长考试,不善于分析创造。孩子们都成为考试机器,所以得第一毫不令人惊讶。中国儿童早早地就以激烈竞争为目标接受训练,问问中国的孩子,喜欢读书的有多少?没有爱的学习,即使获得成就也会留下成长的阴影。况且中国学生在创造力、独立思考能力方面和西方国家的学生有很大差距。也有人说,不是得第一就是成功,品德教育更重要。

德国媒体称中国是一个“考试国”,他们指出,上海学生的成绩不能说明中国学生的整体水平。德国之声说,上海的学生遥遥领先，取决于这样一个事实：中国孩子课业繁重。外国的同龄人与朋友们玩耍，或者看电视、睡觉时，中国孩子们正在写作业，而且常常到午夜。

上海统计的学生校内上课时间为平均每周 28.2 小时，在 65 个国家和地区中位列第 9 位，而作业时间为平均每周 13.8 小时，远高于其他国家的平均 7 小时，位列第 1 位，几乎比平均值高出一倍。

现代孩子在学习上经历着各种刺激、挑战与压力。有这样的说法："有一种青春叫高考。"他们的青春时代就是为了高考而奋斗，老师让他们努力再努力，家长全心全意为他们高考保驾护航。

来自功课、学习、交朋友、考大学等方面的压力太大了，孩子们会做出不同的反应。尽管父母心疼孩子备受压力并为他们难过，但父母怎样才能帮助他们减少、疏解压力，并且鼓励帮助他们在有压力时，勇敢面对呢？有一个最简单的方法：不问考第几名。

有时考得不好，可能是失误或者粗心，找出原因，让孩子在失败和错误中接受教训，也是好事。

要知道，孩子有时考得不好，除了身体、环境等原因之外，家长的要求也是一种压力。"你一定要考多少分""你一定要考前几名"等。父母希望孩子取得好成绩，但是有没有想到，这也是施加在孩子身上的压力。

有一对技术移民的夫妇，到温哥华后，由于没有找到专业工作，他们就做装修，把独生女送到温哥华排名居前的学校读书，望女成凤。他们告诉女儿，父母为了她，放弃了中国的高

薪工作，如果她学习不好，就对不起父母的牺牲。可是孩子的学习成绩并不理想，无法承受压力，最终选择了走向不归路。

当朋友告诉我这件事时，我非常难过。每个孩子都是宝，父母千万不要学“虎妈”。你的理想不要让孩子帮你实现，每个孩子的能力不同，不是父母严格要求，孩子就能做到。给孩子那么大的压力，使其不堪承受，赔上自己的生命，还能拿什么换生命呢？

在孩子刚入学时，多关心他们吧，经常问一下，及时帮助他们。当孩子问问题时，父母应该放下手中的事情，像朋友那样提建议、说看法、尽全力帮助他们。鼓励孩子从书本、老师、同学处寻找答案，不要放过任何一道不会做的题。作业、考试出错后，要知道错在哪里，真正弄懂，下次才不会再犯同样的错误。

除了刚上小学的几年，尽量不要帮孩子检查作业，除非孩子需要你帮助。不要为一两次的考试成绩不理想而烦恼，不要为他们计划得太周全，让孩子学习自己处理问题。为孩子做太多，不见得是好父母，甚至可能会害了孩子。

要注重孩子是否真正理解了知识，有时不是题做得多，就能取得好成绩，而是要明白公式的原理，明白基本的元素和方法，才能举一反三。当孩子有了学习的动力，掌握了方法，就能进步。不要计较每一次的考试成绩，因为没有人能做到十全十美。

在《孩子谢谢你——一个父亲的忏悔》这本书中，讲述了一个望子成龙的父亲的故事。从小到大，大儿子受不了父亲只问成绩的高压统治，又因长年遭受打骂羞辱，积怨日深，最后远走美国，断绝了音讯。

担任台湾大学教授的父亲永远记得2007年10月，他收到儿子写给他的最后一封e-mail，儿子写道：

> 你总是说你多爱我，但在我印象中，我们一见面，你就会说，我为何不照你说的话做，还会说，你这样子未来会很糟糕很怎样……我想到就恶心。真的，恶心！
>
> 我想不通，一个人，怎么可以在口口声声说爱一个人的同时，以毁灭他的信心、自尊、情感为乐。就像描述中国传统家庭的电影一样，父母总以对小孩的责罚来表示对小孩的爱。或许你觉得那很正常，没有什么不对，但你可否想过，小孩心中是什么感觉？
>
> 总之我想说的是，我以后不想再跟你们联络了，永远不！
>
> 我受不了那种摧残尊严的言辞，即使我知道你们会养我。你说的话，你们说的话都让我心碎，最爱的人，伤我最深。与你们分开，物质上不可能不困难，但是能解开心灵上的枷锁。
>
> 你们以后不用再发e-mail或打电话给我了，钱也不用汇了。
>
> 我会活得很好。希望你们也活得安好。

这封信像原子弹，摧毁了这位当教授的爸爸过去认定的

教养理念，也摧毁了他的骄傲、自负、偏执。这对夫妻在事业上都很成功，但在教育子女上，却是失败的。他们以为对孩子有着满满的爱与执着的期待，但错误的教育方法，把孩子弄得遍体鳞伤，让亲子关系碎成一纸绝情书。原本应该幸福的家庭，却因为父亲对于长子的教育方式不当，导致长子成年后远走美国，且写了一封绝交信，让父亲痛彻心扉。这位父亲终于回头反省自己。

这个家庭的故事让我们思考：亲子相处的平衡点在哪里？这需要我们每位家长好好思考，需要作为父母的我们在亲子关系的课程中不断地学习、思考、改进、提高，争取取得好成绩。

我们不给儿子压力，不以分数来判断，不问他考第几名，让他轻松地学习。每当他考试前，我们都让他早点睡觉；考完试后问："还好吗？"他会说："还可以。"那就是考得不错。

一些家长用学习成绩来判断孩子，如果孩子考得好，大肆表扬称赞；有时可能孩子身体不舒服，或者考试题目太难、太偏等原因没有考好，家长就责怪发火，臭脸相迎，这是不对的。

家长要用鼓励的口吻、态度交流，才能让孩子觉得考得不好不是世界末日。不要为洒了的牛奶哭泣。考过了，知道错在何处就可以了，积极努力，争取下一次考好才是正确的。

家长真正应该关心的不是孩子考多少分，缺了几节课，而是孩子的学习态度，如果学习态度正确，因为各种原因没有取得好的考试成绩，家长都应该理解。为了不缺课，让身体不舒服的孩子去上学，这不是爱孩子，而是冷漠、没有爱。

家长正确的态度是帮助孩子建立自信心的最好动力。实际上很多时候,我们不知道儿子考得怎样,除非他自己说出来。我们没有把考试成绩看得很重,因为分数不是永久的,孩子对学习的热忱,成为热爱学习、有自信心的人才是最重要的。

人生有无数场考试,一次没有考好,不要埋怨和叹息,事情过去了,后悔也没有用。

在现代社会中、在工作岗位中,不会有人记得你读书时各门功课的成绩,可能连你自己都不会记得了吧。但是,同事和老板会注重你的工作能力、团队精神等。所以,不要为一两次没有得到理想的成绩而烦恼,丢下包袱,轻装前进。

西方有句谚语说:“我们对孩子的态度决定他的命运。”请父母们改变对分数的态度,给孩子不同的命运吧!

21. 别逼孩子上名校[①]

从《世界日报》上看到美国加州南湾从2005年至2015年之间，一共有203名10岁到24岁的年轻人自杀，其中亚裔占1/4，约62%的自杀年轻人是20岁到24岁的大学生。有一位朋友告诉我，她认识的一个华裔女孩从医学院毕业了，可就在毕业的那天，她跳楼了。这种种悲剧，不禁让我们对亚裔文化中的“唯有读书高”和“进名校就是成功”的理念产生深刻的反思。

我把这件事给一些朋友传过去，请大家谈谈想法和感受。不到半天时间，就有十几位朋友答复了，为了方便，我用英文字母来表示朋友的名字。

朋友A很快回信。她和她先生是20世纪90年代初来到加拿大的，有一个儿子。他们夫妇开了一家建筑钢结构设计公司，儿子大学学的也是建筑专业，现在和父母一起工作。A回信写道：“说得很好。父母的期望成了子女的动力也成了压

---

①本文大部分内容刊登在《世界日报》2015年5月24日《世界周刊》第1627期上。

力。但是每个人的承受力不同，承受不起就逃走了。出国的父母辈事业上很优秀，或者姐姐哥哥很优秀，无形中让年轻的她有压力。”

朋友B是20世纪90年代末移民加拿大的，她有一个女儿。她女儿小时候喜欢滑冰，后来大学学的也是运动方面的专业。B看了微信后说：“很令人心痛，我觉得对许多人都是很好的提醒，中国家长或多或少都有此类问题，不明白每个孩子都是独一无二的，拼命想压成一个模式。”

朋友C有一位从事计算机工作的儿子，她儿子17岁时离开中国到美国读大学，后来到加拿大读了硕士，找到工作，现在C和她先生已经退休，和儿子住在一起。C说：“作为亚裔的家长应该反思我们对孩子的期望值。每个孩子都有他的长处，条条大路通罗马。我们有时太顾及自己的面子，逼着孩子学他不愿意学的东西，或定下他达不到的目标，这些事都是为了教育我们。”

作为第一代移民，遇到过很多困难挫折，语言、生存、工作等等，移民前后各方面也有巨大的落差。所以有的第一代移民就把希望寄托在下一代身上。希望孩子学习好、上名校，希望孩子实现自己没实现的梦想。父母让孩子学各种才艺，上补习班，重学校排名，重考试分数。孩子考得好，妈妈笑容满面，考得不好，马上变脸；当着孩子的面夸别人；给孩子的目标不断加码；等等，这些都是给孩子的压力。

其实名校就如同“围城”，外面的人拼命想进去，而里面的人却未必幸福。每个人的能力与兴趣不同，“好学校”的定义应该是“孩子喜欢，也适合他”的学校，而不仅仅是排名。

是呀，一个人的能力、爱好、素质都是内在因素。一个父母所生的几个孩子，甚至双胞胎，也会有截然不同的行为和思想呢。作为父母应该因人而异，因材施教。

有的家长担心子女落后失败，当孩子遇到问题，就赶紧插手帮助，这样会让孩子错过学习“挫折”这门课的宝贵经历。我们要让孩子学会跌倒后再爬起来，失败后再站起来，不要孩子一遇到困难就去帮助解决。家长们应该了解孩子的优势和能力，让孩子设定实际可达成的目标，不要好高骛远。

如果孩子天资聪明，又肯上进，感谢上天，父母运气真的很好。但对于这类孩子，是不是要时刻鞭策呢？有一位读常青藤学校的孩子说，妈妈经常夸她聪明，所以为了不让妈妈失望，她一直想要做得更好。但是在名校，要做到优秀是多么难呀，父母的高期待，也是巨大的压力，让她失眠、忧郁，甚至差点走向不归之路。

我儿子大学学的是计算机专业，那时他的各门功课都在前几名，可是当他上属于常青藤的哥伦比亚大学法学院时，也感到了压力。同学们个个身手不凡，聪明勤奋，很多都是硕士、博士毕业，上课时争先恐后发言，有的同学写的论文，连老师都说写不出来。儿子给我们打电话，觉得有些沮丧。怎样帮助他减压呢？我们是这样做的：

首先，帮他了解自己的长处。就是在同届 395 名学生中，他年龄是倒数第二小，年轻也是本钱，记忆力好呀！

其次，告诉他，不要在乎别人的眼光，用平常心做自己，尽自己的能力学习。如果已经努力了尽力了，还是得了“B”，那有什么关系呢？人家得“C”的还当美国总统呢，要学会放下。

最后，不管多忙，每周都要打电话或发邮件和家里联系。有什么事情或者烦恼，一定要说出来，爸妈愿意听你倾诉，我们给你的意见建议，你自己决定采纳或者不采纳，都没有关系。

父母是孩子最好的榜样，在风雨移民路上，在异国他乡，我们没有什么人可以依靠，全靠自己。我们刚出国时很艰苦，为生存辛勤地打工，做最低工资的体力劳动，办身份(绿卡)、找工作，遇到许多艰难险阻，但是我们从来没在儿子面前说过抱怨、泄气的话，而是把苦难化为力量，从中学会坚强勇敢。

虽然生活艰辛、困难重重，还是努力拼搏，父母的言传身教是儿子努力学习的最大动力，他在苦难中学到了书本上没有的知识，那就是困难面前不低头，不做逃兵，不当胆小鬼。

在频繁的转学过程中，儿子曾经在 3 所学校里受到过欺凌，但是他没有向“欺凌霸王”低头，而是自强起来，在自己力所能及的范围里，做一个最棒的人，成为同学佩服、老师喜欢的人。

在学习上，我们不给他压力，不问排名、不问考试分数，他看到父母的辛苦，反而自觉自愿地努力学习。与我们相反，他对自己要求很高。在儿子考上哥伦比亚大学法学院后，他说了这样一句话，让我难以忘怀。他说：“我没考上哈佛，你们是不是失望了？”当时我感到震撼，因为我们从来没有这样要求过他呀，甚至连想都没有想过。我问他：“你怎么会这样想？”他说：“我想做让爸爸妈妈骄傲的孩子。”啊，很多父母望子成龙，而我们只希望儿子健康快乐上进，可是他却认为自己不够好，应该做得更好，让父母感到骄傲，我很感动，我说：“你做得

很好，我们为你骄傲！”

我们从小注重孩子的品格培养，努力创造一个温暖的家，倾听孩子的心声。在家里他有发言权，他愿意给我们讲学习、学校的事情和自己的想法。从小和孩子建立亲密的关系，给他安全感，不管孩子在外面受了多么大的委屈、打击或不公，家就是他的避风港。他知道爸妈理解自己，愿意听自己发牢骚、述不满，不管多么沮丧，多么不安，在妈妈的怀抱中都能得到安慰和理解。就是这种感情，也让孩子愿意听父母的建议意见，虽然有时他不理解或不情愿，但是他知道：爸爸妈妈爱我，他们是最好的朋友，跟他们说什么都没关系。

从青年自杀这让人心碎的悲剧中，我们得到反省：爱应是无条件的。父母的一句温馨话、一个拥抱、一个理解都会融化孩子心中的冰块。不管孩子聪明还是不开窍，父母不要把孩子和他人比较，就像樱花春天开，菊花秋天开，品种不同，花期不同。世界上没有相同的两片树叶，没有相同的两片雪花，每个孩子都是独一无二的。就算孩子没考上理想大学，甚至休学，那也没有什么吧！西方的孩子不管做什么工作，父母看到他们能自食其力、幸福快乐，就非常高兴了。我的白人邻居的儿子大学毕业后，做了校车司机，他的父母也非常高兴，经常夸儿子。

亲爱的爸爸妈妈们，做孩子的知心朋友吧，倾听、理解孩子的心声吧，给孩子排忧解难吧。这样，当外界给孩子造成压力时，父母充当安全阀，让压力有出口、有机会释放，就像高压锅不把放气口堵住，定时放气，高压锅就不会爆炸。

作为父母，不仅要关心孩子的学习，更要注意他们的心理健康，培养孩子坚韧的性格。告诉孩子，没有一个人的人生道路是平坦的，遇到困难时，要有勇敢面对、接受、处理、放下它们的精神。

入读名校是一种荣耀，但是名校中人才济济，每个学生都身手不凡。到了名校想继续名列前茅，就像大河里的小鱼，要想跳龙门，谈何容易。

如果没有坚强的心理素质，就是上了名校又怎么样呢？

2015 年 2 月 15 日，《世界日报》刊登了一篇文章，谈到常春藤校的几名华裔大学生相继自杀，有一名就读耶鲁大学的女生从旧金山金门大桥跳下去，有 24 岁麻省理工毕业的男生在游泳池里自杀。生命是最宝贵的，失去了生命，就算得到全世界，还有什么意义呢?！有的名校毕业生在职场、婚姻上遇到困难挫折时，萎靡不振，酗酒、吸毒，甚至自杀。所以学业、事业上的成就和所谓财富不代表幸福快乐。

将心比心，我为这些孩子的父母感到难过。由于华裔孩子的录取率比其他族裔的孩子低，能进常青藤名校的华裔孩子实在不容易。

进常青藤后，他们遇到一群同样聪明的人。我儿子也跟我们谈过这个情况，真是人外有人、天外有天。在精英聚集的学校里，性格坚韧的孩子，碰到挫折困难能勇敢面对，并且逐步融入团体，这样的孩子就能健康成长。

但有的孩子在成长过程中，一帆风顺，有问题就责怪别人或者由父母帮助承担解决，父母没有注重培养孩子的独立处理问题的能力和坚韧性格，没有注意孩子的精神健康。在上大学离开父母后，他们要独立处理各种问题，在新环境和理想

之间产生差距时,孩子就可能出现心理问题甚至想不开,造成悲剧。

上名校可能在刚刚找工作时有帮助,但是在职场上生存还需要具备抗压力、决断力、沟通力、团队合作能力等,每一步都要坚持不懈地付出努力。

不是读了名校,找到好工作就万事大吉了。我儿子就遇到过工作时间长、负荷重、很多律师离职、律师事务所破产、跳槽一切从零开始、重新起步等磨炼和挑战。

孩子有坚强意志,能在困难挫折中学会坚强,能在逆境中学会勇敢,这是人生的宝贵财富。作为妈妈,我牢牢地记住了一句话:孩子没有“成龙成凤”不要紧,重要的是“成人”!

22.

以勤补拙

如果一个人非常聪明,那是不是就不需要努力了呢?

儿子告诉我们,在他读大学时,有一位同学对软件、硬件了如指掌。此人上大三时,就给大四的学生上计算机课了;参加世界编程比赛,拿了名次;大学还未毕业,就得到了一家有名网络公司的实习机会。儿子说这位同学从来不去上计算机课,到考试前,问同学借笔记看看,考试却总是得第一,儿子得第二。儿子称他是“计算机天才”。

在儿子上法学院时,老师布置课题写文章,需要找资料。写一篇论文,首先要提出自己的论点,然后从正反面论述,叙述你这样做的好处、缺点,以及解决的方法,有时需要一周内交作业。有的同学可以连续 72 个小时不睡觉,完成一篇优秀的论文,连哥大的教授都赞叹不已,说他们都写不出这样的文章。

儿子有自知之明,他知道勤能补拙。他从不浪费时间,争分夺秒学习各种知识,寻找不同观点,努力用功。每当问题出现时,不回避,如果错了,找出为什么错,错在哪里。思考别人的文章为什么会写得这么好,优点是什么,应该怎样学习和改进自己的一些写作方法,才能不断进步。

儿子上中学、大学时，经常写论文，老师要求几个人一组。通常几个人分工，各写论文的一部分，而论文的分数是根据整篇的水平评定的，这就要求每个人尽心尽力，这种形式也促进了大家的团队精神，因为大家是绑在一起的。

在大学时，他主修计算机，后来他又选修了商业方面的一些课程，当选修课程全部结束时，需要五个同学一起写一份论文。他承担了主写和编辑工作，用了三天的时间来完成，甚至通宵不眠，当成绩公布时，竟然是全班第一名，得了96分。小组另外四位同学是主修商业专业的，其中两位同学说这是他们四年中得到的最高分。

如果不努力，再聪明也没用。就是那位被儿子称为“计算机天才”的同学，对其他课程提不起兴趣，结果除了计算机课程，其他课程大部分只是勉强及格，有的还亮起了红灯，差点毕不了业(因为学分不够)，后来还是通过补考，才勉强通过的。

所以，千万不要认为自己聪明脑子好，就不努力，每位成功人士都要经过努力才能取得成就。

如果想当生物学家，就要学习和掌握生物学方面的各种知识；想当科学家，就要熟知和深钻数理化等方面的知识；想成为医生，就要学习医学领域的广而深的理论；等等。而实现理想的前提是，你必须一点一滴地学习，努力再努力。

每个孩子都是独一无二的，他的智商不是决定胜负的主要因素，而是否努力才是重要因素之一。就像古语说的那样：“书山有路勤为径，学海无涯苦作舟。”

哈佛大学图书馆有这样一条馆训：“现在睡觉的话，会做美梦；而现在读书的话，会将美梦变为现实。”

有研究者列出大量数据表明,成功并不总是青睐条件或机会最好的学生,有时机会太多反而可能会让人失去焦点。

成功者最显著的特点是能持之以恒,一句话:坐得住。

曾经在电视节目中看到关于成功的四个要素:一是惭愧的动力。因为惭愧,就要努力向上,觉得自己不如别人就要加油。二是谦让的动力。虚心学习一切好的东西。三是忍耐的动力。能忍受苦难、挫折,不屈不挠。四是智慧的动力。能抓住机会,用智慧达到成功的目的。

那有没有先天的才能?答案是有的。但美国的心理学家深入考察天才的人生经历,随着年龄的增加,发现天赋的作用越来越小,而后天的努力作用越来越明显。研究人员发现不管是拉小提琴、弹钢琴、打球,甚至包括计算机方面的成功人士,他们所有人的练习时间都超过了一万小时,无一例外。

儿子在大学时选修了英语写作高级班,他每次都坐在前排,也抢着回答问题,给老师留下了深刻印象。在申请法学院时,他请教英语写作的老师写推荐信,结果老师给他写了整整三张纸(老师后来告诉他的)。

中国古话说:“一分耕耘,一分收获。”成功有三大因素:天分、机运和勤奋,它们是成功的条件。取得成功的人,不是不跌倒,而是每次跌倒都能爬起来。

“宝剑锋从磨砺出,梅花香自苦寒来”“勤能补拙”,勤奋是成功的重要因素、必要条件。

“聪明反被聪明误”是句名言,所以不要认为自己聪明,就不努力学习、工作,如果那样,将会一事无成。

真正聪明的人懂得谦卑,而谦卑能让我们的心灵升华。

23. 何时出国留学合适？

中国在20世纪经历过四次留学潮，现在的互联网上，出国留学、移民已经成为一个大话题。也有朋友问过我这方面的问题，我根据自己看到、听到、接触到的实例，给他们提了一些看法和意见。我告诉他们，千万不要盲目跟风，一定要根据自己孩子的情况、家庭经济情况量身定制出国计划。我们先不谈出国的优点和缺点，也不讨论经济问题，先讨论这篇文章的题目：何时出国留学合适？

（1）出国的目的和动机是什么？

不管是孩子还是家长，都要清楚出国的目的和动机，全家坐下来好好商量讨论一下，问一下：为什么要出国？打算在国外学什么(学校、专业)？毕业后有什么打算，是准备留下来还是回国？为了达到以上的目标，需要认真制定周密、可实行的计划。

送孩子出国留学的理由不少，从富人、官员、知识分子，现在到普通工薪阶层，都想方设法把孩子送出国。我曾经问过一个女孩为什么出国，她说班里40多人，已经走了一半。家长中有一部分是对中国的应试教育不满，认为作业、考试太多,学了很多没用的东西,孩子不快乐,浪费孩子的青春;还有的家长是对中国的高考制度不满意;现在还有为了空气、环境不好让孩子出国的。

曾经接触过一个留学生,他思想活跃、敏捷,对一些问题的看法非常成熟,远远超出他这个年龄段的思维。在和他的一次交谈中,我称赞了他,他告诉了我他的成长情况。中国人从小在学校里就被教育要严格按照书本答题,听老师的话,这样才能考高分,才是好学生,调皮捣蛋是不受欢迎的。这个孩子当年比较另类,是老师的眼中钉、肉中刺,经常挨批评。

这个孩子说:“阿姨,我在国内上小学、初中时,是个让爸妈、老师头痛的孩子。那时我的每门功课考试都是刚刚及格,因为我不喜欢考试,特别是文科一定要按照标准答案回答的考试。有时我照自己的理解答题,老师就说我不对。所以有时我知道答案,但故意写错,及格就行了。”他告诉我,他非常喜欢阅读思考,也喜欢科学实验,因为知识面广,他对问题有自己独特的看法和见解。但是在“分数第一”的应试环境下,他得不到认可,属于“差学生”。

高中时,父母送他到加拿大留学,第一年他努力学好英语,第二年他的成绩名列前茅。他的广泛阅读、聪明好学、见解独立,在和同学们一次次的讨论争辩,在自由发挥的宽松学习环境下,发扬光大,终于成为老师、同学们都认可的优秀学生。

有一些改革开放后的受益者,在中国是“人上人”,有好的职业、高的薪水、富裕的生活、大的房子,孩子上的是好学校,可是他们也把孩子送出国。他们真的是为了让孩子在国外得

到更好的教育吗？他们了解国外学校的排名，但对国外的教育又真正了解多少呢？有的国外二流、三流学校，真的还比不上中国的好学校。

胡润研究院发布的《2014 海外教育特别报告》说，因为看不到未来，80%的中国富豪计划将子女送到国外接受教育。千万富豪的孩子出国留学的平均年龄为 18 岁，亿万富豪的孩子出国留学的平均年龄为 16 岁。

他们送孩子出国的理由不仅仅是让孩子得到更好的教育，而是想让子女毕业后拿到身份，生活在一个“更好的地方”。我问过一些父母，他们送孩子出国留学，都不希望子女学成后归国。很多家长希望孩子通过读书，移民留在西方国家。

下面回到对一些问题的讨论上来。

一是说国内的应试教育不好。应试教育不好在哪里，它最大的弊端就是夸大了书本知识的作用，用“标准答案”压抑了孩子的思维创造能力，忽略了文化教育的精髓，特别是人文教育方面。

但中国在传授自然科学知识上还是比较成功的。很多在国内高中学习一般的孩子，出国以后发现自己的数理化在班里居然是优秀的。朋友的孩子是读初中时和父母移民来加拿大的，他告诉我，他们班里中国来的留学生都非常会考试，特别是数理化，成绩都不错。

如果一位白人孩子，数学很好，就会有人问他：“你上辈子是中国人吗？”所以中国人的数学好，大家是普遍认可的。当然，在文科、创造力、独立思维方面有一定差距。

中国学生如果出国时年龄偏大,文科方面往往较难达到土生土长的西方孩子的英语水平。有的中国大学英语专业毕业生还达不到美国高中生的水平,特别是写作、文科方面。所以要扬长避短,出国读大学,学习理工科很不错,因为理工科对语言的要求不像文科那么严格。现在美国的移民政策修改,对理工科毕业想移民的留学生非常有利;加拿大申请技术移民,理工科专业的也是比较占优势的。

经过中国式教育的孩子都比较遵守课堂纪律,我儿子在上海上到小学五年级上半学期,他把在中国读书时认真听讲、遵守纪律的好习惯带到北美的学习生活中,不管其他人怎样(有时课堂纪律不好),他都专心认真听老师讲课,所以即使老师只讲了一遍,考试时绝大部分同学不及格,他也能取得 100 分的好成绩。

二是回中国时看到孩子们缺少运动,很多成为小胖子、小眼镜。有个妈妈告诉我,她的孩子 15 岁上初三,已经是 600 度近视。对做不完的作业,考不完的试,非常劳心,想快乐是很难的,孩子和父母的心情,我非常同情和理解。

在当今中国学习环境中的孩子,为了考试升学而读书,所以喜欢上学的太少了。

三是为了出国留学,需要做一些准备工作。首先要学好英语,有人认为,只有到国外才能学好英语,这是不对的。很多留学生都是在中国学的,特别是出国留学读大学、研究生的,都是达到一定的英语水平后,考托福出国的。

像我一个亲戚,出国前就帮助美国教授的讲座做翻译,教授问他:“你出国几年?”他说:“我没有出过国。”他的英语大部

分是自学的,他小时候跟奶奶在农村,奶奶不让他读书,让他干农活。为了读书,他打着手电筒,在被子里看书。后来考上大学,毕业后留校,在 20 世纪 80 年代初,他的托福成绩是全浙江省第一名。

所以,如果你准备留学,一定要下功夫学习,掌握一定数量的英语单词,还要多看英语电影,阅读书籍。

出国后需要自己打理生活琐事,所以要具备一些基本的生活技能。如果孩子不会做饭,那请父母花些时间,教他一些家常菜的做法。我看到过为了出国,花钱专门去学习烹饪、理发的人,有的还拿到了证书。不管这些技能是否用得上,学到本领就是自己的,谁也抢不走。所以,家务事多让孩子做做,培养他们基本的生活技能是非常必要的。

告诉孩子,国外不是天堂,要有吃苦的思想准备(实际上,在何处都应该这样)。如果孩子有时成绩不好,让他学会坦然接受事实,不要一味抱怨,要想办法努力提高。让孩子经历失败,经历挫折,告诉他:如果你想将来在社会立足,这是必须经历的感受,今后在你走向社会还会遇到比这严重得多的问题。

父母可以和孩子分享自己的一些好的、不好的,甚至跌倒的经验,比如如何在困难、挫折,甚至苦难中爬起来的经历。告诉孩子:人生就是不断追求的过程,而成功就在我们每个人心里。

我理解有的父母为保护孩子,有时没有实话实说,没有告诉孩子事情的本来面目。尽管父母的出发点是好的,但仍应该实话实说,告诉孩子人生会遇到很多挫折、困难,甚至灾难。我们要有直视它的勇气,勇敢面对困难挫折,让孩子增强自信，通过正视自己的缺点，在不断的失败中走向成熟；通过失败、吸取教训不断走向成功。

好习惯、好品格、坚强的意志是重要的，需要家长好好培养。如果英语不好，可以学习；如果心理素质不好，就会被种种困难、挫折、苦难打倒。一个萎靡不振、消极的人一定不会成功。

（2）什么年龄适合出国？

情况一是孩子 12 岁前。

这个年龄段的孩子大部分来自新移民家庭或出国读研究生的夫妇，也有少部分是住在亲戚或者寄宿家庭的。这个年龄段出国的好处是中英文都可以学好，但是需要家长其中一人陪伴。

如果你希望孩子中英文都好，那么在中国读完小学五、六年级出国，是一个很好的选择。不要担心他们的英语，在英语环境下，很快会学好，说话没口音，而且只要努力成绩不会差。

但学习中文不容易，我看到北美许多华裔的孩子，每个星期上中文课，请家教，在家里说中文，学了很多年，可是阅读、写作还是不行，甚至达不到中国小学三年级的水平。而掌握中英文，会让孩子受益终生，在后面的《孩子学会双语 受用一生》中我会详细讲述我儿子的成长故事。

我的一位朋友有一个 12 岁的比较内向的孩子，到加拿大上 ESL 课，因为听不懂，不说话，惹恼了老师。老师说孩子需要先看心理医生，才能继续去上学，并且报告了教育局。这位妈妈来问我怎么办，她坚持说孩子没问题。我告诉她，不能不理睬老师，可以去找家庭医生，然后转看心理医生。后来证明

这个孩子心理没问题,是英语交流、社交能力存在问题。

有新移民的孩子,由于英语不好受到欺凌,我儿子也遇到过这种情况。报纸上也有过相关的报道,有的孩子因此患上心理疾病,甚至有自杀的案例。年幼的孩子是需要父母的陪伴开导和帮助的。

所以说出国年龄越小越好是有条件的,如果没有家长陪伴是不建议的(一定要有监护人,但其他监护人是不能和父母亲相比的)。

20 多年前我们出国时,对于要不要带孩子出来的问题,也纠结过。因为当时我们到美国时经济困难,签证也是一年一签,带孩子出国,如果不能留下来,回国时他可能留级。但是经过思考,最终还是把他带出来了。因为不管多么困难,在父母身边,孩子会有安全感,这对他的成长是有利的。而且艰苦的生活环境,能让孩子学到在丰衣足食的环境中和书本上学不到的东西,对他的人格塑造也非常有益。

在初中前这个年龄段,如果没有父母的陪伴,是不太适合出国留学的。为什么?我在下一篇《出国留学准备好了吗?》会进行详细论述,这里就不重复了。想送这个年龄段的孩子出国的家长,可能听了一些宣传,比如:出国越早越好;国外的教育不难,容易考上大学;等等。美国小学三年级的作业,有一道“作为第一夫人,我的感受”的题目,以一位美国总统夫人为例,让学生把“她”换成“我”写文章;四年级的作业,提到一位美国总统,题目是“如果你是美国总统,你会怎样做?”要求学生写出自己的观点、意见、想法;等等。有的美国小学,孩子们上的第一课是:“我保证使用我的批评才能,我保证发展我的独立思想，我保证接受教育，从而使我能够自我判断。”这些课程容易吗？

学习方面，不是在中国学习好，到北美就能跟上，北美的教育体制、方法等和中国不一样。有美国的老师说：“不要以为来美国就轻松了，美国教育的压力更大，高中毕业之前最好不要来。”中国小留学生在文科学习上与北美的孩子存在差距。就算数学好，但一些应用题还需要相当的词汇量去理解，否则无法解答。

有统计表明，2013 年，20 万的在美中国留学生有 99%上的是一般的大学，要想上名校，甚至常青藤大学是不容易的。甚至有 25%的入学考试考了满分，上了常青藤大学的留学生被学校要求退学，因为他们根本不会写论文。很多科目需要 5 个人一组完成作业，而他们不能融入其中，不会说、不会写，没有独立思考的能力。

有位中国女学者到哈佛大学做访问学者，她研究为什么那么多的外国人能获诺贝尔奖，而中国人在中国就不能。（当时莫言和屠呦呦还没有获诺贝尔奖。）她研究出的一个重要结论是：如果在现实生活中被告知要当“螺丝钉”，要做“驯服工具”，那怎会有自由的想象、独立的追寻和创造性的发挥呢？

留学生需要培养的除了学习成绩，还有兴趣爱好、社交能力、社会工作能力，还要有和其他人不同之处。我的外甥女考上了哈佛大学。中学时她是学生会主席，每天放学后，打两小时的水球，然后有时开会，周六跳舞，周日去教会，回家经常已经是晚上 9 点半到 10 点多，然后吃点东西，开始做作业，有时做到深夜两三点。我儿子有时为了完成作业，需要查资料、看

书、上网，一忙就是三四天，我们早上6点多起床上班，他还没有睡觉。所以想取得好成绩不是容易的。

情况二是在中国高中毕业，考托福，申请美国大学。

这个年龄段的孩子，不仅仅是“学习好”就适合出国。想想看，中国的孩子在老师、父母的长期教育下，在“填鸭式”的环境下学习了多年，可能喜欢学习的少之又少。如果没有父母的督促，又没有自律力，再加上还要找房子、洗衣服、买菜、做饭、洗碗、打扫卫生，还要记得交水电费、电话费、上网费等，大部分人都会无心学习。除了生活压力外，还得过语言关、学专业、考高分，毕业前后还要考虑找实习、找工作、办绿卡，等等。

就是高中毕业18岁出国留学的孩子，要适应新的生活、学习环境也是不容易的。想取得好成绩，没有什么捷径可走，只能牺牲睡觉、娱乐的时间了，所以半途而废的大有人在。

如果孩子的身心健康，能吃苦，具备基本的独立生活和处理问题的能力，并且能自觉学习，就比较适合出国。

有些父母看到别人的孩子出国，觉得自己孩子还在国内读书是低人一等。在出国热的浪潮中，有的父母没充分考虑，只想一门心思把孩子送到国外读书，他们没有很好地征求孩子的意见，忽略了孩子的想法和意愿，还自认为这个决定是正确的。

出国留学，孩子不仅面临语言压力、心理压力，甚至还有吃和住的生活压力，而最大的压力是要忍受寄人篱下和心灵的孤独感，最大的辛酸是精神上的孤寂，这不是靠钱可以解决的。

在一次活动上，我遇到了一名不满 14 岁、住在寄宿家庭的小留学生。我心疼她，如果她是我的孩子，我不会让她这么小就独自出国。有人说，这对她将来有好处。望女成凤的父母有没有想过，青少年的孩子，最需要是父母的陪伴和关心，这样才能让孩子的身心健康成长。

有的孩子埋怨父母，让他单独来到国外，来到一个不讲中文的地方，举目无亲，吃不到中国菜，不会开车，不懂语言，就像哑巴、聋子。有的孩子甚至怀疑自己可能不是亲生的，否则父母怎么会这么狠心把自己抛到这完全陌生的世界来呢？

不要说青少年，就是成年人出国后，也难免有孤独思念的情绪。像我刚出国时，因为家人还没有来，也曾偷偷地躺在草地上，看着月亮流眼泪。所以家长千万不要贸然送 18 岁以下的青少年出国留学，因为在国外，生活和学习上的压力极有可能造成现实和理想不相配，使一些小留学生自暴自弃，性格变得内向孤僻，造成心理疾病（重者会走上毁灭性的歧途。请看下面一篇《出国留学你准备好了吗？》），温哥华甚至发生过青年男女同居，男生因为女生怀孕，就把她杀害了的案例。

有的青少年心理年龄不够成熟，甚至有些生理年龄是成人，但是心理年龄还是儿童。由于他们的生活自理和心理素质能力不足，勉强“被留学”会不尽如人意，留学初衷不能实现。我就遇到过 25 岁了，就是因为要自己打理做饭等，到了北美两个星期就回国的留学生（还没有上一天学），浪费了父母辛辛苦苦、省吃俭用赚来的两万美元。

实际上，留不留学，移不移民的根本问题是你想让孩子成为怎样的人，想过怎样的生活。父母送孩子出国前，要三思而

后行，在孩子身上的投资失败了，钱可以再赚，但是耽误了孩子的大好青春年华，不是钱可以弥补的，时间是无价的。

一位中国留学生即将从美国一所普通大学金融专业毕业，他投了大量的简历，也参加了招募会，却连面试的机会都没有。偶有雇主打电话来，一听他没绿卡就没了下文。“身份”成了悬在每个留学生头上的达摩克利斯之剑，没有身份就不好找工作，没有工作就无法办身份，没有身份就得离境，这位男生遭遇的就是这种困境。

改革开放前 20 年，自费或申请奖学金的留学生，多数是读硕士和博士，并以理工科为主，而这类专业中持高学位的美国人较少，所以留学生毕业后相对好找工作，因此移民美国的比率很高。据统计，这些人的回国率不足三成。而近 10 年来的留学生中本科生比率越来越高，在 2013 年超过了研究生，这些人所学的专业以文科、会计、金融等为主，这些专业并不缺能胜任的美国人，再加上身份的限制，所以从美国大学毕业或毕业一年后回国的留学生比率高达 72%。

情况三是考研究生出国。

优点：费用少，孩子年龄较大，适应力各方面都比较成熟了。这个年龄段出国是比较好的(找工作是看你最后的学历)。

20 世纪 80 年代出国的留学生，大部分是出国读研究生的。我刚刚出国时，只看到两例拿到奖学金，出国读大学的。那时，美国签证也很难，没有奖学金的话几乎都会被拒签，21 世纪后就容易多了。

我认识的人当中，就有孩子大学毕业，出国留学读硕士的。毕业后父母想让孩子争取留在国外，可孩子愿意回国发展,因为现在中国机会不少,他后来找到专业对口的工作,开心又快乐,年薪也不少,还可以每个星期回家一次,看看父母,吃妈妈做的饭。

我大妹妹的女儿,初中、高中都考上了浙江省的重点学校,而且很多课程都是外籍教师上课的,她的英语不错。但是我建议她在中国上大学,这样经济上比较符合家中条件,后来她读研究生时才出国。

一名留学生在国内念完大学后到加拿大大学读了一年,花费了 26 万人民币。她回国后就职一家证券公司,年薪 22 万。她希望自己的孩子也先在国内读,再出国留学。

在温哥华有不少留学生,大部分是 20 出头的。有的女生遇到合适的男生,就结婚留下来了;有的毕业后,找到工作,办了绿卡;还有的人选择回中国,帮助父母打理家族企业。我问过他们其中的一些人,他们说自己非常幸运,父母帮助他们付学费、生活费,让他们可以好好学习,所以虽然父母不在身边,他们都认真努力学习。

有时,我会换位思考,如果 20 世纪 90 年代初我们没有出国,现在我会不会让我的孩子出国留学呢?我想是会的。对于孩子,我们都有好的期望,这是天经地义的,是对的,作为家长在经济条件许可的范围内,愿意付出也是正常的。

但是对于孩子,父母的责任不只是金钱上的支持,也不要说:“我给了你钱出国念书,已经尽了最大的努力。作为家长,我问心无愧了。”很多时候,父母不要自以为是,就像我其中一篇提到的,一对父母把房子卖了,送孩子出国留学,他们认为自己问心无愧,是为孩子好,可是由于他们的教育方法不妥

当，孩子不领情，孩子是为了摆脱父母窒息的束缚而出国留学的。

当面临出国留学这个重要选择时，要三思而后行，如果孩子在中国国内时，就吊儿郎当，不好好学习，没有好的习惯品格，到了一个爹妈管不着的自由国度，一个什么都听不懂的陌生环境，放任自流，他会怎样？有的孩子交上了狐朋狗友，吃喝玩乐。父母损失金钱不说，最怕连孩子都失去了。

有个熟人，家庭条件很好，在中国算是有钱人。但他的孩子学习不太好，自律力较差。他们就把孩子送到距家不远的国际学校，大学毕业后，孩子找到一份不错的工作，也逐步成熟，走向正路。这对父母是明智的，他们知道，对于他们的独生子，如果高中毕业送出国“放羊”，是非常危险的。

不管过去怎样，到国外都要重新洗牌，而情商高的孩子更胜一筹。如果你的孩子心理素质、适应能力、学习成绩都不错，恭喜他，出国留学将为他的人生增添色彩。

24. 出国留学准备好了吗？

2013 年，我给一位在中国的朋友打电话，她告诉我她的朋友想送初中毕业的独生女到美国读高中，想征求一下我的看法。我提了几点建议，请这位妈妈和女儿一起考虑以下问题，如果回答是 yes，那现在出国留学没问题。

第一，她有独立生活的能力吗？包括做饭，打理生活上的一切琐事。

第二，她具备基本的自律能力吗？就是能克服诱惑，自己管理自己的能力。

第三，她有坚强的心理素质吗？就是能克服孤独沮丧、挫折困难的勇气。

第四，美国的高中并不轻松，有很多讨论题，需要五六个同学一起做，如果英语不好，什么都不懂，怎么能一下子挤进去？你和其他人一起做作业没贡献（因为是平均分数），一起讨论又不会说，怎么才能让别人喜欢你？如果学习、交友情况不太好，她有承受压力的素质吗？

面对出国热，家长要考虑自己的状况，不要盲目追风，所谓“出国要趁早”的说法是误导，家长应该主要考虑两个方面。

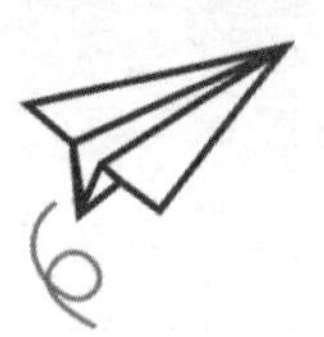

一方面是经济方面。在美国读4年高中25万美元再加4年大学20万美元的费用，不是小数目。所以我大妹妹的孩子在中国上大学，她读研究生时才出国，这样最省钱。2013年8月25日《世界日报》有一篇题目是《中国小留盲目出国 外面的世界不精彩》的文章指出："对年纪尚轻的中国孩子来说，独自一人住校，或者寄宿在接待家庭的生活并不轻松。陌生的环境、文化、语言等因素让原本想象起来会很精彩的'外面的世界'，充满了彷徨无奈和孤独。教育业人士提醒家长一定要小心'留学低龄化'，指出盲目出国很容易让难辨是非的孩子因缺失家庭的温暖和引导而误入歧途，最后成为家长一意孤行的牺牲品。"

另一方面是孩子的状况。如果孩子上进、自律、刻苦，那出国是没问题的。但如果孩子平时就不爱学习，自律性差，让他们出去，就是糟蹋钱。这类孩子虚度光阴，学无所成的大有人在。

"美国之音"对于这个问题进行了讨论，提到什么样的孩子适合出国时，专家们认为：年龄不要小于15—16岁，生活能基本自理、有良好的心理素质、不怕苦是最起码的。可是对于这些喝蜂蜜长大的孩子，如何克服孤独、思念、困难等问题，是非常不容易的。

现在越来越多的中国父母送孩子出国留学。有的经济富裕的家庭把孩子送到国外的私立高中，作为直通大学的跳板。

现在出国留学成了一股潮流，有的父母不管孩子的情况、家庭的状况，自己省吃俭用送孩子出国。朋友告诉我，她认识的一个工薪家庭，借钱把孩子送出国，孩子待了两个月就回国了，说不适应。

2013 年《世界日报》刊登过这样一篇报道：除夕夜中国爸妈惊爆在美留学的 16 岁孩子“失踪”，惊动美国的友人。父母及友人吓得魂不守舍，最后却发现孩子躲在自家车库，因为“过年想家”，更因为“忍受不了美国生活”，竟不告而返。

离开父母羽翼的一些小留学生“无法无天”，旷课逃学深夜不归，寄宿家庭苦不堪言。

我看到一些文章谈到寄宿留学生的情况，一个华人家庭接纳了一个读高中的留学生，可是不到三个月，女主人就受不了了，请这个留学生另外找人家。为什么？原来这个男生的一些不良习惯使别人无法忍耐。他的房间就像狗窝，里面脏衣服、臭袜子、裤子扔得到处都是，如果进房间，都要踮着脚。晚上过了 12 点，他不管其他人是否已经休息，放音乐、洗澡、吃东西。早上磨磨蹭蹭不肯起床，别人已经在汽车里等了 15 分钟，可是他不着急，也不抓紧时间，害得其他孩子上学迟到。这些自私自利的不良行为，让他成为不受欢迎的人。其实有相当一部分的留学生存在类似情况。

一家国际教育交流机构 2015 年的统计显示，三年前只有极个别美国高中委托其来华招生，如今他们代理的高中超过了 80 所。由于中国留学生日增，这些高中 10%的亚裔学生名额日趋饱和。近 5 年，读高中的中国留学生增加了 100 倍，现在还有把读小学的孩子送出国的家长。

为了寻求更好的国际教育，望子成龙，越来越多的中国家长把未成年的孩子送到美国、加拿大上小学或中学，希望以此为踏板让孩子将来能考入名校。那么，在中小学出国，对孩子

的成长就一定是好事吗？如果过早出国，孩子心智还没有成熟，怎么能学习得好呢？

有这样一个方法：孩子可通过夏令营的方式来北美小住，了解当地风土人情，然后再慎重决定要不要出国读书，父母最好有一人陪同。

12—16 岁这个年龄的孩子需要父母的陪伴成长，父母不在身边，无法及时了解孩子在国外遇到的问题，无法了解他的甜酸苦辣，可能会让孩子产生心理问题。曾经看到一位母亲和她出国的女儿用写信、邮件的方式保持联系沟通，这是一个好方法。

有的孩子没有自制力，脱离了父母的管教后，就用打游戏来打发时间。我看到一个学生在美国已经 6 年了，每天的任务就是玩游戏。有的交上不好的朋友，甚至走向歧途。所以父母们要多多关心留学子女的情况，在国内时，就要培养他们的吃苦抗压能力和自制力，这样他们才能很快地适应新环境。

新学年即将开始的时候，大批的中国留学生涌入北美，这里伴随着多少家长必须忍受与孩子离别的痛苦。无论何种身份，大家都是人，都会想孩子。记得儿子小时候，送寄宿幼儿园，每周接一次，我就非常想孩子。现在大部分中国的家庭就一个孩子，有的孩子从小娇生惯养，现在却不得不独自面对异国他乡的生活，父母自然会挂念。

从初中开始就送出来读书，在加拿大差不多每年生活费加学费需要 2 万多加币，相当于每年要花十几万的人民币，所以到大学毕业需要近 200 万人民币的费用（美国的费用只多不少）。对于大部分的工薪家庭来说，送孩子出国意味着父母辛辛苦苦工作几十年,省吃俭用,甚至把养老金都花在了子女身上。下决心送孩子出来,除了钱的问题,还有心理方面的问题。不管是什么人,都要忍受心理上的折磨。

我曾经遇到过一对把孩子送出国的家长,他们有两个女儿,姐姐 16 岁,妹妹 13 岁。这对夫妇在中国有各自的事业,但是为了孩子,夫妻俩在中国、加拿大之间多次奔波往返,他们在大陆有生意、豪宅、汽车、保姆,但他们希望孩子能在加拿大接受教育,让孩子在将来的人生中和国际接轨。

现在很多人留学后想移民不仅仅是为了简单的经济需求而离开中国,他们追求安全感——包括适宜生存的阳光、空气、食品、水。

在网上看到一个为“空气”而留学的例子。一个男孩从小有哮喘,父母为了让他呼吸到干净的空气,带着他从长沙搬到沈阳,从沈阳搬到广州,可是还是不行。最后,儿子孤身一人去了伦敦。离开中国的那一年,他 17 岁,送走他时,妈妈的欣喜多过离愁。他的妈妈说:“把孩子送到国外,是想让他呼吸新鲜的空气,喝没有六价铬的水,吃没有地沟油、没有三聚氰胺的食物,这也是特供,是父母给的。”真是可怜天下父母心。

我看到有父母陪读的,也有孩子独立生活的。不过对孩子来讲,如果能在留学的过程中吃点苦,锻炼适应力,激发潜力,吸收西方的文化精华,也是好事,但愿将来他们能为中国做一些有益的事情。

现在出国留学已经成为一种潮流,从我自己的经历来讲这是非常值得的。收获有:生存和环境适应力提高,学会了客观辩证看问题,更加尊重他人,愿意帮助别人,愿意过简单生

活,改变了心态。

国外不是一个自动能让孩子成才的容器,不是一个自动能让孩子消除缺点的天堂。相反,在国外,没有了保护伞,没有了父母的呵护,孩子要经风雨,接触真实的世界。如果树根扎得不深,风雨会把树连根拔起。同理,如果没有做好心理准备,就让小公主、小皇帝抱着脆弱的心灵走出国门,沉重的学习负担、狭小的生活圈子和异国他乡的孤独,都可能使他们性格发生扭曲而情绪又无处发泄,轻者产生心理疾病,重者甚至造成血案。就像 2013 年 9 月 27 日,美国伊利诺大学的中国留学博士杀害女友的事件,从报纸上看,是因为她交往了新男友。而犯罪的男生是个聪明、学习非常好的学生。

好的品德、好的作风需要家长从小培养,这样孩子离开了父母,才能自律。家庭教育的重要作用,就是要培养起孩子的独立生存、自我教育、自我管理的能力,以及树立行为自律意识。

作为家长,也许你有一些人生梦想没有实现,但是别让儿女替你去完成,因为那是你的梦想,不是他们的梦想。家长应该做的就是培养孩子正确的人生态度和好的品格,以及不怕吃苦、能在任何挫折和失败中重新站起来的个性,这样你的孩子才能在留学的道路上,在各种环境下生存和成长。

第四篇

品格教育篇

培养孩子从家庭教育开始，父母是孩子的第一任老师。

教育要从小事着手，习惯、品格不是一天形成的，好的、坏的都一样。孩子没有成龙成凤不要紧，最重要的是“成人”。

好的父母教育能改变世界。

25. 从最低点起飞

我儿子在职场得心应手，除了丰富的专业知识外，他的谈吐及与他人交往的能力在找实习工作、换工作中也使他得到了欣赏，使他心想事成。

现代社会竞争激烈，不是学习好、大学毕业就可以驰骋职场。现在很多人已经认识到社交能力这个问题，它是一个不可忽视的问题。没有人一出生就有这种能力，甚至学校也没有教过，但只要父母愿意让孩子从日常生活中学习锻炼，就能成功。

怎样培养孩子的社交能力呢？那就是从小开始，从最低点起飞，让孩子在丰富的环境下成长。

什么是丰富的环境呢？就是带他去公园，到户外，送他去托儿所、幼儿园。利用丰富的环境来培养孩子，他会学习、学会了解他人的心理，从而体悟微妙的人情世故。“对方想要什么?”“对方希望我为他做什么呢?”在这种丰富的环境下，能培养孩子感性的幼苗，还能逐步提高孩子的情商。

有兄弟姐妹的孩子可以通过他们之间的互动学习交流技巧，但是他们和双亲对话的时间不像独生子女那么长。独生

子女可以得到双亲的专一教导，使其对别人的感觉比较敏感。

我儿子是独生子，他一周岁后，我们就把他送到托儿所，后来去幼儿园，让他在同龄孩子的团体中长大，在集体活动的环境下长大，和小朋友们一起用餐、游戏、午睡，从中学会分享、纪律、礼仪。让他从小学习礼貌用语：谢谢，对不起，等等。告诉他：“有礼貌，别人才会喜欢你。”带他去公园、游乐场，让他和其他小朋友在一起玩，不成为“局外人”。让他多参加学校的各种集体活动，在日常生活或旅游中让他主动跟别人打招呼。

儿子逐步长大，我们让他学习懂得交友规则。

什么是交友规则？核心就是友善和礼貌。

教导孩子，友善就是微笑、打招呼、分享，和大家一起玩。

在儿子幼儿时期，上了托儿所、幼儿园。我们教他要和小朋友和睦相处，玩具要和大家一起玩，如果一个玩具别人已经在玩了，你也想玩，要告诉那个小朋友：“等一会儿你玩好了，能不能让我玩一下？”我告诉儿子：“你如果不敢说，你就不能玩那个玩具，更不能去抢。”到公园去时玩滑梯要排队，不小心碰到别人，要说“对不起”。

交友规则还包括不和朋友吵架，不能嘲笑、讽刺、忽视、打击别人；要礼貌对人，真心称赞，学会分享，关心帮助他人；等等。

我们告诉儿子：“情愿输了争论，不要失去朋友。”就是要学会宽容和忍让，当你和朋友的意见有分歧时，可以这样说：“我想我无法说服你，但是你可以做你认为正确的事。”交友规则可以从日常生活中、从书本上学到，也需要家长的言传身教。

怕孩子输在起跑线上的家长，让孩子把童年、青少年的大好时光用于各种繁杂的课后学习，使他们中的一些人缺乏社交能力。

如果孩子数学不好，可以用计算器；阅读不佳，可以多读书。但社交有障碍的孩子会讨人厌，有时会激怒老师和同学，会被排斥于群体之外。社交能力不足，可能会延续到成年，甚至会影响他的职业生涯、婚姻状况和子女关系。

衡量情商高低的一个重要标志就是能否看懂别人，因为只有你看懂别人，才可能团结别人。让孩子从小学习怎样交友，怎样合群，帮助孩子建立与同龄人良好的关系。孩子需要朋友，朋友是快乐和友谊的来源。它是孩提时代学习社交关系的第一步，它至关重要，影响深远。

告诉孩子，友谊要用真诚播种，用热情灌溉，用谅解维护。

有专家建议，社交能力的培养，要从婴儿开始，培养孩子和家人互动；在幼儿时期，让他多和其他孩子们一起玩。

儿子一岁多时自己玩，或者和妈妈玩；两三岁时和小朋友一起玩；4 岁时已经学会分享和合作；上小学时会选择性地挑选自己喜欢的同学一起做作业，一起玩耍，开始逐步建立“死党”关系的朋友。在交友的过程中，他学会了容忍、谦让和怎样解决冲突。

在成长的岁月里，儿子逐步学会了在学校向同学、朋友友善地提出自己的意见想法，相互帮助；学会了“有风度地让步”的方法，在对一些事情、问题争论时，不一定同意别人的观点，但也不争论不休，他会选择暂时休兵。他会说“抱歉，我就说

到这里”或者“这只是我的建议”。

他学会了在公共场所和陌生人和睦相处;学会了在聚会时、在学校里和同学、老师、长辈们相处;学会了客人来了,怎样招呼,怎样接待;学会了接听电话时,怎样回答。

情商包括与他人交往的能力。我们鼓励儿子敞开胸怀,诚实开朗,保持内心世界的光明,鼓励他交往同龄朋友,并带他接触不同年龄、性别、性格、职业的人。

移民生活非常艰辛,但我们还是充满热情,拥抱好山好水的大自然。不管是我们全家旅游,还是和朋友们一起聚会、出游,都花费口舌,动员儿子一起去(包括青少年时期),他也从中学会了和不同年龄的人打交道的技巧。虽然他和我们的朋友在年龄上有差距,但熟悉后,还是能选一些话题一起讨论。儿子告诉我,在和这些大朋友的接触中,他学会了和不同类型的人融洽相处。

曲折的求学道路,让儿子锻炼了适应环境的能力,也锻炼了他的社交能力。不管在中国、美国、加拿大,还是在小学、中学、大学、法学院、律师事务所,他都结识了许多同龄和不同年龄的朋友。他学习、工作充满了热情和力量,很多都是从朋友身上获得的。

儿子不管在什么场合和情况下,和各种不同的人,都能找到话题。在读大学、法学院时,大家聚会,同学之间不熟悉,所以刚开始有些冷场,但是只要他参加就能很快把气氛活跃起来,所以大家都喜欢他。好的社交能力,被证明对他的职业生涯有很大帮助。

我曾经看到一些人,旅游是夫妻两人,或者带着小小孩,而青少年子女很多都不肯和父母一起出去了。幸运的是,青少年时期的儿子虽然不是心甘情愿,但有时还是会跟我们一起出去。在和爸爸妈妈的这些朋友的交谈中,他学到了怎样让谈话进行得愉快,怎样让别人愿意跟他说话,怎样和不同年龄、职业的人交流。通过这些活动,他提高了社交能力,为他的职业生涯打下良好的基础。

儿子在2010年工作后,已经先后换了三个律师事务所。有的是主动,有的是迫不得已(像律所破产)。人往高处走,水往低处流。他想进一步发挥自己的一些特长,比如中英文能力、计算机专业背景,想去加州发展,想离我们近一些。

2013年3月,他面试了加州两家律师事务所,一家律所的合伙人说:“我们知道你,我们没有什么问题问你,你有什么要求尽管提。”

一家律所的合伙人面试后准备录用他,可是还要基层工作的律师和他一一面谈,经过几轮的谈话,所有的人对他都非常满意,这家律所当场给了他Offer。猎头说这是他从来没有遇到过的。另外一家律所也给了他Offer。

在儿子三次跳槽找工作的面试中,给面试者留下深刻印象的不仅是业务能力,还有他的谈吐、礼貌等社交能力。在他第二次跳槽找工作面试时,曾经发生这样一件事。本来,一家大律师事务所的合伙人A准备跟儿子面试半个小时,后来竟谈了两个小时。从职业特长、兴趣爱好谈起,原来这位合伙人喜欢打游戏,儿子问他:“你喜欢什么游戏?”还和他谈最近有什么新的游戏出来,A和我儿子越谈越来劲,你看,游戏也可以成为社交的话题。

在一次面试中,一位人事负责人问我儿子:“你和客户的关系怎样?”他说,在他工作过的第二家律所宣布破产后,办公室已经没人工作了。客户打电话给他,担心合同不能按时完成。儿子请他们放心,说现在即使他没工资拿,也会加班加点完成合同。我儿子跟客户说:“现在连所里的咖啡壶都被拿走了,真是很凄凉。”过了一会,客户打来电话,告诉他已经用快递给他送了 20 美元星巴克的咖啡券,让他到律所楼下的店里去买咖啡喝。

在那段时间里,他白天去面试,晚上加班赶合同,每天只休息三四个小时。在没有报酬的情况下,他连续工作了十几天。合同完成期定在某一天早上 7 点,前一天晚上,儿子只睡了两个小时的觉,一清早他把文件传给客户,再匆匆忙忙赶去早上 7∶15 的面试。

这个经历让那位面试的人事负责人感动不已。

一位任职于美国大学医学院的医生,从医 17 年,他发现从某个地区过来的病人,65 岁以下的很少有心脏病,而且寿命长,这些人是来自罗赛托的意大利移民。这位医生决定展开调查,他研究了他们的饮食、基因、锻炼身体的情况,发现和其他地区的人没有太大的区别。后来医生和研究人员来到这个小镇时,他们找到了答案。他们看到罗赛托人喜欢串门、拉家常、聚餐,他们的家庭、邻里的关系非常亲密,周末都会去教堂。小镇的人们融洽平和、人人平等,富有的人会帮助非成功人士。

传统观念认为,长寿的原因取决于个人的基因、饮食锻炼、医疗,可是没有人想到,社交和健康、长寿也有关系。

哈佛四代科学家跟踪穷人和富人 75 年,探索“一生中,什么让我们健康快乐”这个问题,答案是“好的人际关系”。而好的人际关系跟财富、名声、工作都没关系,秘诀是:不让自己孤独,朋友在精不在多,持续耕耘。

千万不要小看社交能力,它关系到孩子的人生是否幸福,事业是否成功。它是需要父母从小培养的一种能力,是父母为孩子打开社交大门,协助孩子建立人际关系,为将来他们走向社会需要提供的教育,也是情商的一部分。如果孩子到了 18 岁,还不会和人交往,那怎么走向社会?

学习与人交往是一辈子的功课,从小婴儿明白微笑可以引来父母温情的反应,到童年、青少年交朋友。从最低点起飞,人际关系要从小培养,让孩子在实践中逐步学习,形成好的社交能力。

你看,好的社交能力,使我儿子在职场上如鱼得水,心想事成。

26.
教孩子说“谢谢”

儿子的品格培养，我们是从教他说“谢谢”开始的。

每个人都会说谢谢，对朋友、对同事、对帮助你的人，但是怎样教孩子学习说“谢谢”呢？

孩子不是一会说话，会叫人，就会说“谢谢”的，这需要父母的教导。我是家中的大女儿，我儿子是第三代中的老大。不管是我的妹妹们，还是我的父辈们对他都是宠爱有加。我的一个叔叔没有孩子，所以当我儿子出生后，他经常来探望，只要知道我们回杭州，就骑着自行车，带着礼物到我父母家。

那时，他的工资不高，但是每次来都不会空手，各种糖果、点心、玩具，甚至还花费相当于他两个月的工资，给我儿子买了儿童骑的小自行车。他自己身上的衬衫、外衣总是那么一成不变的一两套，可是给外孙买东西从来不手软。

在儿子快两岁时，我们回杭州。我叔叔来了，他带了玩具手枪、果丹皮等，儿子叫了“爷爷”后，拿了枪就兴高采烈地去玩了。

这时，我走进房间，问儿子：“你喜欢爷爷送给你的枪吗？”他“嗯”了一声。他说话比较晚，那时只会讲一些最基本的话，大多数都是用“嗯”表示，但是也逐步开始学习一些词汇了。

我对他说：“爷爷给你买了礼物，你不是叫一声爷爷就可以了，要说‘谢谢爷爷’。以后不管谁给了你东西，你都要说谢谢，这才是妈妈的好宝宝，才是有礼貌的好孩子。”

我让儿子去跟叔公说“谢谢”，他马上放下玩具枪，去跟叔公说“谢谢爷爷”。这样把孩子学习礼貌词汇和具体行为联系起来，不是简单地让他说“谢谢”，而是让他懂得什么时间、什么情况下应该怎样说。还要告诉孩子：拿到礼物，不能只顾玩，要对给你礼物的长辈表示感谢，要发自内心地说谢谢。

儿子在成长，逐步学习，越来越有礼貌。不管是妈妈给他一杯水，还是外婆给他一个水果，他都毫不迟疑、诚恳地说“谢谢”。在一件件小事上，不仅让孩子学会礼貌，学会感谢，还要告诉他：不管是家人、同学、朋友还是陌生人，当别人帮助你时，都要表示感谢；如果到别人家做客，回家后也要写卡片或打电话说一些感谢之语。

好的礼貌行为，从说“谢谢”开始，这需要家长的教导和以身作则。父母是孩子的镜子，爸妈要带头有礼貌。哪怕孩子帮忙做了一件摆碗筷这样的小事，都要真诚地对孩子说“谢谢”。

有时我们对外人会说谢谢，可是对家人很少表示感谢，认为父母、妻子做饭、洗衣服都是理所当然的，还有一个错误观念：说谢谢，太见外了。实际上，我们对父母、配偶、孩子，不是应该更多地说谢谢吗？不仅要大声说出我们的爱，也要大声说出我们的感谢，真诚的感谢和赞美是永远不嫌多的。

在《优秀是教出来的》的这本书中，这位获得过“全美最佳教师奖”的小学五年级男老师经常会给学生们一些奖品，还建

立了基本的 55 条班规，要求每个学生遵守。第 9 条是："每次我送你奖品，你一定要说谢谢，如果你在收到奖品后 3 秒之内没有说谢谢，我会把送给你的东西收回来。因为不表示感谢是没有借口可以融通的。"

这位老师说到做到，他把自己做的饼干奖励给学生，可是有的孩子没有说谢谢，他马上把饼干收回来，学生以为他在开玩笑，可是他没有。老师只给他们一次机会，3 秒内没说谢谢，饼干就被收回来。一个女生得了满分，老师奖励她一套书，可是孩子太高兴了，忘了说谢谢，老师就把书收回了。

这位老师的教育方法也可以用在我们教育子女上。

他教出一批懂礼貌的孩子，甚至这些孩子上了高中，班级的老师都能从学生当中找出这位男老师曾经教过的学生。因为高中的老师请他们吃东西或给奖品，他们一定都会说谢谢。孩子们说，这是他们小学五年级的老师千锤百炼把他们训练出来的。

有个男生记得，一次他赢得一根棒棒糖，没说谢谢，老师把糖从他的嘴巴里拿走，放到自己嘴里，笑眯眯地去上课了。这个情景让这个男孩再也不会忘记说谢谢。

儿子 4 岁时，我带他去广州。一天我表弟去深圳出差，正好汽车有一个空位，问我去不去。我姑妈说她可以请一天假，帮我看儿子，我就去了。回到广州后姑妈告诉我，儿子非常听话，喜欢听故事，也有礼貌，给他吃东西，他都会说谢谢。12 年过去，当我们在美国旧金山和姑妈重逢时，她还对儿子的礼貌记忆犹新。

我曾经到一个人家去，给她的孩子带了礼物。可是这个十几岁的孩子拿了礼物,什么话都没有说。他妈妈说:“谢谢阿姨。”他才像鹦鹉学舌那样说了。我不是一个爱计较的人,但是我觉得这么大的孩子,还要妈妈教,有些奇怪。这个孩子学习是不错的,但是没有学会基本礼貌,实在很可惜。

教孩子说“谢谢”要从小引导,到孩子十几岁了,还要妈妈告诉,那时不仅让他人不自在,也让父母无地自容。

27.
溺爱不是爱

什么是“溺爱”？溺爱就是长辈对晚辈过度的保护，就是过度宠爱，什么事情都由着孩子的性子，任性地惯着。

在如今“一子化”的家庭环境中，孩子的地位高人一等。吃的是独食，孩子要什么给什么，生活起居随心所欲，家长无原则、无节制地满足孩子的一切要求。

拿孩子学走路来说吧，我们在孩子刚学走路时，大部分都是小心翼翼，怕孩子摔跤；跌了跤，全家都大惊小怪。

儿子 13 个月时刚学会自己走路，我非常紧张，生怕他摔跤。过了一段时间，发现了一个现象：他每次刚跌跤时不会哭，只是抬头找人。如果有人跑过去，他就会哭起来，而且大人跑得越快越及时，他的哭声就越大。啊，孩子太聪明了，知道怎样“掌控”大人。

后来，我们慢慢延长伸手帮助他的时间，鼓励他自己起来。到两岁以后，他逐步成为一个勇敢的小男子汉，打针不乱动、不哭；跌跤像没事一样，自己迅速地爬起来。

讲一个在温哥华看到的实例吧。有一次我去看医生，看到一个一岁左右的白人孩子，他刚学会走路，跌跌撞撞，在等候室走来走去。我看着都非常紧张，生怕他摔跤，而他的妈妈若无其事地在看杂志。后来这个孩子摔了一跤，哭了起来，妈妈没有去扶他，而是说："Get up.（起来。）" 孩子自己起来了，妈妈这才走过去说："Good Boy.（好孩子。）" 这才是教育。

有的孩子非常粘妈妈，妈妈走到哪跟到哪，寸步不离：晚上要和妈妈睡觉；妈妈和别人说话，抱着她的腿；旅行时要妈妈帮整理衣物；十几岁的孩子还要妈妈帮着洗头洗澡。上学陪读书，工作陪面试，相亲陪"审查"，妈妈不肯放手，孩子永远长不大。

有个"草莓族"的说法，就是说现在一些年轻人像草莓一样，尽管表面上看起来光鲜亮丽，但却承受不了挫折，一碰即烂。

一个曾经是哈佛医学院的博士后的大陆女生，后来却进了精神病院。原来她从小学习出类拔萃，没有受过挫折。当年她想去美国留学，甚至说："去不了的话，我就自杀。"在她成长的过程中，父母把一切都安排好了，除了学习，她什么都不会。所以当她成年后遇到失恋、工作不称心时，精神就出了问题。

在《我家有个独生子》这本书中，作者谈道："母亲的见识、育儿的方法、教养方式，对孩子会产生100%的影响。"

一些父母管得太多、不肯放手的结果，就是孩子长成了温室里的花朵。妈妈忘记给孩子"断奶"了，妈妈认为这没什么，无意中纵容了孩子的依赖性，导致了他们的无能。

一个21岁的女生，在温哥华找房子住，房东问她，你什么时候可以定下来？她说："我要问问我妈。"远在地球另一边的

中国妈妈辛苦了，虽然女儿已经成年，却还没有“断奶”，连自己租房这样的事都不能做主，离开妈妈，她还真是太辛苦了。

没有“断奶”的成年人，有许多表现，比如：依赖父母的日常照顾，吃老啃老，事事请示，撒娇，情绪不稳定，不负责任，不敢担当，有强烈的孩童心理，总希望别人让自己、宠自己，人际关系、家庭婚姻关系差，等等。有的还有严重的公主病、皇帝病。

成长不仅仅是孩子身体的成长，还包括心理的成长。而早期的情商教育尤为重要，这是心理上的一种塑造，即培养孩子进取、勇敢、善良的品德，不卑不亢，做人做事积极乐观，善意待人。遇到困难、问题时不是逃避问题，而是面对、解决问题，这种历练能让孩子从儿童成长为成人，是心理成长的一部分。

家庭营造的氛围、环境与社会的现实相距太大了——从身体到心理，使得一些生理成年、心理未成年的孩子离开父母，就不会处理人际关系，不懂人情世故，不能正确对待挫折。他们的思维、行为是幼稚的，根本无法适应现实的社会和世界。

有的父母认为不放心、不放手是对孩子关爱，其实这是对孩子最大的伤害。因为每个人在逐步走向社会的过程中，一定会经历碰壁和失败，而经历过，才能真正成长起来。经历失败、挫折和苦难，从中吸取教训，是成长的最快途径。

溺爱让学习优秀的高材生成为不懂人情世故、不食人间烟火的“怪人”。有个中国来的女生，父母都是中国高校的教授，她自己也是美国名校的研究生。一次两个男生帮她搬家，大箱子、小箱子，他们忙碌了五六个小时，汗流浃背、饥渴交迫，从早上搬到下午两点，可是她竟然没有想到买瓶水或者买份快餐给那两个男生吃。因为在她成长的过程中，从来没有关心过任何人，她永远是家里的“公主”。后来她在实习、就业中，遭遇好几次被辞退的情况，具体原因不知道，但是情商低确实是很多像她这样的高才生的问题。

好品格成就孩子的一生，好品格、好习惯是我们的第二身份。影响命运的有时不是环境，也不是遭遇，而是性格。

被溺爱的孩子不懂自律。在留学生队伍中，有一些这样的孩子。在他们成长的过程中，父母在物质上给予极大满足，宠坏了他们。有些在美国的留学生，每月甚至能从家长那里拿到5万美元的零用钱，吓坏了老美。孩子买的东西全是名牌，有的女生买了一个又一个名牌包包，一套又一套的化妆品，说是“便宜”。从小父母把孩子当皇帝，当公主，那就别怪他们今天像“吸血鬼”！

心理学上有一个著名的“不值得定律”——不值得做的事，就不值得做好。想想看，拥有了一座金山的人，怎会甘心每天汗流浃背地去沙中淘金，田里种地或者早出晚归去上班呢？一些被父母溺爱长大的人，对工作挑肥拣瘦，他们就是带着“不值得”的心态去工作的，所以收获的是一个“不值得”的人生。

爱孩子，不是靠金钱，金钱有时甚至是亲子关系中最大的障碍。物质的给予一定要有限度，别让“金匕首”伤害了孩子。放手让他流汗、流泪、流血，让他在雨中奋力奔跑，让他在荆棘小路上跌倒后勇敢爬起来，追求那个最好的自己，

让他用自己亲手打造的“金汤匙”喝到人间至美的汤羹，这才是真正的爱。

被溺爱的孩子不知道什么是人间疾苦。中国有句话：“富不过三代。”父母要当心，不管你们有多少钱，有了败家子，不愁钱花不完。有人以为钱可以买到任何东西，岂不知很多东西是无价的。

要知道，不是什么都可以用钱来买的，比如孩子的成长。

有的父母说：“我拼命赚钱，还不是为了孩子。”可是孩子的成长只有一次，错过了，有再多的钱也无法弥补。有一个男孩，家长忙于做生意赚钱，把孩子交给保姆照顾。家长从不给孩子讲故事，不带他去公园，更没有花时间与孩子交流谈心，只是简单地用钱来处理孩子的一切问题，满足孩子买玩具、买奢侈品的一切要求。当孩子十几岁时，父母发现他每天待在自己的房间里，没有朋友、不肯外出，甚至经常逃学旷课。父母大吃一惊，带他去看医生，才知道儿子得了心理疾病，这才后悔莫及。

不要怪孩子，不要怪学校，不要怪社会，失去下一代，就是失败的父母。好好反思自身，因为家庭教育是孩子人格形成的重要因素。从小被父母关怀、用心教育的孩子，到哪里都能做好；而被父母溺爱长大的，如果环境不佳就容易受影响。好种子要撒在有营养的土壤里，要给它阳光、雨露，这样种子才能发芽、成长。

我儿子是独生子，我们从不溺爱他，我们是这样做的：一是不把孩子作为众人关注的焦点；二是小时候孩子要服从家长的管教；三是让孩子学会为自己的行为负责，自己的事自己做;四是孩子不能想要什么就能得到什么;五是把关心和体贴他人当成快乐。

“爱”和“溺爱”只有一线之隔,要分清楚两者的区别。父母要给孩子真正的爱,而真正的爱不会宠坏孩子,因为它是时间、关怀、体谅、鼓励凝聚的亲情结晶,它会让孩子的人生更幸福。

28. 孩子要做家务吗？

现在很多家长说，孩子学习够忙了，做家务？他能把作业完成就不错了。所以在一些独生子女、少子女的家庭，有的孩子从不帮助做家务，他们只要按时把嘴张开，不挑食，父母就谢天谢地了。

可是父母知不知道，这样做是真的爱孩子吗？

哈佛大学对456个爱做家务和不爱做家务的孩子跟踪调查20年后，发现差别很大，失业率是1∶15，犯罪率是1∶10，收入相差20%，而且爱做家务的孩子离婚率低，心理健康。

有的父母抱怨孩子自理能力差，其实很多时候是家长太“勤快”。孩子到了2—3岁——应该已经到了自己能吃饭的年龄，爸妈看到满桌、满地狼藉，还是忍不住去喂饭；让孩子收拾玩具，半天都弄不好，看着一地凌乱，爸妈又忍不住去帮忙。

当孩子上学后，父母以孩子学习忙为理由，依旧无微不至地照料孩子的生活，从来不让他们做家务。在报纸上可以看到相关报道，例如大学生不会洗衣服。经济条件好的家庭，雇保姆照顾；条件差一些的，放假回家，背一大袋臭袜子让妈妈洗。

按照联合国教科文组织的说法，教育的目标应该是：让学生学会生存，学会认知，学会学习，学会与人相处。这其中生存能力排在第一位。

我们常说，养育孩子是最考验耐心的一件事。

我们不难发现，西方人在孩子学龄前对孩子的管教是非常严格的，很多西方人不宠孩子。孩子断奶之后父母不会追在他屁股后面喂饭，孩子坐在高椅子上自己用勺子吃，哪怕吃得一塌糊涂，妈妈还是坚持让他自己吃，面对满桌、满地、满身的狼藉，妈妈心平气和；如果孩子不想吃或挑食就没得吃只能等下顿。

自己的事情自己做，就这么简单的一句话，我们有时都不愿意放手让孩子自己去做。作为父母，我们要学会接受孩子的不完美，适当"偷懒"，还要鼓励："你看你这么乖，帮助妈妈做事情，真是好孩子。""今天你把碗洗得很干净，真不错。""你把自己的房间打扫得一尘不染，非常好。"

儿子两岁半时就开始学习做家务了，从穿衣服、穿鞋、叠被子、整理房间开始。长大后还是会帮忙做家务，洗碗、洗菜、做饭、吸尘、割草、刷油漆、组装家具、修理计算机等，这些都培养了他的生活技能和动手能力。"自己的事情自己做"，这是父母送给孩子的人生礼物之一。

在北美教育中有手工、缝纫、针织、烹饪等课程，从小就培养孩子的基本的生活技能。比如在小学时，有手工课程，孩子们学习缝纫。儿子曾经用家里的一块旧布，从裁剪、缝纫到完成，做了一个布狗狗；做过砧板，用了十几年到现在还没有坏；还做过冬天清理汽车窗子积雪的小铲子，作为送给爸爸的

礼物。

到中学后，学校为青少年开设生活技能课(Life Skills for Teens)，还有机械修理课程。如果喜欢动手，学校有报废的汽车可以提供给学生们拆装；还有烹饪课，可以学习做饭和各种菜肴点心。我在美国的两个外甥女也修了烹饪课，能照食谱做蛋糕、巧克力饼干等点心；她们还在针织课上学会了织围巾、手套、帽子，另外还学习了缝纫。

学校开设一些简单实用的财务管理方面的课程，让孩子们学会开支票、学会理财。我看到课程中有这样一道题：每月你赚多少钱，除去房租、吃饭等正常开销后，你会怎么安排自己的理财计划。

另外还有销售课程，让孩子们一家家去销售巧克力、饼干，虽然我们不喜欢吃这些东西，但是为了支持孩子，每次都会买一些。这些学习课程与生活息息相关，让孩子不仅学习了理论知识，也学会一些基本生存技能，为他们的人生之路打下良好的基础，使他们不会成为“学习上的高分者，生活上的低能儿”。

让孩子动手做家事是件好事，并且是件极其务实且受用于孩子的好事。我们家买的写字台、柜子等家具(温哥华的许多家具是一片片木板，需要按照说明书自己组装)，还有健身器都是老公和儿子一起组装的。在劳动的过程中，不仅提高了儿子的动手能力、空间思维能力，还增进了父子关系。

说实话，西方男士的动手能力远远超过中国男士。我们的邻居是警察，有时我看到他家车库的门开着，里面摆满了各式各样的小型机械和工具，周末他自己做木工，修理安装家里的门窗等。另一位邻居有四个孩子，他们家的地板自己铺，屋顶自己换，这和他们从小学习各种生活技能有关。

朋友的儿子是独生子，6岁时到加拿大，18岁时又从温哥华去多伦多上大学，朋友为了照顾他，在加拿大东部找了工作，过了一年，朋友回到温哥华对我讲："孩子不会做饭，太苦了，太可怜了。"

我理解她的心情。每天离不开三顿饭，经济情况又不允许孩子天天在外面吃，学校的餐厅一顿饭要几加元，家里供不起，孩子骨瘦如柴，怎么有充足的精力去学习呢？

再后来，不管孩子多忙，朋友都会教他做一些家常菜。妈妈离开身边时，孩子生活能自理，父母不就放下心了吗。

所以，不管在何处，真的关心孩子就要让他学会生活自理。为什么我主张孩子做家务，因为这才是真正为他们好。

不管男生还是女生，他们总有一天会离开父母，有了基本的生活能力，才能照顾好自己，才能好好生活、走遍天下。

不管是十五六岁的孩子，还是二三十岁的年轻人，在出国留学时，面临异国他乡、人生地不熟的挑战，他们不仅仅要面对学习的压力，还要面对生活压力。当然他们比起20世纪80年代、90年代初出国的留学生好很多了，起码他们一般不需要打工挣学费和生活费，但是怎样解决"吃"是他们碰到的第一个问题。

经济条件好的家庭把孩子送到寄宿家庭。被送到西方家庭中的孩子向妈妈诉苦："每天吃面包、牛奶、沙拉，都吃烦了。"可是主人家每星期也会做牛排呀，他们也不喜欢吃。

我也吃过，确实不太合中国人的口味，如果牛排是五成

熟,中间的肉还带着血丝;八成熟,可能又咬不动,但是能怎么办呢?牛排很贵呀,也是西方人比较好的食品,寄人篱下,你不吃,就饿着吧。妈妈在地球另一边,泪流满面,可是怪谁呢?怪你们没有教孩子做两三样简单的家常菜,这样在走投无路的情况下,在青菜、生肉面前还能施展一下,起码可以填饱自己的肚子吧。

近年帮朋友接待过多位中国小留学生的一位女士表示,她认识的小留学生中,现在“差不多走了 1/3”。她说孩子们抱怨最多的就是北美和中国的生活习惯不同,不适应。

在温哥华的留学生是比较幸运的,这里有很多中餐馆、快餐店,但是如果每天吃这些比较油腻、多盐、不健康的食物,胃受得了吗?胃受得了,健康会不会亮起红灯?

由于没有基本的生活技能,很多留学生选择以面包、方便面为主食。当父母得知后,恨不得插上翅膀飞到北美来伺候,可是解决了一时,能解决一生吗?

所以我要给大家一个温馨的建议:如果孩子探亲回来,不是让他们吃几顿好饭菜,而是教会他们做几样简单的饭菜,炒青菜、西红柿炒鸡蛋、榨菜肉丝、雪里蕻紫菜鸡蛋汤等,让孩子不至于饿肚子。在物质丰盛的北美,还发生饿肚子的事,是不是可笑又可悲呀?

父母不要太着急,在国外不会饿死的,让孩子吃些苦没什么,说不定下次回家,他会主动学习做饭呢。

对于年轻人来说,不管你今天身在何处,如果你还不会做饭菜,也不必急,只要想学就没有什么学不会的。现在互联网上随时可以搜索需要的信息,把菜名输进去,会出来一大串这个菜的各种做法。我儿子就是这样,他做的罗宋汤比我做得还好呢。

但中国菜有一缺点,就是盐等佐料放多少,全凭经验,没有具体说明,但你可以先少放些盐,因为菜咸了就没办法了。时间长了,只要肯动手做,一定会做出几样拿手菜的。

学到本领是自己的,下次回国时,做给父母吃,他们一定会觉得比饭店里的山珍海味都香!

29.
“成人”比成才更重要

我认识一位单亲母亲，她把所有的爱都集中在女儿身上。把家中最大、最好的房间给她住，苹果削成一片片，端到她面前。女孩却对妈妈说：“赶快走吧，别影响我做作业。”家务事她从来都不做，也不跟妈妈说心里话，甚至报考什么大学，到哪去上学，也不告诉妈妈。工作后，有高薪水，可是回家的机票还是要妈妈帮她买，因为是妈妈想女儿了，而不是女儿想妈妈。

我为她悲哀，她用“逃避”和“溺爱”的方式对待孩子，生活中她失去了老公，更怕失去女儿对她的爱，怕孩子再受伤害，想方设法“拉拢”、宠爱她。她忘了爱孩子最重要的一点：

让孩子先学会做人，然后再学会做事。

如果不会做人，那有再高的学历又有什么用呢？当她带着不尊重人的态度走入社会，能和同事、老板搞好关系吗？能和大家愉快合作吗？谁会喜欢一个傲慢、不懂礼貌的人呢？

替别人着想，顾及与尊重别人，这是一个人最起码的修养，而修养正体现在小事上。考取学位和谋得一个好的职位固然重要，但与人相处时的良好习惯和修养同样重要。如果说学位、职位代表一个人的身份的话，那么习惯、礼貌、修养，就是人的第二身份，人们同样会以此去判断一个人。

儿子从幼儿时期，我们就教他要有礼貌，告诉他：到人家家里做客，要得到容许后才能玩别人的玩具；在别人家不能随便走来走去；有客人到家里来，一定要打招呼，不管你在做什么，都要暂时放下，有礼貌地叫人，然后再去做自己的事；当客人离开时，要说“再见”；送客人时，要送到家门口；不小心碰到别人，要说“对不起”；在外面碰到认识的人，要主动打招呼；如果别人的东西掉在地上，要主动帮那人捡起来；在学校，同学取得好成绩，要真诚地赞美他，为他鼓掌，向他学习；接电话时要态度和蔼。

许多年过去了，有礼貌已经从习惯变成了儿子的品德。朋友们到我们家，说印象最深刻的就是他们要离开时，我儿子会主动地从书房出来，跟他们说再见。朋友们说，到一些人家里，像我儿子当时那么大(十几岁的孩子)都很少打招呼的。

有一本书叫《优秀是教出来的》，是一位教小学五年级的男老师写的。他是在美国南方小镇长大的，23 岁开始教书。第一年因为有家长受不了他对小孩的严苛管教，打电话叫警察抓他。五年后，他荣获“全美最佳教师奖”。短短几年，美国总统接见过他三次。

这位小学老师用他的热情和对工作的热爱，把班级里的每一个学生都教导成爱学习、懂礼貌的孩子。他说：“我每年都会带一个班，我只有一年的时间，去改变班上每个孩子的一生。”

作为父母，我们至少能和孩子相处 18 年，那么我们要好

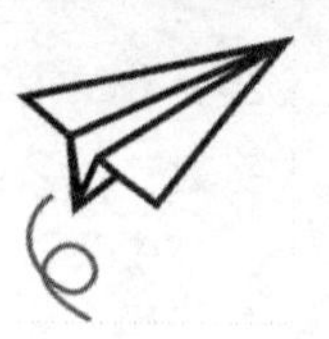

好想一想用怎样的方式去教育孩子，才能让他们成为社会的有用之材，让他们健康成长。我们照顾孩子的日常生活，关心孩子的学习成绩，但是千万不要忘记品格教育，不要忘记聪明不是那么重要，品格远比学习成绩重要，诚实正派远比考试得高分重要。我们关注孩子的心灵和品格，应该从学习礼貌开始，从学习做人开始。

有人说："通过性格密码，可以解读一个人为什么可以取得那么巨大的成就，也可以窥视一个人未来会变成什么模样。"

从基本做人的道理，到培养孩子的品格，我们每播种一种行为，都会收获一个习惯；而每播种一个习惯，会收获一种品格。不管是爱情、家庭还是事业，品格都起着至关重要的作用。

学龄前是孩子人格形成的黄金时期。家长一定要花时间在孩子身上，越早越好，越小越容易。孩子小时候就像一棵小树，长歪了，你把其扶正很容易；也像湿面团，可以任意捏。

我们爱孩子，更要坚持原则，3 岁是立规矩的年龄。当孩子还是幼儿时，家长对孩子的影响力大，容易纠正孩子身上的不良行为，所以教育要趁早。一旦到了青少年就不容易了，树长大了，扶正要伤根动骨；叛逆时期的孩子就像干了的面团，一捏会散。等到孩子让你"赶快走""滚"时，那就太迟了！

一位纳粹集中营的幸存者后来成为美国某中学的校长，每当有新教师来到学校，他就会交给那位老师一封信，信中写道："亲爱的老师，我是集中营的生还者。我亲眼看到人类不应当见到的情景：毒气室由学有专长的工程师建造，儿童被学识渊博的医生毒死，幼儿被训练有素的护士杀害，妇女和婴儿被受过高中或大学教育的人枪杀。看到这一切，我怀疑了，教育究竟是为了什么？我的请求是，请你帮助学生成为具有人性的人。你们的努力绝不应当用于制造学识渊博的怪物、多才多艺的变态狂、受过教育的屠夫。只有在能使我们的孩子具有人性的情况下，读写算的能力才有其价值。”

我们让孩子学钢琴、学书法，恨不能十八般武艺都会，但是如果没有好人品，才艺、武艺、文凭都是垃圾！

教育的目的是学习一种思维方式，学会思考，遇到问题知道如何选择、如何解决，也是学会获得幸福的能力。

有的教育评价目标就是“成王败寇”，成绩好、能得奖、赚钱多就是成功。急功近利，见利忘义，忘掉了教育的根本目的。

这种“成王败寇”的评价标准没有把孩子当人。所以我反对成功学，反对望子成龙，而是希望孩子成为一个有血有肉、真诚、坚韧、身心健康、快乐的人。

“成王败寇”的教育正在扑灭孩子的童趣与天真，悄无声息地消灭孩子的阅读、理解、质疑、独立思考能力，摧毁青少年的想象力、创造性，扭曲人们的道德品格和价值观。

一个国家的教育体系，除了要让学生增长知识，更重要的是要培养人，要教会学生如何做人。教育的本质，不仅在于知识的传授，更在于培养心智健全、人格丰满的人。

一位曾是钢琴天才，现在是纽约大学物理系的 21 岁高才生，在网上购买剧毒，被判刑 16 年。他家境良好，但是在美期间，因交友和自身各方面的原因，走上了犯罪道路。这个青年

的智商很高，而他可以说在“做人”上彻底失败了。

当一个国家培养出来的“精英”缺乏良知、缺乏人性时，他们的专业知识再好，也不会给国家带来希望，而是社会的渣滓！

道德能弥补智力的缺陷，而智力却永远填补不了道德的空白。是呀，如果子女学习不好，能力差，多学点知识就可以了；如果知识少，多长点常识也行；如果常识欠，多积点教养，让孩子有爱心也行；如果连爱心，甚至良心都没有，那真的是一无所有了！

30.
让孩子在鼓励中获自信

哈佛心理学家 William James 说:“人类本质里最殷切的需求是渴望被人肯定。”不是希望、需要、盼望,而是渴望。渴望得到父母、老师、同学的欢心和认可是每个孩子的天性。而好的行为受到父母称赞,老师表扬,孩子身上的优点就会不断巩固下来。

和我儿子接触过的朋友告诉我:“你儿子非常有自信。”他们问我怎样才能让孩子成为有自信的人。

我说:“多鼓励你的孩子吧,不要夸孩子聪明,而要夸孩子努力。在童年时期就帮助孩子建立‘我是个有价值的人’的观念,用爱和尊重帮助孩子建立自信心。”

自信是成功的伴侣,也是心理健康的必要条件。

我们从不吝惜对儿子的称赞,希望他做到时,就会鼓励。希望他越来越好,就说:“孩子,我发现你越来越棒了。”希望他关心别人,当知道儿子帮助他人时,就跟他说:“孩子,我发现你越来越有爱心了。”希望他成为男子汉,就说:“孩子,我发现你越来越像男子汉了。”很多时候不是他做到了才说,而是经爸爸妈妈不断地说,他就越来越想做到,越来越努力去做到。

孩子得到父母的承认和爱时，会对自己有信心。鼓励、夸奖能让孩子成为自信的人。父母无条件的爱能使孩子自信。

什么是无条件的爱？那就是不管孩子聪明还是愚拙，听话还是调皮，漂亮还是丑陋，成绩好还是差，爸爸妈妈都爱他，养育他，直至他成为自食其力的人。

每个孩子都是独一无二的，有的孩子胆小，有的胆大；有的内向，有的活泼……家长要接受孩子的特质，发现孩子的特点，告诉孩子："你是独特的，你有很多优点。""你画得真好。""你跑得真快，就像离弦的箭。妈妈以你为豪。"

鼓励孩子主动和小朋友说话、玩耍，让孩子尝试成功、失败、困难、挫折。对孩子放手，鼓励他勇敢地去试一试，千万别用"别做……"来给他泼冷水；如果孩子做得不对，要指引方向，比如"你看是不是可以这样？"让他再试。

如果爸爸妈妈用最大的耐心告诉孩子他行为的对错，孩子就会逐步学会尊重和帮助他人，用好的行为做一个好孩子，而这样的认知会影响他们的一生。

没有教不好的孩子，如果学不会一些东西，可能是方法不对，当掌握正确的方法后，就能学会它。孩子做错事、说错话，不表示他就是笨拙的，也许是经验不够，还需要学习。

尊重能使孩子自信，我们从小就鼓励儿子向上看、向前看，鼓励再鼓励。这次考得不好，让孩子不要泄气、找原因，下次一定会成功。

有的家长特别注意孩子的分数和考第几名，而没有鼓励孩子，请反过来做。有的家长担心表扬太多，孩子会骄傲，这是我们中国人长期教育的认知，是错误的观点，它会造成孩子自卑的性格。

有一位读了博士的女生，外人认为她非常优秀，聪明优雅。可她自己总觉得自己这不好、那不对，性格非常自卑。原来这是因为她的父母从小对她要求特别严苛，从不表扬，哪怕她得了98分，还要求她下次一定要得100分，否则就不给她好脸色看。

为什么西方人比较自信？我到北美后观察西方人教育孩子的方法，懂得了只要表扬发自父母的真心，孩子就会越夸越优秀、越自信。

如果孩子一门功课好，爸妈鼓励了他，他会努力争取各门功课都好；如果孩子帮助同学，爸妈表扬了他，他会更主动地帮助他人；如果妈妈夸奖孩子帮做家务，下次他会心甘情愿去做；如果父母赞美孩子饭菜做得好，他会积极地学习烹饪，争取做得更好。

从上小学开始，儿子的作业都是自己完成的，对错自己负责，实在不懂的问父母，但答案自己决定。也许很多人认为我们这样是对孩子不负责任，太放手了。实际正好相反，这样一来，能使孩子更加认真，对自己有信心。如果错了下次改正，即使错得不少，也是自己的责任，他会主动找出错的原因。

这样能让孩子学会并且懂得要对自己的行为负责。

作为父母，当孩子考得好时，要及时表扬说“你真棒！”增加孩子的自信心。如果有时考得不好，帮助孩子找出没有考好的原因，是不是复习不够、粗心、不理解、身体不舒服，等等，不要责怪他，因为责怪没有用，就像泼在地上的水是收不回来的。要鼓励孩子向前看，为他加油。

是不是这样做妈妈太放手了？哈哈，告诉你，如果你不操太多心，做一个对孩子有信心的父母，孩子真的会更加努力。

儿子读小学一年级时是在杭州，当时我在上海工作。一次外婆去接他，发现他没有出来，被老师留在教室了，原来拼音他只考了 50 分。后来，我们问他时，他说："我不是最差的，还有一个同学考了 30 分。"我们告诉他："要向好的同学学习，不能向后看，如果向后看，就永远不能进步。"没想到，当时的这些话，他牢记心中，并且成为他学习的座右铭，一直鞭策着他学习和进步。那年，他 6 岁半。

虽然那时爸妈不在身边，外公外婆不会拼音，但是一个月后儿子还是通过自己的努力，拼音测验得了 100 分。

儿子上大学时，一次回家后说计算机编程的期中考试考砸了。我们说："没关系，忘记它，准备下一次考试吧。"

第二天还有两门功课要考试，他全神贯注地准备下一次考试，并且取得了好成绩。

后来收到老师的邮件，跟全班同学说对不起，原来这位老师是新老师，他第一次出考试题，在有限的考试时间里，他出了编写三个程序的题目，在一般情况下，编写一个都很困难。他之所以道歉，是因为他自己后来做了这次的考试题，也只勉强完成了两个程序的编写。

过了两个星期，在上课时，老师叫了三个同学上台，他说，这次期中考试，一个是 84 分，一个是 83 分(我儿子)，一个是 60 分，只有这三个同学及格，其他的全部不及格。这次参加考试的学生是 150 名，平均成绩是 30 多分。

所以考试时的情绪也是非常重要的，如果光想着上一次的失败,就会影响下一次的考试;放下包袱,反而可能会有意想不到的结果。

带孩子去旅游长见识,鼓励孩子多阅读,丰富自己的知识面,这样孩子在交友中和其他人能很好沟通交流,也能增加他的自信。

一路走来,儿子让我们省心,因为只有当孩子有了自信,肯努力,那才是学习、进步的真正源泉和动力。孩子成为一个有自信心的人后,也会在今后的职业生涯中取得好成绩。

在现实社会中,自信的人会得到信赖和尊敬。而培养自信心要从家庭开始,孩子经常受到父母的鼓励和重视,会逐步增强自信心。自信首先要自己爱自己,要知道自己的长处和优缺点,扬长避短,不管别人喜不喜欢你,你自己要喜欢自己。

真正仁慈、体贴、有自信的人,对待别人的方式,不会因自己的心情或对方的价值而异。不管是对上级、下级、收银员、清洁工、服务员还是残障人士都能一视同仁。

美国人、加拿大人很少说自己丑,在长相上、能力上,他们讲究肯定自己。在北美上过学的都知道,在考试后,课堂上老师从来不公开每个人的成绩,这也是一种保护每个同学自尊、自信心的方式,当然考得好的同学,老师会表扬。

是的,爱自己,爱自己的一切:聪明也好,迟钝也好;长得英俊漂亮也好,长得一般也罢。自爱就是有自尊,懂得珍惜自己。这样的人才能活得幸福美好,并且懂得尊重他人。

自信的人能接受别人的意见,它不代表软弱。

真正有自信的人,是谦卑的,是能上能下的人。

相信自己能够应付生活中的挑战,从容迎接困难和挑战。

有一位美国华裔女心理学家，做过教师，她发现学生的成绩好差并不完全取决于智商，坚韧的性格也起着非常重要的作用。她还发现意志力的作用远远超过美丽的外表、健康的身体和良好的天赋。她的研究获得了美国杰出人才奖。

有自信心的人有克服困难的勇气，有不怕失败的心态，有受挫不气馁、失败不灰心、顺利不自负的精神。

培养孩子的自信心非常重要，而建立孩子自信的源头，就是父母的鼓励、欣赏和加油。

31.
别怕孩子吃苦

华人有“再苦,不能苦孩子”的传统观念;而西方人有“再富,也要‘穷’孩子”的教育理念。我赞成西方人的教育理念,不要怕孩子吃苦,因为艰苦能逼孩子独立前行,吃过苦的孩子更懂得感恩惜福。

我们刚到美国时,一无所有,从零开始。为了 20 美元的薪酬,老公不顾零下 30 多摄氏度的低温,骑着自行车冒着大风雪去打工;为了一次 20 美元的报酬,他在凌晨三四点冒着严寒出门,趟着一尺多厚的积雪,一家一户地送广告;为了挣 1 小时 5 美元,有恐高症的我颤抖着爬上屋顶扫落叶;为了省几美元,5 年里,我们没有给儿子买过一次麦当劳、肯德基……

在《人性的弱点》这本书中,戴尔 · 卡耐基讲述了这样一件事。因为飞机失事,一个美国飞行员在太平洋漂流了 21 天,当卡耐基问他从这次遭遇中得到了什么教训时,他的回答是:“只要有足够的饮水和食物,你就不该再有任何抱怨。”

在困苦中,我们逐渐学会了随遇而安,不管多么艰苦,日子还是要过,还是要吃饭、工作、睡觉,生活还是要继续。

在贫困中，我们克服消极心态，不埋怨、不泄气，脚踏实地一步一个脚印向前走。

勤俭节约、艰苦朴素都是一穷二白中的精神财富，是谁也抢不走的财富，是我们世世代代要传承的财富。

今天，我们经过努力，有了自己的房子、车子，丰衣足食，但我们没忘记那一穷二白的日子，儿子在成长过程中也收获了“勤俭节约”的精神食粮。节俭也是赠予孩子的人生礼物，因为我们不可能陪伴孩子终生。

刚到美国时，10 岁的儿子看到父母的辛苦，承担起自己能做的事：当妈妈的身体不舒服时，他会关心、问候；当爸妈背疼时，他会贴心地按摩；在学习中遇到困难时，他都会自己解决。

有一次带儿子去买东西。我问他：“你喜欢吃粗面条还是细面条？”没想到他说：“哪种面条便宜？我们买便宜的好了。”当时，我真是心疼又感动。因为那时刚到美国不久，经济上很紧张，他知道父母的艰辛，为我们着想，那年他还不到 11 岁。

有这样一句话：“穷人的孩子早当家。”对于独生子的儿子来说，在跟我们一起经历贫穷艰难的日子后，耳濡目染，向父母学会了节俭，秉承了勤俭节约的习惯，学会了理财。

上中学后，我们每个月给他 50 加元，这包括了他的午餐费和零用钱，他做家教挣一些零用钱，除了学校有大的活动外，他很少问我们再要钱，甚至他买自己的衣裤都是从这 50 加元里出的。他每次买东西前都要看广告，比较价钱后，在商品降价时才会去买。

在成长过程中，儿子从不追求名牌，只要穿着舒服、美观就好，他有自己的审美观，我看到十几年前他搭配的衣裤，现在中国国内才开始流行。在艰苦的日子中，他懂得了钱的价值，能合理使用，从不浪费。

在律师事务所工作后，虽然工资不低，但是扣去税、房租、伙食费等，还要还上法学院的十几万美元的贷款，经济上还是紧张的。但是他每次回家都给我们带礼物：衣服、电子书、照相机、笔记本电脑等。我说："你回来就好，这些东西这里都有。"他说："美国的东西便宜。"节俭已经成为他的习惯、品格，更可贵的是礼物中包含着对父母的一片孝心。

一位移民到美国的男士说，他的儿子懂事、用功，不是每天耳提面命就能办得到的。他的儿子说："初中时为了买自行车的一把锁，爸爸带我跑了三家店，比较了价钱才买。那锁才七块钱。"后来儿子努力学习，成为医生。这位父亲说起往事很欣慰，不是因为儿子赚钱多，而是他懂父母的心。

我们出国前，是铁饭碗，每月拿薪水，从来没有为钱发过愁。到北美后，靠自己的能力，多赚钱多消费，少赚钱少消费，也改变了对钱的看法。钱多，可以快乐，也可能不快乐；钱少，也可能不快乐，但也可以快乐，关键在于心。

是的，我们唯有观念正确，才能获得真正的满足。

这些观念包括：愿意过简单的生活，不追求物质享受；不拿别人的生活标准来衡量自己的生活；在经济状况不好的情况下，还保持乐观的态度，积极找力所能及的工作做。

有位曾经生意失败的人，最近收到自己儿子的信，儿子感谢老天爷让他们拥有"穷困潦倒的十年"，因为那段时间让他可以天天看到爸爸，让他知道用功读书很重要，让他目睹父亲

东山再起的超人意志力。这个儿子从骄矜的富二代，蜕变成苦干实干的创业青年，全因为那段穷困的日子，他对生活有了不同的解读。

我的朋友夫妇俩都有一份专业的全职工作，他们有一个可爱的孩子。孩子的爷爷奶奶、外公外婆也都移民加拿大了。六个大人围绕着一个孩子，让朋友非常担心，她问我怎样才能让孩子懂得节俭、知道感恩。她问："怎样才能让我的孩子像你儿子那么懂事？"

这位朋友的担心是有道理的，因为现在的孩子缺少的不是营养，而是"苦头"，而在日常生活中让孩子吃苦很难。

那怎么办呢？最近看到《世界日报》上一篇文章谈到中国台湾地区的一些父母，争先恐后抢着给孩子报名参加"世界小公民关怀之旅"。这个活动 7—10 天，费用 5 万—10 万台币(相当于 2000—4000 加币)，价格不菲。孩子们去印度、尼泊尔、菲律宾等国家，体验他们同龄人的生活，让孩子直接体验天差地别的环境，到穷国体会"见苦知福"。

这些台湾的孩子家境都不错，许多孩子穿着名牌鞋，拎着大包小包的零食。下飞机后，他们看到有的贫穷家庭的孩子，有一餐没一餐，住在快要倒塌的房子里；每天要很早起床，走几个小时去上学，对他们来说，上学是一件奢侈的事情。当台湾的孩子们看到这一幕幕的情景时，体会到了什么是"穷"。一个孩子说，过去家里有时饭菜变化少，他都不高兴。在这个活动中，他看到那些贫穷的孩子有面包吃都非常高兴，甚至经常要饿肚子。

通过比较，台湾的孩子们体会到自己是多么幸福。有的临走时把一些饼干、巧克力等零食送给了当地的孩子;有的回台湾后,为贫穷家庭的孩子们募款,希望帮助他们。

在美国的妹妹的两个女儿,她们在美国出生、成长,暑假期间她们和教会的同工们去中国偏远地区教英语,有时去四川灾区慰问,有时暑假去重庆孤儿院做义工。

她们对妈妈说:“孤儿院里有许多孩子很聪明,可惜他们没有像我们这么好的条件。”通过参加这些活动,她们知道自己是多么幸福,懂得了珍惜、节俭和感恩。

有两位美国富二代 90 后女孩,一位女孩在中学时,每个假期都去非洲做义工;还有一位女孩经常抽时间去第三世界的一些国家帮助穷人,和他们一起交谈,一起劳动。

她们说:“一些贫困家庭的孩子可能要在业余时间去打工,挣零用钱或者学费。而我们非常幸运,父母给予我们衣食无虞的生活,所以我们有条件和时间尽自己的力量去帮助那些需要帮助的人们。”她们用仁爱、恩慈、良善、信实的行动,让世界变得美好。

国内的父母们,也可以采用这个方法,促使孩子人格成长,如带孩子去一些贫困地区做义工等方法,让他们见苦惜福。

现在有的年轻人不会理财,不懂节俭,比物质、比享受,甚至拜金、追逐奢侈品,这有社会的问题,但我认为家庭、父母也要负很大责任。他们过去吃过苦,现在经济条件好起来,总想让孩子吃穿用最好的,无形中剥夺了他们吃苦的机会和节俭能力培养的机会。

孩子不能选择自己的出身,不能选择父母,但教育可以改

变孩子的人生。亲爱的父母们,吃苦是孩子的人生课程。舒适的生活不会让孩子真正长大,艰苦的岁月是他们“成人”的熔炉。

不管家境多么富裕,让孩子学会合理地用钱、学会勤俭;不管是富裕还是贫穷,始终保持一个“从零开始”的生活态度,把孩子培养成吃苦耐劳的人。这是送给孩子的一个好的人生礼物,是让他们受用终生的宝贵财富。

32. 给 20 岁儿子的信

亲爱的孩子：

非常高兴，今天能在温哥华和你一起庆祝你 20 岁的生日，衷心祝你长大成人，祝你生日快乐！

不知不觉我们到北美已经 10 年了。10 年前，你从 ABC 学起，今天已经成为一个大学三年级的学生了，妈妈为你骄傲！

10 年来，你适应外部环境变化的学习能力让妈妈惊讶，你的坚强超出妈妈的想象，让妈妈佩服！

相信这种适应能力会让你受益终生，因为爸爸妈妈不可能一生一世都陪伴着你，总有一天，你要离开父母，走向社会。

你的求学道路曲折又艰辛，作为母亲，设身处地想想，你真的太不容易了。可是你无法选择，只有努力学习适应环境，改变能改变的，接受并适应不能改变的。你勇敢地接受并适应了陌生文化的冲击，不断提高适应环境变化的能力。

你在多变的学习环境中，不断调整自己，练就了良好坚强的心态，在困难面前不退缩，并在困难和磨炼中成长；你努力学好英语，被温哥华 UBC 大学提前半年无条件录取。

10年的时间，我们经历风风雨雨，经历贫穷苦难，经历坎坷。但是，我们坚持下来了，有了身份、汽车、房子，我们全家居住在温哥华，它是全世界最适合居住的地方，爸爸妈妈也找到了不错的工作。感谢命运之神的眷顾，感谢你让爸妈放心，感谢你的努力，感谢爸爸的辛苦付出，感谢上天为我们创造了这么美好的生活。

有时想起你刚到美国时，每天捧着一本英汉字典，一个词一个词地查字典；你从来不需爸爸妈妈的督促，自觉完成作业；你很快交了新朋友，和他们打成一片；你从来没有跟我们要什么或说想吃什么。妈妈知道你喜欢吃肯德基，可是在5年中，我们没有给你买过，你从来没有过任何不满。在美国时，你和爸爸妈妈挤在一间只能放下两张破床垫的小屋子里，你也从来没有任何抱怨。

刚移民加拿大时，妈妈去做了保姆。当妈妈受了委屈，回家忍不住哭泣时，你总是默默地站在我身边，给我一张纸巾，让我擦干眼泪。妈妈知道自己很软弱，但是你没有看不起妈妈，而是越来越努力地学习，安慰妈妈受伤的心灵。

是呀，人生哪能事事如意、样样顺心，再痛苦也会过去，明天生活还要继续。谢谢你，我的孩子。你让妈妈成长，让妈妈坚强，让妈妈擦干眼泪，继续坚定地向前走！

在给你一周岁的信中，妈妈谈到，说希望以后“能和自己的孩子成为好朋友”，结果受到了朋友们的调侃。

如今20年过去了，妈妈的梦想实现了——我们成了朋友：我们一起努力，一起加油，一起坚强，一起奋斗，一起欢笑，我们一起走过坎坷的风雨移民路，成为肝胆相照的好朋友。

孩子，今天你成为大学生了，你有了自己的卧室、自己的书房、自己的计算机、自己的梦想，你的前途一片光明。但是不要忘记，在人生道路上，你才刚刚起步，以后的路途很长、很远、很艰难。勇敢地面对困难吧，即使哭泣、害怕、恐惧，也要坚持走完那泥泞的荆棘小路，迎着那一个个挑战努力向前吧！

有人说："一个人的努力所得到的最好的回报，并不是他的努力为他带来的成果，而是他在努力的过程中所领悟到的道理。"失败，用"再试一次"的精神，说不定就成功了。

妈妈希望你努力攀登，也希望你停下来看看沿途的景色；妈妈希望你做真实的自己，拥有大风大浪不低头的勇气；愿你用学而不止的精神，去克服前进路上的困难挫折；妈妈希望你努力向前，但是如果不小心摔跤，摔在了泥泞的山坡路上，不要泄气，爬起来，继续攀登吧。愿你在前进路上或弯路途中学会正确攀登的方法，愿你用永不满足的心不断学习，愿你用感恩的心对待每一个人、每一件事，愿你不忘我们曾经经历过的坎坷10年，用喜乐迎接人生的每一个阶段吧！

第五篇

父母篇(一)

生儿育女不容易,在孩子成长的过程中,父母的身心、灵魂和思想也得到洗礼,付出了辛苦,收获了感动。作为母亲,我珍惜这份感动,因为没有感动,就没有爱。

33.
做独立的妈妈

1992 年 9 月 30 号星期三，是一个普通晴朗的早上，我拿着美国大学发来的邀请信，身穿白衬衫，素颜去了驻沪的美国大使馆办理签证。那时我先生调回上海，我也换了工作，工作环境和收入都不错。当时我是这样想的：如果签不出就算了，所以不太紧张。

当签证官看了材料后问："你到美国有困难吗？"我答："困难肯定会有的，但我一定努力克服。"

不知是那天签证官的心情好，还是我从容不迫的态度和充满自信的话语起了作用，前后不到五分钟，当天下午就顺利地拿到了签证。

那一刻，脑子里一片空白，我怀疑是在做梦。我自知有多少条件比我好，又有资助的人都被拒签（我认识的一个人被拒签了 6 次）；而我是自助、自费，怎么会如此幸运？出国是条曲折艰难的路，要一切从头开始，它能使我在各方面得到提高吗？我不知道，对于将面临的种种困难，我没有多想，而当时更渴望的是看到那个神秘的、我不了解的西方世界。

到美国后才知道，美国人喜欢这种真实又有挑战精神的

话和人，而当时我所说的话，是发自内心，对签证官问的问题我事先根本没有准备。

在人生的关键时刻怎样走，太重要了。有时一步走错，可能一生就是天壤之别。我觉得自己是幸运的，有一个出国的机会。我决然、不畏惧地选择了这条需要重新起步、需要超越自我之路，它会使我拥有两个完全不同的人生吗？我不知道，但是既然命运这样安排，那么我就把出国当成新一轮生命的开始吧。

我忘记了年龄，把自己当成一个新入学的小学生。激励我的是我想改变作为一个普通人的宿命的愿望。我想过简单的生活，我要为自己活，要活得像自己。

那时，我的家庭生活刚走向正常，还有科技领域的好工作，要抛弃现有的一切，从零开始，是不是很傻呢？前途渺茫，不知路在何方。但是我有一样不变的东西，那就是一颗不怕困难、敢于挑战的心。

感谢命运之神的青睐，感谢上天的恩赐，经过努力，历经艰难，我终于过上自己想要的生活，甚至是连做梦都没有想到的好日子。

当我生病时，化疗费、放疗费、骨髓移植费、住院费、医疗费全部免费，包括住院期间的伙食费、药费。平时看医生，除了牙医，做超声波、验血、透视等各种检查都免费。65 岁以下的人要自付药费，但一年的药费最多自付 1300 加元。65 岁以上的，可根据情况减免。

在加拿大，两个人每月要交 130 多加元的医疗保险费。如果某一年的收入少了，可以申请减免，年收入低的不需要交费。

生了病,不需要担心财政问题,不需要亲戚、朋友资助,不需要募捐。只要自己去看医生、看急诊,医生会根据你的病情决定你的治疗。这是一个不需要找熟人,不需要找关系,不需要送礼,不需要求人的国家。

2010 年我们去加州,一次妹夫带我们出去,看到一些房子,他说这个区域是比较好的。儿媳说:“我们以后买个房子,你们来住吧。”我说:“我们会长住在温哥华,这里我们可能会来短住。”

“养儿防老”,把孩子拴在身边,我从来没有想过,年轻人有他们自己的生活,父母不应该干涉,这是我的想法。儿子是独生子,他工作有很大的压力,而我们照顾好自己,就是对孩子最大的支持。我们从来没想过依靠孩子,让孩子回报我们。

孩子争气、孝顺是福气。能和孩子住在一个城市,当然好;如果孩子不在身边,但能经常想到你,关心你,就要感恩。我们教育孩子要独立,身为父母,就要给孩子做出独立自主的榜样,没有人喜欢不独立的人。

加拿大有良好的医疗和退休养老制度,人们不需为生病烦恼,年老了也不需为生活担忧,老人不会成为孩子的负担,这也保证了我们的独立。

34. “妈妈，我佩服你”

我从来不认为自己是个称职的妈妈。出国前，常常忙于工作、学习、进修、家务……当孩子不肯吃饭、调皮捣蛋时，我会不耐烦；出国后，为了生存、身份等问题，没有花太多时间关心、照顾孩子；当自己身体不舒服或受委屈时，也在孩子面前哭泣、软弱过；当生气时，也会抱怨、发脾气……

如今，儿子工作了。当他取得一些成绩，会和我们分享；当他遇到挫折，他工作的律师事务所破产，需要重新找工作时，他对我由衷地说：“妈妈，我佩服你。”

我以为自己的耳朵出毛病了，儿子从来没有说过佩服妈妈的话啊。儿子遇到挫折时，才体会、了解妈妈当初的勇气，从心里理解并佩服妈妈舍弃上海研究所工程师的工作，比一般人高 3 到 4 倍的工资，升职机会以及在中国国内拥有的一切，从零开始，出国追求自己梦想的勇气。

我是个直爽的人，但是有时不能诚实地说心里话，不能畅所欲言，甚至有时还会随波逐流或消极沉默，我恨自己的软弱。我也想过，何时能做真实的自己，难道我要这样过一辈子吗？

后来我换了工作，环境有所改变，参加了出口新产品的研发、设计工作，收入、奖金各方面都不错，还有出国、升职的机会。可以说，在 20 世纪 90 年代初，我的一切算是很好的了。

美国著名作家亨利·梭罗说：“怀着信心勇敢地追求你的理想，追求你自己理想中的生活。”

当我收到美国大学的邀请书时，经过思考，还是决定放下一切，鼓足勇气去追求我心中的理想，去追求我想过的生活。

每个人的一生中，都会面临很多选择。而每一个关键时刻的选择，都可能影响到我们的人生。

这是一个让我重新起步的机会，是挑战。无论在中国是干什么的，以前有什么成就和阅历，在国外都归于零，都要从头开始。语言不通，在一个完全陌生的世界中，不免让人手足无措。我做好了思想准备，不管是成功还是失败都不后悔，因为这是自己选择的路。我当时想，有这个出国的机会，不管怎样都要试一试。

我就像准备跳伞的人一样：到了预备的高度，大踏步走到飞机上打开的门边，完全不可能停下来克服自己的紧张情绪。

我渴望看到那个神秘新奇的世界，我不能等到退休时才去做自己想做的事情。那时，无论是精力还是时间，都不能让我实现所思所想，不能活出没有遗憾的人生了。

我的朋友现在跟我说，你出国对了，但那时谁知道呢？反对的人不少，在陌生的国度白手起家、自己办身份、自己搞定一切，风风雨雨，一步步向前……

我虽然受过气，流过泪，委屈过，失眠过，但是从来没有后悔过。在苦难的历练中让我更加珍惜人生，更加体会了人生

的真谛。

我看过一本名叫《生命咖啡馆》的书，这本不起眼的只有173页的书，让我一气呵成地读完，让我一遍遍地阅读。书中讲述了一位叫约翰的上班族，在每天繁忙的工作后，身心疲倦，他请了一周的假，想休息一下。一天他驾车出门，可是迷了路，在汽油快耗尽时，发现了一个叫"你为什么在这里"的咖啡馆。

饥寒交迫的约翰拿起了菜单，上面有三个神秘的问题："你为什么在这里？你害怕死亡吗？你实现自我了吗？"

在女招待和老板的指引下，在吃完一顿丰盛的早餐后，通过交谈，在这里，他放下了世俗的角色和负担，重新认识"自我存在"的意义，找回最初的渴望和理想。

书中有这样的一段话："你现在过的人生，是你想要的模样吗？你担心做不完想做的事，而害怕死亡的来临吗？你不敢脱离安稳的现状，所以将梦想和自我越抛越远吗？请走进这个神奇的所在，一起发现生命的答案，勇敢为自己敲开幸福之门。"

还有一段话："生命原本就是一个很棒的故事，可是有时候，我们并不明白自己就是作者，可以尽情挥洒，写出心中所欲所想。在人生中，只有你才真正知道自己存在的理由，积极地寻找自己要走的路，不要让其他的人、事物驱使你、摆布你。一个人是否圆满成功，应该是由自己决定，而不是由别人告诉我们。"

我们到北美24年了，24年的路有多长？24年足以让一个人变老，足以让一个新生儿长大成人。记得刚刚出国时，我小妹妹的大女儿才刚刚会走路,可今天她已经大学毕业工作了。24 年是大于 1/4 的人生,24 年的经历足以写出厚厚的一本书。24 年的风雨移民路,也是寻找自我之路,使我们在自己的一生中,拥有两个完全不同的人生,丰富了我们的生命。

就像朋友说得那样,我们脱离了衣食无虞的生活,开始了独闯世界的人生大转折;放弃了铁饭碗,走上了个体户之路。从零开始,我们用勇气毅力生存了下来,站稳了脚跟。

出国的经历,使我对人生的意义和世界有了太多的感悟和收获。

在人生旅途中,除了作为女儿、妻子、母亲外,我还扮演过不同的角色:学生、工人、工程师、访问学者、保姆、司机、制图员、家庭妇女。我有时会感慨,怎么我从终点又回到了起点?从表象上来说,似乎一切又从头开始了,实则不然,因为我已经不再是原先那个起点的我。人生是一个螺旋上升的过程,所有的经历都变成了一种叫"阅历"的东西,破蛹化蝶,蜕变之后是一颗温润柔软、坚强的心,再遇波澜而不惊。

有时我不是一位温柔的母亲,而是这样有缺陷、有弱点的我。在孩子长大成熟后,在他遇到挫折时,设身处地地理解了妈妈,重新认识了妈妈,并感叹佩服。这真的让我好感动,好感动。我觉得一切辛苦劳累都烟消云散了。

以往,在读书、工作中我也得过一些奖励,随着时光流逝,已经淡忘了。但是儿子说的这声佩服,让我久久不能忘却。谢谢你,孩子,谢谢你的佩服,谢谢你发自内心的佩服!

35.
“对不起，妈妈错了”

2011年我学习了耶鲁大学的心理学课程。

有心理学家指出：“我们在不同情况下扮演不同的自我，但我们也能视情况来改变我们的人格。”

记得在儿子9岁时，我带他去北京，因为有公事在身，所以只能等办完公事，才好不容易抽出时间带他去玩玩，可他却躲在招待所，他说：“不想出去玩，我要在这里看书。”

我当时就火了，“看书在家看好了，为什么跑这么老远的地方来看。早知道这样，就不带你出来了。”我非常生气，说话声音很大，分贝很高。儿子吓坏了，他再没敢吭声。

后来，想一想真不该说这样的话。孩子不想出门，确实有原因，那天室外温度高达35摄氏度，顶着烈日出去，真的很辛苦，待在空调房间多舒服啊。孩子年龄小，没理解妈妈的一片良苦用心。因为他没来过北京，所以带他出来看看，花钱买票，却吃力不讨好。因为不高兴，硬着头皮出来，走着走着，他说：“肚子疼。”我没理他，甩给他一句：“男孩子，不要娇气。”

十几年过去了，某一天儿子不知怎么想起了这件事，他说：“妈妈，到北京那天我很生气。我真的是肚子疼，你还让我不停地走,还没好气地说我。”

没想到过这么多年了,他还记忆如新。可见,当时我的态度、口气真的非常不好,对不起,孩子,妈妈以为自己是母亲,就可以随意发火。我说:“对不起。妈妈做了一次没有同理心的妈妈,妈妈错了。”虽然道歉迟了,但还是能安慰孩子的心灵。

虽然妈妈的出发点是好的,但是态度不对。妈妈不能以“爱”为名,就为所欲为。妈妈自以为是“付出了爱”,自以为是让孩子见世面、长见识,但是孩子不理解又有什么用?

从自己来说,在成长过程中,我缺少爱的教育。

当被侮辱时,没人告诉我,怎样才能保持尊严;当被伤害,痛哭流涕时,没人告诉我,怎样疏解心中的痛苦和抚平创伤;当被歧视时,没人告诉我,怎样才能获得心灵的平安。

在这种环境中长大,我只能选择强硬,认为强硬就是坚强、勇敢,认为这样就能面对人世间的不公,而把这种强硬态度用到孩子身上真是大错特错!

我不懂得什么是“爱”,无情、不耐烦就是特征,这些毒素毒害了我,腐蚀了我的灵魂,融入了我的血液,甚至成为我生命中的一部分。要把它们清除,谈何容易,要有脱胎换骨的痛苦洗礼,而彻底清除灵魂中的这些毒素,把石头心变成肉心是我终生的任务。

成长中的遭遇,压抑了我的天性,扭曲了我的心灵,腐蚀了我的情感,使我在很多时候不懂什么是体贴温柔,根本没有女人应该具备的柔软之心。但冷酷无情绝不是爱,当孩子不舒服时,没有通情达理,给孩子造成痛苦,真的对不起孩子。

忠言并非要逆耳,想让孩子接受妈妈的好意,一定要态度和蔼。说话不妥、态度不对,适得其反,只会给孩子造成伤害。

是呀,妈妈不应该自以为是,孩子说肚子疼,还让他坚持走。当父母做得对的时候,要温和、巧妙地得到孩子的认同;当父母做得不对的时候,要坦诚地认错。妈妈说话分贝高,很容易吓到孩子,这是不耐心的表现。要把爱意传到孩子那里,就一定要温柔加耐心。如果不小心伤害了孩子,最好的办法就是说“对不起”。

当我们的言语和行动让身边的人不舒服或者不愉快的时候,那就表明我们一定有什么地方做得不对。

没有人天生就会做妈妈,当了妈妈后更要努力学习,学习做人、做妈妈的道理和知识。原谅我吧,孩子!

如果时光可以倒流,妈妈一定做到:当你不舒服时,张开双臂把你抱在怀里;当你受到委屈流泪时,让你靠在我的肩膀上,让眼泪尽情地打湿我的衣衫,而不是只告诉你“男儿有泪不轻弹”;当你跌倒时,妈妈不仅要鼓励你自己爬起来,还要关心你有没有跌得很痛,给你洗伤口、涂药;当你遇到困难、挫折、不公,心情不好时,告诉你,可以尽情地跟爸妈发牢骚、泄不满,我们绝不会嘲笑你,数落你,而是让你在安慰理解中渐渐平静……

时光不能倒流,年轻的爸爸妈妈,请你们引以为戒,努力做一个通情达理的父母吧,做一个勇于承认错误的父母,尊重孩子,征求孩子的意见,聆听他们的诉求,多花些时间了解、体贴并且真诚地关心他们吧。

36.
让孩子说出心里话

儿子上法学院时，一天他去买东西，碰到几个年轻人，穿着得体、英俊潇洒。他们拉住儿子，告诉他说他们是意大利的富家子弟，到纽约来旅游，不幸钱包被小偷偷走，现在只好一路乞讨，希望好心人帮助他们，借钱给他们，让他们筹足机票。回家后，一定会还清金钱。

儿子动了恻隐之心，觉得怎么看这几个人都不像骗子，而且他们说得天衣无缝。他想那就帮帮忙吧，那几个人还留下联系的方式。随后，儿子去银行拿了 1000 美元给他们，他觉得自己做了一件好事。

在回家的路上，不知何时，突然觉得不对头。回家后，他打了那几个人留下的电话，都是空号。啊，上当了！马上报警，当他说自己是法学院的学生时，警察竟然哈哈大笑，真是气人！对于没有收入、要贷款上学的他来说，1000 美元不是小数目，是差不多半年的饭钱。当他告诉我们时，我说："事情过去了就不要想了，你想帮助别人的心是好的，虽然受骗了，吃一堑，长一智，就当是交了一次学费吧。虽然较贵，但学校还没有这门课呢。"并且希望他今后注意分辨。

当然，被骗钱财会沮丧、后悔。用儿子的话说：“当时也有点不确定，但是想到万一是真的呢？”我们没有责怪他，只是让他以后注意分辨。

是呀，不要责备孩子不成熟，不要嘲笑他这么容易上当受骗，轮到我们自己时，我们就能分辨清楚、当机立断吗？我们比孩子多活了几十年还常常犯错误，所以在一些事情或者错误不能挽回时，就当一回阿 Q 吧。孩子能把喜怒哀乐告诉妈妈，就是妈妈的福气。不管事情多么糟糕，告诉妈妈不是为了听到责备和埋怨，是为了得到安慰和帮助，妈妈要用宽容的心接纳孩子的不成熟。

为什么有的孩子不愿意和父母谈个人的事、学校的事、工作的事，原因有不少，下面举几个例子，请思考一下。

一是当孩子跟你说话时，你没有好好听，该做什么做什么，做家务、玩手机、看报纸、看电视，有时可能连头都没抬起来。这样的情况一再发生，你想孩子还愿意与你交流吗？还愿意和你说什么吗？不会了，因为他们没有得到起码的尊重。

一位女友告诉我，她小时候很喜欢说话，特别是刚刚上小学一年级时，觉得学校什么都很新奇。每天放学回家，她就给妈妈讲学校的事情，妈妈说她讲得太长了，满脸的不耐烦；讲给爸爸听，他说：“不要吵，我在看新闻。”后来女友做了个决定，学校的、个人的事情再也不开口跟爸妈说了。

二是孩子给你们讲了一些事情，他可能是想得到帮助也可能仅仅是为了说一件事，或者他已经解决了，只不过是想把想法、做法告诉你们而已。

可是父母听了之后，批评孩子这不对、那不是，而没有好好地和他探讨，也没有指出他什么地方欠缺，应该怎样做。以居高临下的口气教训孩子，你想孩子下次还会跟你说什么吗？不会了，孩子会想：“不说不错，多说多错。”换个角度考虑，如果你是孩子，愿意听父母碎碎念叨吗？

三是父母听不进去孩子的意见，孩子一争辩就让他“闭嘴”。不管孩子的年龄大小，都要让他把话说完，父母要做榜样，告诉孩子每个人都有发表自己看法的权利，但不要不礼貌地插话，如果打断别人说话时要先说“对不起”。换个角度思考，孩子敢于争辩是好事，通过争辩可以得到很多答案，能帮助孩子提高情商、见解能力和交际能力。

有的家庭实行的是家长制，只有父母有说话权，一言九鼎，孩子根本没有发言的份。在这种家庭环境成长的孩子，性格一般比较内向、不合群、孤独。当然，也有的人通过教育和后天的努力改变了。但是不可否认的是：家庭环境、父母的言行，对孩子的性格形成有很大的影响。

让孩子说话、发表看法，让孩子在对各种问题讨论中逐步成为有自己主张和判断力的人。在家里，不是对父母的话都说“好”，将来走向社会，就能判断是非对错。判断力不是天生的，它是日久天长的磨炼铸就的，而家庭就是最好的磨炼场所。

我们容许儿子说“不”，因为孩子的自我坚持，总有一天会派上用场的。他为自己的观点争辩，展现了他自己的意见、想法，这是他走向独立、成熟的表现。

用好言好语的道理说服孩子，用朋友的口气说话，但是即

使这样,有时孩子也可能还听不进去,父母也不要担心。孩子不听,按自己错误的方法行事也是好事,为什么?因为他受挫折,遭打击,跌了跤,才有机会去体会被人否定甚至嘲笑的感受。父母不要心痛,你看过学走路没摔过跤的孩子吗?吃一堑,长一智。这正是孩子成长过程中必经的道路,也是帮助他长大的机会,小时候不摔跤,长大跌跤会更痛,可能还会骨折呢。

一次跌跤、两次摔倒、三次失败,孩子经过各种挫折后,才会成长,明白事理,懂得父母的一片苦心。为什么有人小时候听父母的,青少年时期叛逆,成年以后又佩服父母呢,这也是破蛹化蝶的过程。而对非原则性的问题,父母诚恳地说出意见、想法、建议,孩子听不听都可以,何去何从,让他们自己决定吧。

无论在什么情况下都不要对孩子说过激的话,说伤害彼此的话,良言一句三冬暖,伤人一语六月寒。要对孩子有信心,因为这样的日子很快就会过去,他终会长大。对于一些小事就放手吧,让他自己处理,不要老把他当孩子。

朋友问我:“你儿子把他的事都告诉你吗?”我不能说“是”,只是说,他愿意告诉就告诉,当然,他不愿意说的,自有其理由,不强求。但总的来说,比较重要的事,他一定会告诉我们,并且征求意见。

在我认识的人当中,有的孩子报考大学,报什么学校、专业都不告诉父母,父母要通过其他人才能了解到,这种家庭关系疏远的情况不止听到过一次。

我们不应要求孩子按照家长的想法去决定长大了成为一

个什么样的人，我们应帮助他们发现自己的特长，创造条件发挥孩子的特长，这样他们长大了才会有自己原始的学习、工作动力。也许孩子没有成为工程师、医生，也没有选家长希望他们做的职业，但孩子一定会在他自己选择的职业生涯中感受到幸福。

儿子工作后，他的办公室可以看到曼哈顿的景色。当雨后天晴时可以看到彩虹悬挂在空中，美丽极了。他经常加班加点，有时会连续工作 20 个小时，非常辛苦。可他告诉我们，他很快乐。

他说："做自己喜欢的工作，多么好，我觉得自己是世界上最幸福的人了。"

儿子经常加班，有次甚至四天四夜只睡了 4 小时，在工作三年多的时间里，他跳了三次槽。每次他都会告诉我们每个律师事务所的特点、经营方式、成员情况、文化结构等，我们每周通话，为儿子加油，希望他注意休息，在谈话中增进了彼此的感情。

是呀，成年的孩子还愿意跟父母谈心，还希望征求父母的意见，为此，我们感到欣慰和高兴。

想让孩子愿意和父母说心里话，还有一条就是如果我们说得不对，要承认错误，说"对不起"。不能只严格要求孩子，自己得过且过。父母以身作则，错了就改，这样孩子才愿意把心里话告诉我们。容许孩子说"不"，就是尊重。

不管父母是温柔型，还是急躁型的人，有了孩子后，就要学会好好说话。不管孩子多淘气，只要爱他，我们都会逐步改正自己的缺点，耐心对待孩子，让他们心悦诚服。

用一颗开放的心,听取孩子的意见,诚恳地鼓励他们发表自己的意见,而这时,爸妈要采取认真静听的态度。父母说话时,态度诚恳耐心,这也是孩子愿意跟父母交流的原因之一。

37.
好言好语对孩子

我们爱孩子，就要好言好语对孩子。好的品格不是一朝一夕生成的，首先父母要有正确的价值观，孩子的好习惯、好个性都和父母有关。

你有没有经常和孩子好好说话呢？有没有及时发现和纠正他的不良行为呢？比如：爱发脾气、没礼貌、不爱护花草树木……冰冻三尺非一日之寒，从小到大，孩子的一句话、一件事、一个行为不对时，都要不厌其烦地告诉他这样做为什么不对，当孩子真正明白了，就会自我约束。

如果一两岁的孩子把东西扔地上，要相信他们不是故意的。爸妈千万不能打骂孩子，而要说："不可以这样。"

儿子小时候喜欢藏东西，他把外婆的钱包藏起来，把妈妈的东西藏起来。一次，外婆要出去买菜，把钱包放在饭桌上，一转眼就不见了。家里没有其他人，外婆很有智慧，她知道一定是小家伙给藏起来了。于是她问："你把钱包放起来了吧？你放在桌子下面了吧？"她假装找，孩子到底是孩子，还得意地说："我把钱包藏在被子里了。"

这是孩子顽皮的天性使他做出恶作剧，实际上，他根本没

有“钱”的概念，他是在跟外婆逗趣。

外婆给孩子讲道理，她说：“钱是要用来买东西的，得用它买吃的，下次不要藏起来了。”就事论事，我为外婆鼓掌。

是呀，大人的态度很重要，要相信孩子是单纯的。

有的父母把这类情况上纲上线，甚至怀疑孩子不诚实、偷钱，这样的偏见会对孩子造成伤害。

儿子两岁时，一次他要在墙上乱画，我说：“墙上不能画画，要在纸上画。”他不听，他爸爸严厉地说：“这不行！”我告诉儿子，爸爸妈妈不希望他这样，知道他是明白道理的好孩子，一定会改掉这个毛病。后来他再没有往墙上乱画了。

儿子小时候是个非常非常调皮的孩子，对于这类孩子有什么办法呢？澳洲临床心理学家 Andrew Fuller 在《十个天才九个皮》的书中谈到顽童的 10 个黄金教导准则：“一是记住他们永远比你精力充沛，所以少干涉孩子的活动范围。二是别只想和孩子讲道理，幼儿和人起冲突时，有时他们是听不进去任何人的话。这时，和他们讲道理，就像两只鳄鱼对话。所以可以的话——走开、冷静、再回来处理。三是不要对孩子说煽动性的话。四是以身作则。五是让孩子有韧性。韧性是遇到挫折后仍能恢复快乐活力的天赋，韧性培养在于有被家人疼爱的感觉，拥有朋友的友谊，除了家人，还有疼爱他们的大人。六是不管孩子白天让你多么生气，晚上一定要和孩子和解，含怒莫就寝。七是结识孩子的朋友及父母。可以直接打电话给他们，说我是某某的爸爸或者妈妈，记住孩子朋友和他们父母的名字，通过一些活动，比如生日或者节日聚会，增加共同讨论问题的机会。八是寻找和孩子聊天的话题。九是选择对的时机和他们说话、谈心、做事情。十是要知道，他们需要你。”

幼儿有压力时，有时不知道怎样表达情绪，就用发脾气来表达，用闹别扭、哭闹、不吃饭、不睡觉、和大人对着干等方式来发泄。儿子小时候从幼儿园回来，有时就有这种情况。这时我问他：“你为什么不高兴？”如果他还是继续发脾气，就不理他，或者走开，等他不哭不闹时，让他说出发脾气的原因，给他编一个小故事，告诉他，如果有什么不高兴的事情，下次回家后告诉妈妈好吗？但是不要闹别扭，让他明白闹别扭是不对的。

我每次从幼儿园接儿子回家，都会带他去公园玩，星期天有时带他去动物园。回家后，拥抱他、亲吻他，给他讲故事，编一个小动物的故事，告诉他发脾气不好，有问题要直接说出来。就这样，孩子逐步明白了，发脾气的情况越来越少，也让孩子逐步学会了情绪控制。我们通过五个方法帮助儿子学会管理情绪：第一，家长以身作则，给孩子做榜样，不对他喊叫；第二，跟孩子建立亲密的情感；第三，接纳孩子的感受，当他感觉不好时，安慰并表示理解他；第四，对孩子不好的行为用引导的方式教育，尽量不用惩罚；第五，管教孩子不当行为时，也让他表达感受，说出心里话。

孩子犯错，要给他一个改正的时间，并且相信他会改变。不要动不动就用处罚的办法，要让他知道事情的对错，不论他是 2 岁、5 岁还是 10 岁。日积月累，不经意间，有一天你会发现他已经成了一个守规矩、懂礼貌的人。

我们看到太多的孩子与父母“唱反调”的行为，就是一件

件小事集成的。千万滴水可以汇成大海，如果不用好言好语的正确方法，当孩子到了青春期、成人期，他们就会成为一位问题青年、问题成人，甚至成为社会的叛逆者。

孩子行为不正确时，就事论事，千万不能用“偷”“不老实”等词语伤害孩子。很多时候，一句伤人的话，可能会影响孩子一辈子。我看到一些文章，就是父母骂“没用的东西”“蠢蛋”“笨蛋”等，给孩子心里留下了永久的创伤。对走偏的孩子应该辅以真诚的教导，让孩子学会反省。

不要对孩子不耐烦，不聆听他们的意见，这样当孩子到一定的年龄，就会想极力摆脱父母，那时，一切都晚了。

我认识一位聪明的孩子，在美国上了名校，可是与他接触下来，觉得他性格上有缺陷，他不开朗、不合群、沉默寡言，不像 20 多岁的青年人。后来经了解才得知，他小时候如果调皮，就会被家长打；学习没得第一，要挨一顿臭骂。就这样，他的性格就变得孤僻了。高中毕业时，他考上了家附近的一所中国名校，他坚决不去，要离开家。父母没办法，只好卖了一套房子，送他出国读大学。

问他为什么，他说：“家，对我来说像一间禁闭室、冰窖，没有亲情，没有温暖。”

哇，你可能说，有没有搞错，父母都把房子卖了，供他出国留学，还不是爱他吗？可是请记住，不是父母给予金钱和物质上的满足，就是“爱”，孩子就会心怀感恩。很多时候，一个拥抱、一句温馨话语和一个温暖的家，千金难买！

38. 不要对孩子做的事

2012年,我在网上看到一篇文章。作者是20世纪80年代初的中国独生女,她的父母出生在60年代,按照祖辈的方式来养育的孩子。

现在,这位独生女已经长大成人,结婚生子。她勇敢地站出来,用她的成长经历告诉父母们:也许你们一些不在意的话语和行为,会给孩子造成心理创伤。

看了她的故事,我感触很深,心里很难受。我不知道她的经历是不是个别情况,但是作为父母,以下一些事情请不要做,才是真正地爱孩子。

(1)不要在孩子面前吵架

原生家庭对孩子的成长太重要了。如果生长在父母经常吵架、打架的环境里,孩子怎么会不受到不良影响呢?

这位女生自从她记事起,父母就经常吵架,甚至大打出手。幼小的她只能无助地看着,看着他们打架、砸东西。刚开始她还哭,后来就麻木了,不再流泪了,但儿时的心理阴影一直都在,直到成年后,听到重物落地的声音,都会浑身发抖。

有专家说,婴儿听到父母强烈的吵闹声,他的感觉是痛苦

的，身体会变得僵硬，神经收缩，封闭起来形成自我保护。如果经常受到痛苦感受的刺激，会影响听知觉、视知觉和身体的发育。

幼儿期老见父母吵架、打架，心里紧张恐惧，会引起孩子心理、生理反应，如哮喘、上呼吸道感染、免疫力降低；孩子还会产生胆怯、自卑、不合群，各种心智和行为发育落后的情况。

儿童阶段，父母常大吵大闹，会给孩子带来羞辱感。生活在恐惧和担忧中，会降低自尊感，孩子的人格也会受到不良影响。

这位作者说，父母吵架的经历，导致她不相信爱情、不相信婚姻，可又怕不结婚会被议论。她不懂得关心人，结婚后，不会经营婚姻，婚后头几年经常和老公吵架，也曾有过离婚的念头。

每对夫妻，都会有一些磕磕碰碰、意见不同的时候，但是请不要在孩子面前吵架，可以选择一个不被孩子听到的场所、时间争论问题。当然，有时在气头上，不会考虑这么多，那么，其中一人请不要说话，一个巴掌拍不响，过后再说。不要让吵架变成习惯。

（2）不要贬低、挖苦孩子

有的父母脾气暴躁，对孩子要求苛刻；有的妈妈让孩子背诗词、学才艺，可是却从来不拥抱、赞扬、鼓励他们。

女孩不到两岁就会背很多诗歌，3 岁时会讲完整的故事，可是当邻居夸奖她时，她母亲很得意，但却说："会这些有个屁用。都这么大还要我喂饭呢，没用的东西。"

就是这种贬低孩子的语言，伤透了孩子的心。

那位作者上学后，成绩一直很好，得到无数老师的表扬，但是她妈妈认为是理所当然的。女儿带回的考卷和评语，母亲从来不看；当别人夸奖她时，母亲还是不断地贬低、嘲笑她，说她这不行，那不行。

我也接触过这样的家长，我不知道有多少中国妈妈是这样“谦虚”和口不对心。但是如果别人问我的儿子，我一定会表扬、称赞他，我的朋友说我不像中国妈妈，但是说我这样很好。

我的认知是：孩子做得好就要称赞，不管是人前还是人后，因为孩子最渴望的就是家人的赞赏和认可。

（3）不要打骂孩子

不管孩子多小，也要尊重孩子的人格。女孩小时候一次不小心把馒头掉到地上，母亲就是一巴掌，还有无数句侮骂的话。

我的一个朋友的儿子实在太调皮了，爸爸一气之下，打了儿子。儿子打了911报警，警察很快到了（北美的教育就是：若在家中挨打就要报告老师或者报警）。警察把爸爸带到警察局，做了笔录，警告他，如果再打孩子，不仅要受到惩罚，还要把他的孩子带到政府监管的寄宿儿童中心。

有的父母因为孩子犯错误、不听话，就打孩子。可是被打的孩子听话了吗，不再犯错了吗？没有。问问孩子吧，他们大多数只记得被打时疼的滋味，而不记得自己所犯的错误。

在棍棒底下长大的孩子，性格上有暴力倾向，如果没有很好地认识或教育，甚至会成为社会的渣滓。温哥华就曾经发生过一个20多岁的大陆留学生把探亲的母亲杀害并且分尸

的恶性事件，就因为他有一个从小打骂他的“虎妈”。

孩子犯错，不是不教育，而是要首先了解情况，听孩子的心声。其次鼓励孩子表达想法、感受。然后指出为什么那样做不对，让孩子学会站在别人的立场上考虑问题。对调皮的孩子，请看本书第226页中澳洲心理学家 Andrew Fuller 的建议。

（4）不要用“虎妈”的方式对孩子

有一位从大陆到美国留学的女士，她读完博士，找到年薪很高的工作，人也长得不错，可是40多岁了还没有结婚。有人追求过她，还有人给她介绍对象，她都以各种理由拒绝了。

她对朋友说：“我的心已经被撕成一片片了，我不想去害别人了。”

这个学业、事业成功的女士，为什么会这样呢？原来她有一个“虎妈”似的母亲。从小到大，她从来得不到妈妈的鼓励和表扬；放学完成作业后，妈妈也不让她出去玩；周末让她做超量的课外作业，如果没做完，就不能吃饭、睡觉；考试没得高分，就要被罚做更多的题目，还经常用冷暴力对她。在成长的过程中，母亲就是用这样的方式，给她造成了巨大的心理伤害，她甚至还有过自杀的念头。

今天她说：“我愿意用所有的成功，换取没有被伤害的人生。”

这位女士的遭遇告诉我们，用虎妈的方式对待孩子，后果非常严重，它会给子女造成永久的心理创伤，影响他们一生的幸福。

（5）不要把孩子当“情绪垃圾桶”

每个人的情绪都会有好有差，父母也是人，也会有情绪波动，但是如果生气、委屈，千万不要把怨气发在孩子身上。你不高兴，发脾气，全家都会不开心。如果真的太生气，那就自己出去走一走、哭一下，安静下来再回家。这样的话请不要对孩子说：“你要是男(女)孩子就好了。”“你怎么不好好看书，光知道玩。”“你还小，这事你做不了。”“这件事你怎么又做错了！”“不许做那件事。”“你什么时候能长大？”“不许和那个小孩玩。”“不要插嘴，给我好好听着。”“你怎么这么讨厌。”“当初要没把你生出来就好了。”……

有的家长在气头上会说类似这样的话，这些话否定了孩子的存在价值，对他们是沉重的打击，会给他们的心灵留下难以抹去的阴影，所以千万不要把孩子当“情绪垃圾桶”。

（6）不要“打击教育”

有的父母“舍不得”夸奖孩子，他们牢记“虚心使人进步，骄傲使人落后”的话语，对孩子奉行的是“打击教育”，不管孩子成绩多么好，多么勤劳，都说“这有什么，不值一提”“差远了”“某某比他做得好多了”等。

我在北美，看到西方人从不吝惜夸奖孩子，哪怕是帮妈妈倒一杯水，倒一袋垃圾，考试比以前多了几分，他们都会不失时机地给予孩子赞扬、鼓励、亲吻。我们对儿子也是这样，孩子越夸越优秀。

父母们不要相信“打击教育”能让孩子越挫越勇，激发他们的好胜心，会让他们奋发向上，不可能的。不断的打击只会

让他们没有价值感，觉得自己永远不如别人，使孩子的性格变自卑，没自信。

用耐心平和的语气说话，让孩子知道只有爱他的人才会在意他。对于争执，父母要理解，孩子敢跟你顶嘴，是因为他有自己的主见和看法，否则他什么都不说，你能怎么办呢？

以理服人，不要以“我是长辈，你要听我的”来跟孩子交流，不要认为子女就要服从听从父母，而是要用对错来定论，父母错了主动承认，这样孩子不仅会爱你尊敬你，也会逐步成为有独立见解的人。

像对朋友那样对待孩子，给孩子应有的尊重和理解，这样孩子在被重视中能逐步增强自信心。

要记住：在孩子心里，父母是最重要的人，哪怕一句小小的夸奖都会让他铭记在心。表扬、鼓励、赞美能让孩子增加自信心。

父母要常跟孩子说“你能行”“你做得很好”“再试一下”“加油”等鼓励的话，孩子一定会越做越好。

（7）不要包办孩子的一切

那篇文章的作者说，连她穿什么衣服鞋子、买什么东西、考什么大学、选什么专业、嫁什么人，都是母亲决定的。所有的事情，她都不能做主，久而久之，形成了她懦弱胆小、毫无主见的性格。这种家庭教育很糟糕，步步都是陷阱与剥夺，没有爱，没有责任。让女儿错过童年和青春期的锻炼，成为一个遇到问题不知所措的人。

好的家庭教育就是“放手”，而且越早越好。让孩子做他那个年龄段能做到的事情，从“自己的事自己做”开始，培养孩子的独立能力。鼓励孩子发表意见,敢说“不”,敢说“我要做什么”。让孩子不会成为在小事上撒娇,而在大方向上没有自己主张的人。这样他们才能成长、成熟,将来才能独立自主地在社会上生存。

在家庭教育中父亲不能缺席,有的家庭的父亲什么都不管,妻子的教育方法不对,也无动于衷;有的则过于严厉。

我曾经听到一个男生讲他的父亲。他父亲是军人,对孩子就像对士兵一样,严肃、从不微笑,孩子犯错误了就是一顿打。后来这位男生结婚后,也这样对太太、孩子,结果导致了离婚。在第二次婚姻中,他认识到了这个问题,现在家庭生活幸福。

一位父亲有个调皮的儿子,在小学时成绩经常是倒数几名,可是父亲不说他,而是每天抽时间陪他玩,到海边玩沙子、捉鱼、游泳,爬山,打球。这位父亲关心儿子的睡眠时间、饮食及交友情况,看到儿子喜欢做手工,就让他动手学习做木工。这位父亲说,只要孩子身体健康、快快乐乐,有一个技能将来能自食其力就可以了。就是这样一个家长不骂不打的孩子,后来考上了重点中学、重点大学,读了博士。这位父亲放手让孩子做自己,后来这个儿子告诉他的儿子说:“我的爸爸是个好爸爸。”

(8)不是除了学习好其他什么都不重要

不是学习好,就可以在职场、社会如鱼得水。

那篇文章的作者的母亲从小常对她说的一句话就是:“你只要成绩好,其他什么都不重要。”后来她考上了重点高中、大学、公费研究生,可是毕业后,却发现什么都不懂,不会为人处

事，不会交际应酬，不会团队合作。读书时的优越感消失无踪，刚开始工作的前两年，她总是躲在厕所里哭，后来用了两年多的时间，才逐渐学会如何与人相处。那个作者认识到母亲告诉她的是错误的观念，她知道了要融入社会融入团体，不是仅仅学习好就可以的。

2015 年我从网上看到一篇文章，同样值得深思。文章谈到一位 30 多岁曾获得美国两所学校博士学位的女青年被美国遣返。她没有犯法，可是为什么会被遣返呢？原因是她养不活自己。毕业后她找到过工作，可是她不会与他人合作，两次被辞退。签证过期、没有经济来源的她沦落街头，后来被警察发现，还蹲过监狱。被遣返时她身上只带着治疗精神病的药物。这个女生从小娇生惯养，父母对她的要求就是学习好，可是父母的这种教育把孩子变成了废人。

总之，父母要用平等的态度对待儿女，像居高临下、求全责备、过分夸奖、过多限制、关心过头、全盘否定、是非不分、贬损孩子、事事代替、不作楷模都是不应该对孩子做的事情。

作为父母，要给孩子一个温馨的家，让他们在有安全感的环境中成长，那就是让孩子感到：爸妈爱我，爸妈相爱，不会情绪失控；爸妈相信我、理解我，会原谅我的错误，会包容我的失败，永远做我的后盾；爸妈不会讽刺嘲笑我，不拿我和别人比较。

文章的作者后来生了儿子，她在育儿的路上不断反思。她用爱的方式和孩子一起成长，她每天拥抱、亲吻孩子，耐心地对他、尊重他，她曾经被伤害的心灵得到医治。感谢这个勇敢的年轻妈妈给我们的启示，祝天下的孩子们都健康成长，祝每个家庭生活都越来越幸福。

第六篇

父母篇(二)

活到老,学到老,做父母的也要成长和学习。改善亲子关系,两代人要相互理解、改变和应变。如果每个家人都从自己做起,并且跟上时代,那么每个家庭都会海阔天空,豁然开朗的。

39.

用尊重成就孩子的一生

加拿大在十一年级(高二)时,老师就教导学生考虑自己将来的职业生涯。老师会启发学生考虑以下的问题:

一是你以后想过什么样的生活,想做什么?

二是读什么专业可以实现你的理想?专业比大学更重要。

三是你对哪个专业有兴趣,要在十一或者十二年级时选择好。

加拿大的教育让孩子们明白:先选择自己喜欢的专业,后选择大学;大学的学习与职业方向一致;职业与将来的生活挂钩。

我问过一些国内的中学生,以后大学想学习什么专业?可是他们对各个专业的特性、各种职业的工作状态通通没概念,对自己擅长什么、喜欢什么、人生的追求是什么,也从来没有考虑过。于是就在考试成绩出来后,和家长讨论一下,就报个金融、计算机、商业……这个关系人生方向的大事,花几个小时就决定了。

在儿女选择学习专业时,家长要做到完全认同子女的选

择，有时也是不容易的。因为孩子有的选择在父母看来是行不通的，或者是和就业市场相背离的。那怎么办？这时，父母要坐下来好好和孩子讨论商量。

儿子在读高中时，一度想将来做设计游戏的工作，后来他想当中学老师。年轻人的思维敏捷，但是变化也大，有时也受同学、朋友的影响。这时，他爸爸告诉他："选择职业，是要做一辈子的工作，所以要慎重。除了爱好外，作为一个男生还要考虑养家糊口的问题，也就是要考虑你的收入能不能保证你和你的家人的生活等问题。"在上大学时，他选择了计算机专业，但是读下来，发现这不是他的强项，有太多的人学计算机，很多人是从小学习，并且计算机行业是靠年轻吃饭的。

每个人都有自己的长处和短处，有自知之明，取长补短，就能发挥自己的优势。儿子的特点是知识面广，不论是数理化，还是哲学、经济、心理学、天文地理都喜欢，也学习了这些方面的课程，都取得不错的成绩，这是他的强项。他在大三时，决定学法律。法律需要逻辑思维、判断思维和写作各方面的知识。

说实话，我们从来没有想过让他去读法律，只是希望他学医。因为我的外公、母亲、妹妹都是医生，可是他不愿意，我们没有勉强，因为强迫孩子是不明智的，不喜欢是学不好东西的。

当儿子法学院入学考试取得好成绩，准备申请学校时，请老师写推荐信。老师说，他是本校(温哥华 UBC 大学)计算机专业成立以来，第一位选择读法律的(北美的法律、医学都要大学毕业才可以读)。如果想大学毕业后读法律，90%以上的人会在大学选择文科专业，因为理科比较难，不容易得高分。

哈佛大学的校长 Faust 曾说："你可以选择你的退路，但人生很长，先去做你最热爱的事情，不要一开始就选择退路。"

现在社会发展，文科专业有很多过去我们不知道、不了解的专业和选择，所以大家都要学习，跟上时代的步伐。

有个女孩子，理科、文科都不错，但是她比较偏爱文科，她选择了英国文学，一直读到博士，后来成为美国名校的老师。

所有事业成功的人，无一例外，都在做他们感兴趣的事情。如果热爱画画，就会不知疲倦地研究美术；如果喜欢文学，就会孜孜不倦地阅读写作；如果对美食的烹饪方法感兴趣，那可能就会去学习烹饪。把兴趣融入自己的工作中，就会更易取得成就。

有的美国人选择自己喜欢的工作做，把钱放在第二位。在美国大学，我遇到过一位白人厨师。他在学生食堂工作，每天笑容满面，勤快地做着我们看似千篇一律的厨师工作。后来得知他原来是硕士毕业。美国人读硕士的，愿意投身在一个大学食堂的不多，工资也不高，他没有去大酒店，可能有他自己的考量吧。

在温哥华有技能培训学校，学校开设各种课程：汽车修理、烹饪、护理、电工、制图等。每个人根据自己的爱好、特长、需要在这所学校学习相关的课程。厨师可以选择化学课程，文科学生可以进修机械科目。而在这所学校进修过课程的学生，比一些大学生更容易找到工作。所以，有的大学毕业生，会到这所学校报名去读一些专业课程；还有一些在中国拿到大学文凭，移民到加拿大后，再去读一年专上学院（相当于技

术学校)，我的朋友中就有，他们都找到了不错的工作。

有对事业成功的父母，从小就规划了儿子的一生，希望他成为音乐家。父母把他送进中国音乐学院附中，后来他到了一个著名的乐团工作。因为不开心，训练时他经常走神被批评，自尊心受到打击，最后辞了职。这个男生喜欢动漫设计，可是以前父母不理会。他辞职后，还得了忧郁症，父母才知道大事不妙。后来他们全家移民加拿大，这个男生学习了绘画方面的课程，几个月后考上电影学院，从里到外完全像变成了另外一个人。

有些年轻人生活在父母粗暴干涉的人生规划之下，小时候学什么是父母决定的，选专业上大学是父母决定的，大学毕业是读研究生还是工作是父母决定的，跟谁交往恋爱结婚仍然是父母决定的……

这些孩子很可怜，他们没有自己的人生，是父母手上的玩偶。有一位哈佛大学毕业的女士，有6位数高薪的工作，有温柔体贴的老公。可是她在30岁时自杀了，她在遗嘱里写道：自己受抑郁症困扰已经两年了。为了不让妈妈失望，为了达到妈妈的期望，从来没有放松过自己。她选择这条不归之路，想好好“休息”。

一名女生在报考大学时，是她父亲给她选择的专业。父亲没有征求她的意见，而这个专业不是她喜欢的，是父亲喜欢的。为此，她一直不开心，直到她结婚生子、移民加拿大，都没有解开这个心结，给她造成终身的痛苦。所以父母千万不要包办，要征求孩子的意见，尊重才能让儿女的人生幸福快乐。

比起被逼着去做一件事，人在做自己感兴趣的事情时会比较有活力,愿意花时间,大脑也能因此获得锻炼。孩子幼年时,父母要仔细观察,找出他们在做什么事情时兴趣满满、精力充沛,然后尽力帮助他们创造好的环境。父母不要太介意做这件事对孩子将来是否会有帮助,或者过度担心他们的才华,而要把重点放在为什么他们有兴趣,为什么喜欢。尽量鼓励、支持他们。有无才华和有无兴趣相比,喜欢一件事,并且投入,通常会更容易做好这件事。

青少年在成年之前,应该对自己的将来有所规划,要考虑自己将来准备从事什么职业。首先考虑选择自己喜欢的,但是也要考虑就业市场的情况。比如,你喜欢艺术,可是画得一般,那就把它作为一个爱好吧,另外选择一个比较喜欢,将来又能养家糊口的专业,并且努力学习这方面的知识,使自己具备职业所需要的能力。

做喜欢的工作,是事业成功的首要保证。如果选择的工作很辛苦,就像我儿子选择律师职业,经常加班加点,但他喜欢,所以虽然辛苦,他也为自己能从事这个职业感到幸福。

另外,可以去做做职业性格测试,或者通过参加论坛和聚会接触各个领域的人士,听听他们的经验教训和意见;征求亲戚、朋友、长辈们的意见建议;也可以通过阅读、冥想、旅游,静心思考自己到底想做什么,然后努力培养自己的知识素养。想做医生,那就要学好化学、生物;想做工程师,那就好好学习数理化;想做老师,要学习教育方面的知识;等等。

选择专业时就像走在十字路口,可能某件事、某个人、某句话,甚至是某件物品都可能成为改变人生方向的红绿灯。

如果孩子想选择的那个职业,与社会的实际就业情况相

差太远，父母应该用好言好语劝导孩子，告诉他这个选择为什么是不切实际、不容易实现的，以理说服子女。最近看到温哥华的报纸上说：“选专业不慎，加拿大的大学生毕业即失业。”要了解各方面的信息，在上大学前可以咨询和征求父母、职业规划师、老师、亲戚朋友等的意见，然后再决定要学习什么专业。

我的一位朋友的孩子，上大学选的文科专业，读了四年，他说不喜欢这个专业，然后又开始读新的专业，不仅耽误了时间，浪费了金钱，也给家里造成很大的困扰和经济问题。

除了少数人，大部分人一旦选择了专业，做了那个职业，要想改行是不容易的，隔行如隔山，所以在上大学前一定要谨慎选择。

有个美国名校毕业的男生，毕业后没有从事他所学的专业，而是在自己租的房子里和几个同伴注册了一个公司，自己创业。

他说，这是他的梦想，他不想等到非常成功之后才开始生活在自己的梦想之中。

作为父母，不要让孩子为了满足我们的期望而选择职业。因为这是我们的期望，而不是他的梦想。当子女给自己创建了一个氛围，这个氛围就会使他们发挥出最大的创造能力。他们设计好了自己的生活，这样就会自然而然地想去做对自己来说是正确的事情。父母应尽量让孩子按照他们自己的意愿生活，这样他们会感到幸福。如果他们不喜欢自己的生活，也只有靠自己的努力去改变它。

心理学家发现，一个人的心态可以影响他的一切。为什么有些人可以拥有高品质的生活，事业成功，有良好的人际关系，健康的身体，每天快快乐乐地品味人生；而有些人忙忙碌碌地劳作却只能维持生计。前者潇洒快乐，后者愁闷不堪，其实，这并不是工作的好与坏造成的，而是他们的不同心态造成的。

朋友的女儿从医学院毕业了，到医院做医生。我对朋友说："医生的工作非常辛苦吧？"朋友说，她的女儿喜欢，所以不觉得辛苦。是呀，能从工作中找到乐趣，快乐工作的人更容易取得成功。生活就是这样，要么你去驾驭生活，要么生活驾驭你。

尊重孩子的选择，尊重他们的独立人格，给他们减压，让他们保持身心健康，让他们走自己的路，奔向选定的目标。尊重孩子，可以成就孩子的一生。因为热爱才有热情，才有创造力，才有不舍不弃的精神，才有不断前进的动力。

让孩子有机会爬爬山、蹚蹚水、吃吃苦，让他们在成长的岁月里除了读书之外，了解一下外面的世界、真实的社会。让他们懂得如何走出去，不管他们是走得稳还是栽了跟头。爸爸妈妈为孩子加油吧，送杯茶、倒杯水，给孩子鼓励和掌声吧！让他们心怀梦想、脚踏实地，最终有能力在千变万化的世界中找到自己的位置。

40.
尊重是民主、是态度

在中国传统观念中，下对上、小辈对长辈、学生对老师，要尊重，而子女和父母的关系，往往不是尊重，而是服从。子女对父母一定要服从、听话，才是孝顺，可是看看如今的中国社会，还是出现了不少“不肖子孙”。对于这个问题，如何解答，过去我一直很困惑，直到到了北美，才逐渐找到了问题的根源。

尊重首先是态度。我看到邻居白人家的孩子，4 岁的姐姐带着 2 岁的妹妹玩，姐姐不小心碰倒了妹妹，在一旁的父母一点都不责怪姐姐，而是让妹妹自己起来。这时看到姐姐跑了过去，扶起妹妹，帮她拍拍身上的土说：“对不起。”妹妹说：“没关系。”妈妈说：“你们都是好孩子。”并走过去亲吻了姐妹俩，这个温馨的场面让我感动。

儿子小时候，我们不管多忙，都会听他讲幼儿园、学校的事情；工作后，他也愿意跟我们讲上班的情况。因为他知道，我们会尊重他的意见、想法，也会给他建议。不管他的决定如何(只要不是原则性的问题)，我们都会支持他，让他为自己的决定和行为负责。失败时，不会嘲笑他，不会说：“你看当初，你不听我们的话……”

我们尊重他的选择，不怕他失败。吃一堑，长一智，失败也是孩子成长的必经之路，挫折是他成人的洗礼，成功的摇篮。

当孩子愿意听父母意见时，不要错失良机，放下自己的事情，倾听他们的喜怒哀乐、想法、意见，甚至牢骚、埋怨等，要知道，跟孩子在一起的时间有限，孩子愿意跟我们说、听我们的建议的时间不长，好好珍惜这段美好时光吧。

为什么有的孩子不能跟父母“打开天窗说亮话”呢？因为父母从小不让他们讲话，或者没有给他们表达的机会，因为父母用“不”阻止了他们发声。

我的朋友问我，为什么他的孩子不听话，不顾家里的经济条件，一定要去离家很远的加拿大东部的大学呢？因为这是他离开家的好机会，他想尽快逃脱父母的掌控，有的甚至连假期都不回家。

为什么会出现这种情况呢？因为父母没有尊重孩子，没让孩子说出自己的想法，用家长的权威逼迫孩子认同。而只有打开孩子心扉，才能有良好的互动，心灵的交流才是真正的交流。在互动中，态度非常重要，如果态度不对，再好的心也得不到好结果。

有的家长非常“谦虚”，喜欢在人前说别人的孩子好，自己的孩子这不好、那不对，这是一种非常伤孩子自尊心的做法。设身处地想想，你喜欢家人当着他人的面，数落你吗？或者可能是为了让你进步，但是在外人面前教育你，你能坦然接受吗？

批评孩子、教育孩子如果是在一对一的情况下进行,会让孩子感到父母是真正为他好,才苦口婆心告诉他。这样他才能倾吐心中的真实想法,形成良性互动,从而达到教育的效果。

在孩子未成年之前,父母有责任把孩子管教成一个有好习惯、好品格,有健全人格的人,父母的权威要通过与孩子平等交流的方式发挥出来,父母越尊重孩子的感受,孩子就越尊重父母的权威。

在家里,孩子不听话时,父母不要发火,因为愤怒的语调会更加增添对立的气氛。这时,用平和的态度说实话、说重点,不吼叫、不啰嗦、不说教。

不管是表扬还是批评孩子,都要尊重孩子的人格,这样表扬和批评才会如春雨润物一样滋润孩子的心田。没有了尊重,表扬会变成恩赐;没有了平等,批评会成为轻慢与不屑。

西方有句话:“我不同意你的说法,但我誓死捍卫你说话的权利。”这就是民主,这就是尊重。而这些首先要从家庭做起,从父母自身做起。

41.

大声说出你的爱

《哥林多前书》中说道:“爱是恒久忍耐,又有恩慈;爱是不嫉妒,爱是不自夸,不张狂,不做害羞的事,不求自己的益处,不轻易发怒,不计算人的恶,不喜欢不义,只喜欢真理;凡事包容,凡事相信,凡事盼望,凡事忍耐;爱是永不止息。”

在我们的日常生活中,有许多爱。爱就是当幼儿调皮捣蛋,妈妈刚刚管教了他,但是他还是要妈妈抱,晚上让妈妈讲故事;爱就是当把小狗狗独留在家一天后,你回家时,它还是会兴奋地摇尾巴、舔你的手;爱就是虽然妈妈有很多缺点、错误,但是有什么值得高兴的事,孩子还是会第一个给妈妈报喜讯;爱就是当妈妈身体不舒服时,孩子会坐在她身边,握着她的手;爱就是无条件的喜欢;爱就是好好说话。

爱要学习,在育儿路上,我也在不断地学习、成长。过去我的脾气比较急,但是有了儿子后,我不会因为他打碎碗、打破脸盆、在墙上涂鸦、把水洒得到处都是而训斥或者骂他,在我心里,儿子远比那些物品重要。我和儿子一起在床上爬,一起捡石头,一起搭积木,一起打雪仗;我拥抱他、亲吻他、耐心地对待他。有时我肚子疼,他会轻轻地给我揉揉;有时我在做

家务、看书时，他会突然跑过来亲我一下，让我心里暖暖的。有这么一个全心爱我的小宝宝，我怎么能不努力成长呢？

爱是心灵平安的源泉，爱是赞美、耐心、忍耐，爱不求回报，爱要大声地说出来。我们爱孩子的理由有千万条，爱出于我们的心，来自我们的灵魂深处，是对另一个生命最真挚的情感。

当孩子出生后，给他吃、穿，细心照顾他。父母不会因为工作忙，或者有事而忘记给孩子喂奶、吃饭，如果有时推迟了，都会有犯罪感。

但是，我们常常对孩子、对配偶，几天、几个星期，甚至几年都不表示赞赏，这份精神鼓励不是同食物一样重要吗？

孩子小时候，我们会抱他，亲亲他，说“我爱你”。可随着孩子长大，我们就很少有这种表达了。我看到电视里中国的访谈节目中嘉宾说到这个问题，说父母很少表扬他们，也很少说爱他之类的话，这是我们民族的一个特点。

在我们中国传统文化中，大声对父母说爱是一件很难的事。当身为儿女的，鼓起万分勇气，酝酿好情绪，好不容易吐出“我爱你”时，有时却遭遇父母的尴尬反应：有爽朗的妈妈大笑三声哈哈哈，有木讷的爸爸问是不是缺钱了，也有极品老爸称自己忙着开会，训斥女儿别“胡说八道”。即使是在最亲密的家庭关系中，有的父母听到子女说“我爱你”也觉得不知所措。一个母亲听了之后立即问女儿是不是怀孕了，而一个父亲问儿子是不是喝醉了。

有位中国记者找了 40 个人随机做了个小调查，让调查对象对父母说“我爱你”，其中 5 人表示“愿意尝试”，其余 35 人说“开不了口”。我们对于许多文化中随口说出的“我爱你”这个短句的不自在的感受达到了令人惊讶的程度。

我到北美后，看到西方人，不论是夫妻、父母、子女甚至朋友之间都经常拥抱，大声地说“I love you(我爱你)”。

在北美的20年中，我们得到过无数人的帮助，在孩子成长的过程中，我们也获得过无数的感动，但很少说“我爱你”。我们总是觉得不好意思，总是错过良机，总是认为孩子知道，总是没有勇气大声地说出来。最近看到一本书书名是《孩子知道你爱他吗?》，作者说：“爱要说出口，想到马上说。”这种观点我非常赞成。

法学院毕业后，儿子考取了美国纽约的律师执照，在他工作了9个月后，和所里另外一位律师写了关于墨西哥湾石油泄漏的法律方面的文章，被刊登在一本著名的经济杂志的头版头条上。那天，他给我发来邮件，告诉我这个好消息，他在邮件中说：“Mom, I love you.(妈妈，我爱你。)”

2011年6月，他和同事合作写了一篇关于医疗行业方面的文章又被刊登。我回他的邮件时说，谢谢他这么努力，这么争气。我说：“谢谢你，我的好儿子，我以你为荣，我们永远爱你！”

爱孩子不仅仅是心里爱，而且要大声说出来。

对孩子说：“你这么努力，真棒。”“你帮助同学，真不错。”“你学习这么忙，还帮妈妈洗碗，真好。”“你用了这么短的时间，就取得了好成绩，妈妈以你为荣。”

把我们的爱及时地告诉孩子，夫妻之间也要这样。

我们爱孩子，希望他们努力学习，奋力奔跑。但也要在孩

子跌倒时，摔得血肉模糊时，帮他们涂药、包扎伤口；要在他们遇到困难挫折时，了解他们的烦恼，理解他们的愤怒，帮他们排忧解难，让他们放下心中的重担，重获心灵的平安喜乐。

作为父母我们要言传身教，告诉孩子，跌倒没关系，能爬起来就是勇士。每个人的一生中都会遇到很多困难、挫折，我们要不断地学习——在人生中学习。而很多时候，父母给予孩子一句温馨的话、一个温暖的拥抱、一声有力的掌声就已经足够了。

鼓励也是爱，父母对孩子最好的鼓励，就是微笑、拥抱、赞美，对孩子说话时的兴趣、聆听和注意。比如孩子帮着洗碗，帮着擦桌子，父母都要不失时机地对孩子说谢谢，给他一个拥抱或亲吻；当孩子想告诉你一件事情，哪怕在父母眼里是鸡毛蒜皮的小事，也应该尽量放下自己手上的事情，耐心倾听孩子的话，让孩子感到父母对他的尊重和爱。这样，孩子就会越来越愿意和爸爸妈妈沟通、交谈。

一个美国 4 岁的孩子说："爱就是当你累了仍能让你笑的东西。"特蕾莎修女说："我们以为贫穷就是饥饿、衣不蔽体和没有房屋。然而最大的贫穷却是不被需要，没有爱与不被关心。"

一位老师给学生们留了一个家庭作业，就是让他们想一个改变世界的办法，并把它变成行动。一个 12 岁的男生提到一个设想：把爱传出去。具体做法是以自己为圆心，帮助三个人，不求他们回报，只希望他们每个人再去帮助其他人把爱传出去。

这位 12 岁的男孩说到做到，从自己做起。他把一个流浪汉领回家，给他吃饭、洗澡，鼓励他去找工作，这位流浪汉说服了一个要自杀的女子；男孩帮助妈妈和外婆和好，外婆则帮助了一个非裔青年；在医院里，非裔青年让医生先抢救气喘的女孩……把爱传出去，这个小小的愿望，通过人们的传递，像一股巨大的暖流，融入人们的心中，传递爱，也使善良的种子重生。

孩子，用你的方式爱父母吧！对父母说“我爱你”，打打电话，发个电子邮件，抽空写封信，常常说一两句温馨的话；回家亲亲妈妈，抱抱爸爸；和爸妈聊聊天，说说话——爱也就在其中了。

爱使我们的灵魂得以永恒，并使我们永远充满希望，心怀仁慈。当我们心中充满了爱时，那是心灵精神财富，是死亡都带不走的。爱要用心呵护，当全家人都经常互相关注、开口赞美，用爱心说诚实的话时，那这个家庭一定是一个幸福的家庭。

42. 爱，不求回报

当“虎妈战歌”吹响后，我在北美的《世界日报》的《世界周刊》上发表了七篇文章。第一篇《爱孩子，有回报》，这个题目是编辑改的，可能是有他们的考量吧。但我们生养孩子、爱孩子，是不求回报的，而不求回报的态度更能造就懂得感恩的子女。

有家长说：“你看我们省吃俭用，供你出国，你若学习不好，怎么对得起我们？”“这些都是为你好，你怎么不理解呢？”“你看花钱、花时间陪你练琴，你还不高兴学。”“我们这样培养你，你就要听我们的。”孩子不喜欢的，不同意的，还硬要他们去做，这样自以为是的态度是“爱”吗？

当孩子考了100分，当孩子拿了奖杯回来，当孩子找到了好工作时，父母笑逐颜开；当别人的孩子学钢琴，不管自己孩子喜不喜欢，不管三七二十一也逼着孩子去学；当孩子比赛得了奖，父母会说：“看，没有白费金钱和时间。”有的父母认为自己花了金钱、时间、精力，孩子还不懂事，或者考不上好学校，找不到好工作等就认为自己太亏了，太没有面子了。

这些都是世俗观念、功利思想，也就是“求回报”。

西方人认为子女不应该对父母的老年生活负责，他们认为每一个人都应该对自己的生活负责，而不应该依靠他人，子女和父母的关系也不例外。从这一点来说，我们庆幸移民加拿大，我们一些朋友的父母，虽然他们没有在加拿大工作过，也从来没有交过税，但是只要到 65 岁、移民加拿大 10 年后，就可以申请老人津贴，两个人每月有足够日常开销的生活费，使他们可以不靠子女生活。

当父母生孩子的时候，是父母单方面的决定，孩子没有选择的机会，他不能说我不要你们，我要生到富人家。所以当父母决定生孩子的时候，同时也做出了抚养孩子成人的承诺。

作为父母，我们不能因我们自己的决定而要求孩子回报，这是不合乎逻辑，也是不对的。再说了，抚养孩子是令人愉快的事情：看着他说话、懂事，一点点成长就能给我们带来无穷的乐趣。光凭这一点，我只会对我的孩子说谢谢，而不会认为他欠我什么。

我刚到美国时，住在一个老奶奶家里。她做大学教授的儿子就住在隔壁，每天晚上都来问安，有什么好吃的东西一定会请母亲去吃，节假日、生日等，就开车带母亲出去，对她充满了耐心。后来老奶奶生活不能自理，教授要工作，家里没有人照顾，就去了养老院，但是儿子还是经常去探望。

父母希望子女在身边，这种想法可以理解。儿女长大成人，工作、结婚、生子，探望、关心父母的时间少了，作为父母，多少会有失落感。每个人都要老的，如果我们不想要一个被同情的晚年，就要努力学习，每天进步。在年老的时候，仍然对生活充满热爱，对生命充满热情，对求知充满渴望。在年老

的时候，还有一颗年轻的心，那么就会拥有一个精神丰富的晚年，一个永不寂寞的晚年，成为一个理解孩子、通情达理的老人。

父母和子女的关系，是人世间最自然、最亲密的感情。如果做父母的全心全意地爱自己的子女，子女自然就会和父母亲近，这是不言而喻的道理。

在十一年级(高中二年级)时，儿子已经学完了高等数学，并且以 98 分的成绩通过了全北美的考试。在十二年级(高中三年级)时，别人忙得要命，他已经修完了中学的必修课程和学校开设的所有课程，主动提出了学钢琴。

我和老公利用下班时间去选购钢琴，跑了近一个月，最终买了架二手钢琴。刚开始，儿子非常卖力，一放学就去学习，后来我们又请了老师到家里来教。

想当初，当我每天工作回家时，就听到儿子弹奏的优雅的琴声。吃完晚饭后，我静静地坐在他身边，听他弹琴，疲劳的身心得到放松，这个幸福的时刻，终生难忘。是呀，在父母能为孩子做的事情中，最重要的是让他拥有孩提时代的快乐回忆，给他一个健康的身体和心理，以及快乐的人生。

由于种种原因，后来他不想学了。我们没有责备他，只是让他好好考虑一段时间，钢琴在家里放了一年多后，他表示还是不想学了，所以就把琴卖掉了。我们没有责怪儿子，因为责怪的代价是破坏亲子感情，而亲情是任何金钱换不来的。当他想学一个才艺时，我们无条件支持，但当他不想继续学下去时，我们也不勉强。我们没生气，也没说他，更没认为花了钱，你就要学下去。

现在看到一个“放风筝”的说法。有时候,父母要适当地指引孩子,就是要掌握好风筝线。现在看来,当时我们也有失误,只注重了孩子的喜好,而在学习钢琴方面没有更好地鼓励他,使他错过一个可以丰富生活的才艺。

时光不可挽留,但是我们相信他收到了父母的爱。

但也可以说“爱有回报”。那就是在养育孩子,滋养孩子成长之时,父母同时也得以成长:学会了耐心,得到了喜悦,懂得了幸福,享受了快乐。这就是“爱的回报”。

孩子的天真可爱、善良纯洁、乐观快乐让大人的心灵得到净化,这是父母要向孩子学习的,也正是我们养育孩子的“回报”。

43.
不是爱他的成就

我曾看过一篇文章，一个女生大学毕业后找到电视台的工作，她母亲逢人就说，恨不得家喻户晓、尽人皆知。后来女生因故辞职了，她母亲竟然连话都不跟她说了。

到北美后，看到西方人教育孩子的例子，感触很深。

中国有“唯有读书高”的传统，但在北美，很多孩子读完高中后就不上大学了，有的选了专上学院(相当于技术学校)，进行机械、木工、建筑、餐饮等行业的学习和培训。他们将来的职业可能是汽车修理工、木工、建筑工人、电工、厨师等。在2012 年的时候看到一份调查报告，专上学院毕业生的就业前景很好，很多人一毕业就找到了工作，不要忘记，2012 年还是经济低潮时期。2013 年从报纸上看到加拿大卑斯省未来专上生将短缺一万多。

这些孩子很多是边打工边读书的，父母的最大愿望是让他们自食其力，而不是在乎他们做什么工作，关心的是他们是否能用自己的劳动过上舒适的生活。

我看到过考上哈佛不认娘的孩子，考上北大不让当农民的父亲进校门的孩子，看到过考上名校不回家的孩子，看到过在华尔街做金融师而不往家中寄一分钱的孩子,他们都有着亮丽的成绩、光明的前途,但作为父母,你愿意自己的孩子成为这样的人吗?

我曾接触过一位儿子考上哈佛大学的单身母亲,她谈起儿子时痛哭流涕。当问到“你儿子为什么会这样”时,她说儿子上中学成绩好时,她给钱奖励,当成绩不太好时,她会训他。当然还有其他原因,久而久之,儿子认为妈妈喜欢的是他的成绩,不是他本人,所以,当考上名校,脱离了母亲后,就以不认娘、不回家的行为来对待妈妈。

这对我们做父母的是一个警示,虽然我们都期望孩子有成就,但是千万不要把它作为爱孩子的理由。

曾经在饭桌上,在和亲戚朋友谈话或旅途中,家长当着子女面,夸谁的儿子考进名校,谁的女儿读医学院,或某某的成绩全是 A 等,看似鼓励,实是要求,这会影响子女的心理,造成和他人比较的压力,以及不能令父母失望的好胜念头。有个孩子为了满足家长的希望去读医,结果力不从心,只好转读其他科目,因此产生了忧郁沮丧的心理疾病。

在美国时,朋友告诉过我一个真实的事件。她认识一个女生,在中国国内时学习特别好,在学校总是第一名,后来考上美国名校,博士毕业后,又被学校聘为终身教授。她顺利拿到美国绿卡、买了房子、找到了理想的另一半、生了两个可爱的孩子。她的教学顺利,还发表了很多的论文,在全美的一些比赛中得过前几名的好成绩。在我们的眼里,她算是一个成功的人士吧。

就是这样一个看似完美的女生,在一天早晨,丈夫发现她

不在房间,就去找她,发现她躺在厨房的地上,打扮得很漂亮,可是已经没有了呼吸——她自杀了,年仅 35 岁。她在遗书中写道:“我想做一个好教授、好妻子、好妈妈,可是没办法做到,我对自己很失望。”所以她选择了不归之路。

是功利主义、完美主义害了她,是她的心理生了病。

另外从教育孩子的方式上可以看出来,中国父母注重孩子越来越早的技能训练,不让孩子“输在起跑线上”是千千万万家长的心声。孩子两三岁时就要学弹琴、唱歌、跳舞,这样做就是为了保障儿女以后在功利意义上的“成功”。

而西方人更注重孩子的童年幸福,这是为了保障孩子一生的心理健康。“让孩子成为孩子”,是西方人都懂得并且遵循的基本育儿法则。这就是为什么“虎妈”震骇了绝大部分的西方人(甚至有人认为应该逮捕“虎妈”,因为她不让孩子喝水、吃饭属于虐待)。

因为各种原因,如智力、能力、环境、机遇等,孩子没有如愿以偿,没考上理想的大学,没找到理想的职业,你还爱他吗?

有时不是因为你努力了就一定能成功,失败的原因有很多,作为成年人,我们的每次努力、每个梦想都能实现吗?不可能吧。既然知道,那么当孩子遇到挫折,没有考好,没上名校,没找到好工作,家长怎么就变成冷冰冰、愁眉苦脸的样子了呢?从这一点来说,你没有真正爱孩子,因为真正的爱,不是爱他的成就,不是功利主义,而是不求回报!

美国纽约市前市长彭博(Bloomberg)在一场演讲中表示,如果成绩“普通”的同学,他建议可以朝水电工专攻,甚至比上哈佛大学更好。他说:“当水电工是比上哈佛更好的选择,念大学四年下来，每年要花 4 万—5 万美元，还没有其他收入。”

彭博认为不是人人都要当顶尖研究者、科学家，因此他认为成绩较差的同学，不一定要继续念书，反而当水电工有更好的收入来源。他说，水电工的工作电脑不会做，而且不容易被外包到其他国家去，是个取代性低的工作。

CNN 记者指出：“专家说大学毕业生也可考虑学些职业训练，水电、电工、钻油技师及医疗器材相关产业，未来都有前景。”看来如果不想失业，或许还真该考虑去当水电工。

我们家锅炉坏了，请人来修。那人竟是美国硕士毕业，移民加拿大后，考了执照，做水电工，一年收入 10 万左右。

一个邻居的孩子计算机专业毕业，可是毕业后，他没有去做和计算机有关的工作，而是去一个商店做销售。虽然销售工作收入不高，但是轻松愉快，他父母也没有反对。朋友的女儿大学毕业后，没找专业工作，她喜欢烹饪，就到西餐馆去学习厨艺，到日本餐馆学习做日餐。要知道，她的师傅们都是世界顶尖的厨师呀，名师出高徒，希望她在自己喜欢的岗位上越做越好！

山有山的高度，水有水的深度，没必要比较；每个人都有自己的长处，都有自己的个性，没必要模仿他人。有人追求卓越，有人甘于平凡。按自己的能力，努力学习、生活、工作，能在社会中找到一个位置，快乐幸福，就是成功！关键是不要攀比。

是呀，我们养育、培养孩子的最大意义在哪里？是让孩子成为自食其力的社会人，是全家人之间浓厚的感情。

真正的爱，是爱这个人——我的孩子，不管他是工人、农民，还是工程师、医生、律师。

44. 给 30 岁儿子的信

亲爱的孩子：

时间过得真快，转眼之间你已经 30 岁了。你已经走到“三十而立”的阶段，在你生日来临的时刻，妈妈多么渴望用双手紧紧地，紧紧地拥抱你；妈妈多么希望能和你欢聚一堂，点上蜡烛，切开蛋糕，同声唱一曲祝你生日快乐的歌曲。可是妈妈的愿望没有实现，你在美国，我们在加拿大，妈妈写这封信给你，告诉你：我们爱你，祝你生日快乐！

记得大学三年级时，你告诉我们：你想考法学院。我非常惊奇，因为你大学学的是计算机专业。但我也非常高兴，因为你把爸爸妈妈看作朋友，愿意和我们谈你的理想和抱负，愿意和我们促膝谈心。因为你知道，我们会聆听你的意见和想法，会真诚地提出意见和想法。虽然妈妈希望你学医，但你对自己的职业生涯做选择时，我们不应该用自己以往的经验帮你选择。因为你和我们的个性不同，生长的年代不同，兴趣爱好不同，谁能保证我们选的就是正确的呢？所以对于你想当律师，不管妈妈多么诧异，也支持你。

我们尊重你的选择，用开放的态度，让你明白自己的长处、优点，也不怕你摔跤。因为人生的每一段路都有意义，失败也好，走错路也好，回首望去，都是人生的宝贵财富。

我们和你是在两个完全不同的时代背景、文化、环境中成长的，自然会有不同的价值观念。有人说，5 岁差距就有代沟，何况我们和你相差了不少岁呢。我们不会把自己认知的都认为是真理，而认为你选择不同的，就是“不正常”或“不健康”的。

其实不论是中西或是男女的两代亲子关系，不可能意见都是一致的，因为下一代一定会拥有不同的文化与时代背景，自然有着不同的人生价值观念，就算是夫妻、同代人还有差异呢，况且是下一代呢？这一点包括所有的差异，可以是学习方法、生活模式、工作选择、对问题的看法，任何的不同都可能造成双方痛苦和不和，所以我们要努力学会求同存异和理解。

因为每个人都是个体，都有自己的想法、看法、秘密。要和他人无碍地分享、倾诉秘密不是那么容易的，需要时间、耐心和尊重，才能将一些事情袒露。两代都有复杂的情结，但我们不会试图去改变你，而是要学会理解你。

法学院三年毕业后，你考取了美国纽约律师，进了世界一流的律师事务所，并且说非常喜欢这个工作。虽然妈妈心疼你经常加班加点，睡眠不足，但对于妈妈来说，不仅是你做了律师让妈妈高兴，而是你对工作充满热情、充满憧憬，并且感到快乐幸福，这让妈妈非常欣慰。

你刚刚在法学院读了一学期时，妈妈不幸得了白血病。当时妈妈有些犹豫，要不要告诉你。经过思考还是选择在你考完试后告诉你。虽然妈妈知道这样做有些残酷，但是妈妈

希望你能知道，没有什么人的人生道路是平坦的，在这个灾难面前，我们不能退缩，只能心怀着勇气，勇敢面对！

幸运的是，很快找到和妈妈匹配的骨髓，你提出休学一年，你说你晚一年毕业没关系，妈妈的恢复是最重要的。一年里你无微不至地照顾我，陪我去医院、做饭、洗衣、打扫卫生。啊，人们都说女儿是“小棉袄”，现在我知道儿子是“护身符”呀！

感谢上天的恩典，苦难是上天化了妆的祝福，它与我同在。疾病让妈妈学会了坚强勇敢。坚强需要学习吗？是的。因为平静的日子会在不经意中过去，而在化疗和抗排斥的过程中，我学会了坚强。当吃什么吐什么，连胆汁都吐出来时；当药物过敏全身起泡、高烧40度、像剥皮一样疼痛，不能入睡时；当白细胞是零、满嘴溃疡无法进食时……煎熬再煎熬，咬紧牙关，咬破嘴唇，咽下疼痛，忍受了那像烈火烧烤皮肉的滋味，当火慢慢熄灭时，擦干眼泪，让痛苦“钙化”，融合在体内，成为生命的一部分，而那结疤的地方就成了最坚强的部分。

感谢上天的眷顾，你陪我走过了死亡幽谷，闯过了生死之关，让我学会勇敢地面对恐惧，使我再也不会惧怕！

通过疾病，妈妈懂得了许多以前不领会的道理，那就是和世界上任何物质相比，健康是最重要的，没有健康，就没有一切。

所以妈妈希望你在繁忙的工作中给自己一些时间放松休息，而爱自己也是爱家人。

在生病期间，我想了很多，也深刻体会到你们的爱，体会到什么是幸福。幸福就在身边，可是过去没有好好认识它。

“无病无灾就是福”，孩子，希望你记住这句话，做一个幸福的普通人。

孩子，今天你成为律师，有了自己的事业、相爱的人生伴侣、自己的家庭。但是不要忘记，人生道路不是平坦的，前面的道路还很长、很远、很艰难，就像妈妈生病一样，不知何时、何处就会有料想不到的困难、挫折，甚至是灾难来临。

孩子，练就一颗坚强勇敢的心吧，我们一起走过高山低谷，横渡暴风骤雨的大海，走过死亡的幽谷。只要我们在一起，还有什么值得惧怕呢？迎着那一个个挑战努力前进吧！

在你20岁时，妈妈希望你努力攀登，如果不能，愿你停下来看看沿途的景色。但是妈妈今天希望你能劳逸结合，身体健康。对工作是应该尽心尽力，但是不要忘记和其他人合作，换句话说，少了你一个，天不会塌下来。妈妈不是给你泼冷水，而是让你知道：有时休息是为了更好更快地前进。妈妈知道你对自己的要求很高很严，但是不要忘记每天喝几杯水，吃一些水果，尽量做到按时吃饭，有较好的睡眠。

妈妈祝你幸福，希望你学习哈佛大学教学生快乐的20个习惯：

①感恩；②交朋友；③有同情心；④不断学习；⑤学会解决问题；⑥做想做的事情；⑦活在当下；⑧经常笑；⑨学会原谅；⑩说谢谢；⑪学会深交；⑫守承诺；⑬冥想；⑭关注自己在做的事情；⑮乐观；⑯无条件的爱；⑰不放弃；⑱做最好的自己，然后放手；⑲爱自己；⑳给予。

在移民20年的日子里，你信任我们，愿意和我们诉说学习中、工作中的甜酸苦辣，不断地给我们一个个惊喜。你成为

一个有担当、有理想、诚实正直的人，这是妈妈感到最最欣慰的。

孩子，兴趣、苦难、爱是人生最好的老师。妈妈希望你用兴趣去追求，用苦难去磨砺，用爱去生活，拥有一个幸福的人生。

你让妈妈自豪，你让妈妈骄傲，你让妈妈没有白活，你让妈妈的生命多姿多彩！谢谢你，我的孩子！

第七篇

已发表的部分文章和成长小结

本篇收录了笔者发表在北美《世界日报》的《世界周刊》上的部分文章。《世界日报》是全美国发行量最大的华人报纸之一，在2011年获美国总统奖。

孩子不是上名校、进好公司，就是成功。真正的成功，是孩子身心健康，人生幸福！

45.

孩子学会双语　受用一生

《世界周刊》1423 期

June 26，2011

儿子 10 岁随我们来到北美，他在中国上到小学五年级上半年，这四年半的中国小学教育给他的中文打下了良好的基础，他喜欢看中文的武侠小说、哲学等方面的书籍，也能用拼音打中文。他有一个特点，就是能利用零零碎碎的时间来读书。他买了一个小电子记事本，随身携带。等公共汽车时，在机场等候时，随时阅读。这样一年年过去，他的中英文水平也在不断地提高，后来甚至延伸到他的职业生涯。懂得双语，真是让他受益不浅。

我知道，一些移民家庭，生怕孩子的英语成绩不好，在家就不让孩子说中文，而自己的英语也说得不好，况且随着孩子长大，和孩子的沟通越来越困难，不仅疏远了和孩子的关系，而且失去让孩子获得双语能力的好机会。

有专家说，孩子在学习语言的初期，主要应该提高语言思维的丰富和流畅，最需要练习将自己的想法和心情与他人交

流。我们在家中，始终坚持与孩子说中文，这样我们不仅能分享孩子在学校的情况、兴趣、心情，又能及时地了解孩子的一些问题或者烦恼。为了解决一些问题，我们会给孩子一些建议，促进了和孩子的感情。我们和儿子像朋友一样交流、互相学习。

2006 年我生病期间，儿子休学一年照顾我，哥伦比亚大学法学院的一位教授准备研究中国法律方面的问题，请儿子在家里帮助他从网站上查阅一些中文资料，并把它翻译成英语。之后教授和他的太太到温哥华，特地来我们家。教授得知儿子 10 岁就已到北美，便称赞他不但法律课程得了 A 的好成绩，中文也这么好，真是不简单。

儿子在律师事务所实习期间，遇到一个从芝加哥来的客户，因为还没有到开会的时间，他就和我儿子聊起天来。客户说，他希望找一个有科学背景，又懂中文和法律的人。我儿子说，你要求的条件我都符合。后来，那位客户指着儿子对事务所的合伙人说："如果你们不录用他，我可以马上要他。"可以看出中文能力在就业方面也占有一席地位。

儿子之后被大型律师事务所聘用，光纽约总部就有 700 多人，在短短不到一年时间，便获得独自一人去签约两亿美元合同的机会，且是老板推荐他去的，并且把决定权交给他。之所以让他去，就是因为他能熟练地说中文、应用中文，又懂美国的法律知识，他负责接待的是一个中国代表团。

这个代表团的团长，是儿子事务所合伙人在哈佛大学的同窗。代表团的任务是要购买美国一家公司的产品，总价值两亿美元。因为在购买过程中牵扯到许多法律方面的问题，所以他们聘请了这间律师事务所作为中方代表与美国公司打交道,谈合同、谈条件。

儿子看了那份文件,有许多地方对中方都非常不利。怎么办? 在和代表团的团长及有关人员商量后,他们决定再进一步和卖方商量。儿子整整四天四夜就睡了四小时的觉,想尽办法弥补这些方面,他代表中方提出了一些合理的修改意见。

在后来签署的文件中,他充分利用了他的双语优势。实际上中方也带了翻译,但是翻译不懂美国法律,这样在双方的交涉中会有很多地方不尽如人意。而我儿子的加入,弥补了这个缺陷。他能说流利的中英文,又有美国法律知识,他不需要翻译,就能正确地表达和解释委托人的意见,维护他们的权益;而且也能把卖方的意见告诉中方,在一次次的商谈中达成共识。

我的朋友问过我怎样帮助孩子学习中文,我建议可以这样做:

第一,当你的孩子出生后,就可以给他放一些儿歌听。不要以为孩子小,听不懂。实际上,这些儿歌会在大脑深处产生反应。我小叔的小孙女在不到两岁时就会背《三字经》,我问过我的叔叔和婶婶,他们说没有教过小孙女,只是放过一些录音带,孩子就这样学会了。

第二,在孩子开始学说话时,就教他们说中文,不要担心他们上学后跟不上英语。我妹妹的两个女儿在美国出生,上学之前她们在家全部说中文,看得懂中文电视剧《还珠格格》,在上学一两个月后就能听懂英语,并且会说英语,学习也非常

好。大女儿后来考上了哈佛大学，二女儿的功课全部是 A。

第三，在家里，家长要坚持和孩子说中文，可以送他们上中文学校，学习拼音，鼓励他们学会写自己、父母、兄弟姊妹的中文名字，从最简单的字开始学起，像家里的家具、电器名称，如桌子、椅子、冰箱等。可以在这些物品上贴上纸条，有实物和文字对照，孩子会学得较快。

第四，当孩子学会拼音和一些简单的单词后，可以让他们写日记，每天写一句两句都没有关系，每一两个月可以让他们写一篇短文或者信，积少成多。一段时间后，当认识的单字和词汇量越来越多时，孩子就会对学习中文越来越感兴趣。

我儿子上小学两个月后，用拼音和文字给我写的短信，我保留至今。我妹妹的大女儿在弟弟出生后，每天用中文和拼音写日记，记录了弟弟每天的变化和成长；当遇到不会写的字时，她就会去问大人，这样就使她的中文不断进步。我妹妹两个在美国出生的女儿用中文给外公外婆写信，外公外婆看了非常高兴。

第五，多利用公共资源，多去图书馆。从浅到深，从简到难。先从有图画的少儿读物开始，家长可以经常给孩子看图说话讲故事，让孩子培养学习中文的兴趣。当然如果他们有进步，我觉得家长也可以给孩子一些适当的奖励，激发他们学习的热情。在学习文字的过程中，我们要选择一些好的文学作品让孩子看，因为在读书的过程中，我们可以让孩子懂得做人、做事的道理，让孩子不仅在智力上有所提高，更要在心灵、品德、人格方面健康成长！

第六，带孩子多多接触大自然。我们今天在温哥华——

全世界最宜居的城市生活，我们要感恩，我们要好好地利用这个资源。读万卷书，行万里路，在公园里、海边上，孩子们看到花、小动物、海洋生物等，可以告诉他们这是什么，让他们回家去找出中文的写法。如果你的孩子大了，他们可能会问“天和海为什么会是蓝的”等问题，我们家长不要怕孩子提问题，家长要鼓励他们看书，或上网找答案。带孩子去旅游的时候，千万不要忘记利用一切资源和环境，甚至到中餐馆吃饭时，也可以让孩子试着用中文点菜，教孩子学习中文或者巩固已经学过的中文字和知识。

第七，学习中文是不容易的，家长要告诉孩子“铁棒磨成针”的故事，与此同时，家长要和孩子共同学习、不断提高、鼓励孩子，让他们根据自己的喜好来选择一些中文书籍。我儿子 12 到 13 岁时，喜欢看武侠小说和卡通片，后来喜欢看中文的哲学和古代经典文学小说。在他学习了英语的哲学和比较了中英文的哲学后，他告诉我们，中文的哲学是有很多道理的。一个朋友的孩子是在中国上到小学三年级后移民到温哥华的，那个孩子喜欢看报纸，通过看中文报纸，巩固了他曾经学过的中文汉字，也让他知道了国内外的新闻实事，一举两得。

随着中国经济发展，北美一些中文学校里开始出现白人、非洲裔等各种族裔的孩子们。我们还可以看到有很多非华人努力学习中文，他们通过学习中文，了解中国文化、喜欢中国饮食，进而关心中国，这是一个非常好的良性循环。

20 世纪 90 年代初我们在美国时，租了学校的两房一厅，为了省钱，我们找了一个 20 多岁的美国青年做我们的室友

(他一间,我们全家一间),他的名字叫卡尔。他曾经在台湾学了两年中文,普通话说得非常标准,一点也没有老外说中文的洋腔洋调。他为了巩固他的中文,特地选了到我们家做我们的室友。

我们和卡尔相处得非常好,就像一家人。如果我做了什么好吃的菜,我都会请他一起吃。他非常喜欢吃中国菜,我开玩笑地说,他可以娶个中国太太,这样他就可以天天吃中国菜了。他说:“你的建议很好,我会考虑一下。”

他的中文很标准,一般人都听不出来是美国人。有时我的朋友打电话来,都误认为他是我先生,就直接说事情了,当知道错了时,朋友们都很不好意思。后来,他们就变聪明了,要先问问是谁,然后再说话。

卡尔和我们住了近一年,后来听说他去中国云南的大学教英语了,而我们又搬家、移民,所以失去了联络。但是,我非常感谢那一段时间他给我们的帮助。

我小妹妹的孩子都是在美国出生的,我小妹妹请了中文老师,教两个女儿学中文。弟弟出生后,大女儿用中文和拼音写日记,直到上大学。

二女儿狗狗非常有意思,一天,她学习中文后,跑到爷爷奶奶的房间,她说:“我们美国人学中文,你们中国人也应该学英语。”童言无忌,她说出她的心里话。又有一次她和她妈妈一起到饭馆吃饭,看到一个非洲裔妇女,狗狗用中文说:“妈妈你看,那个阿姨很胖。”没想到那位妇女用中文回答说:“没办法,是爹妈生的。”把狗狗吓得要命,以后她再也不敢乱讲话了。

现在，我小妹妹的儿子也在学中文，妹妹给他请了一个北京大学毕业的老师。老师非常耐心，对她的学生尽心尽力。妹妹的儿子喜欢学中文，也能用中文简单表达他的一些想法。我希望他坚持学习中文，到他成年后，会感受到双语的好处，在今后的生涯中会比别人多一个机会。

在海外的中国人和新移民，都应让我们的下一代好好学习中文。学中文虽然难，而且不是一两年可以学好的，但仍要鼓励孩子用“滴水穿石”的精神来学习中文，这可能要坚持十年或者更长的时间，需要孩子的努力和坚持，也考验家长们的耐心。但是如果拥有双语能力，这将是父母给孩子人生的礼物！而你的孩子会因此受益匪浅，在未来的学习工作中，也会永远感谢父母对他们所做的这一切！

现在国内许多父母希望孩子从小学习英语。希望我这篇文章对这些“拼妈”有所启发呀！

读者反馈

学会双语　大有作为

关于美国华人小孩是否应该从小学中文的问题，一向有正反两种意见。《孩子学会双语 受用一生》一文(《世界周刊》1423期)力主小孩要从小学中文，笔者基本上同意该文的观点。作者举例说明具有双语能力的人求职时如虎添翼，的确如此。笔者朋友的女儿琳达，在洛杉矶上学，父母英语都很流利，但是坚持在家用中文。琳达的学校里西裔同学很多，她也学会了西班牙语，大学法律系毕业后，除地道英语外，还会中文和西班牙语，因此很快在洛杉矶律师楼找到工作，受到

重用。

有的华人顾虑中文难，会加重小孩负担，反正将来融入主流社会，中文可有可无。中文的确较难，但是，如果小孩从小在父母日常使用华语的环境中，学会中文是比较容易的，因为中文是真正的“母语”，在潜移默化中就会朗朗上口。

目前，在中国，据说最缺乏、最吃香的是中美即席口译人才。即席口译不但要求双语流利，而且还要懂得典故。例如，说到“滥竽充数”“南郭先生”时，如果不懂典故，就会瞠目结舌。笔者幼年时读过一套“中华故事”，它以简短浅显的文字，叙述许多中国历史典故。如果华人父母用类似这种教材，每天对小孩讲一些中华故事，一定会让孩子受益匪浅。

华人小孩学中文，还有固本培根的作用。笔者以前住在芝加哥时，公寓对面是一所犹太人的学校，犹太小孩课后都去学希伯来文。犹太人亡国多年，流落到世界各地，就是靠犹太教和希伯来文维系他们的民族传统，最终重返了家园。

报载，骆家辉即将出使中国，正在努力学习普通话。如果他从小在家中不说台山方言，而说普通话的话，那么现在不就派上了大用场吗？

(加州)晓航 July 17, 2011

46.

家庭爱心浇灌　育孩子成材

《世界周刊》1433 期

September 04，2011

“爱”是成功的摇篮，“爱”哺养成功的孩子，Lisa 的成长过程就是这样的一个实例。Lisa 是我小妹妹敏的大女儿，是 90 后。敏生她时还在美国中西部的大学读研究生，剖腹产后，只住了两天医院，在家休息了十几天就又去上课。Lisa 有一个妹妹和一个弟弟，虽然出生在美国，但是在上学之前，Lisa 在家全部说中文，看得懂中文电视剧《还珠格格》，而且上学一两个月后就学会说英语，学习也非常好。

Lisa 有着 171 厘米的高挑的身材，她不仅学习好，而且爱运动，她是学校水球队的队员。冬天的加州虽然不是寒风刺骨，但是有时只有五六度，而 Lisa 从没有放弃，十年如一日，每天放学后坚持训练、游泳、打水球。她还会弹钢琴、跳舞，并且会帮忙做家务，她会做一些中国菜，10 岁时就会包饺子、包子，会照着食谱做美式蛋糕和一些点心。她也懂礼貌，是人见人爱的孩子。

2009年初，Lisa被麻省理工学院、哈佛大学等名校录取，她选择了哈佛。她去哈佛大学报到，在旧金山机场入关时，一个机场工作人员看到她护照上的名字，就问："你是去哈佛吗？"Lisa说："是。"那人说："我女儿和你一个学校，她跟我提到你，我也在校刊上看过对你的介绍。"（Lisa上的是公立学校，同届毕业生500多人，被哈佛大学录取的仅2人。）敏去送女儿，当她听到这番话时，真为女儿高兴自豪！

家庭是爱的源泉，爱也是好的教育方法。Lisa是在一个充满爱的家庭里长大的。敏从不强迫孩子，她们之间就像朋友，女儿们有什么事也会告诉妈妈。他们一家相亲相爱，她对她的三个孩子经常讲："我爱你们！"并且经常拥抱他们，他们做得好，就会给他们一个吻。这些爱的语言和行动，使她的三个孩子健康地成长。有了问题，父母和孩子们彼此商量、理解、原谅，直到和好。Lisa就是在这样一个爱的环境中长大的，全家人（爸爸、妈妈、爷爷、奶奶）用爱抚养她，她是父母用爱心哺育的孩子。

2010年春假，Lisa有几张迪士尼乐园的票，她从波士顿飞回加州，随后和父母弟弟一起去迪士尼。敏告诉我，Lisa没有去玩，她白天在旅馆里看书，因为返校后就要考试。可能有人觉得不可思议，但是，我却被感动了：因为她想念亲爱的爸爸妈妈，惦记可爱的弟弟妹妹，挂念慈祥的爷爷奶奶，温暖温馨的家就像一块大大的磁铁吸引她回来。相反，我的一个同事的儿子在多伦多上学，圣诞节放15天假，他不回温哥华的家，说："时间太短。"那是因为平时家长管得太多，孩子感到没有自由，所以不愿意回家。

是呀,有爱的家庭才有无穷的吸引力,有爱的地方就是天堂。爱的乳汁哺育着孩子的成长,温馨的家是孩子的避风港。无论时间怎样流逝,永远不变的是家人的爱。温暖的家,有那时光流逝也永远不变的感动。

Lisa 在上大学的第一个学年,参加了学校的水球队,每天训练 4 个小时。在第二个学期她选了四门课,结束时,三门功课取得了 A 的成绩。在哈佛大学这个顶尖的学堂中,她能取得这么好的成绩是多么的不易啊!

Lisa 和弟弟妹妹的成长过程中,凝聚了父母无数的心血。敏和妹夫都有全职工作。可是他们为了孩子,不辞辛苦。孩子们学习游泳,他们请来曾经教过获得世界级比赛得奖运动员的教练;孩子们想学钢琴,就请来俄罗斯的钢琴老师;他们每天在不同的时间接送三个孩子;有时,孩子们要游泳比赛,他们早上四五点起床,有时晚上 10 点多接孩子们回家;孩子们想学什么就让他们学。

Lisa 小时候曾经学过钢琴、画画,后来因为一些原因没有再学。虽然已经花费了不少时间和金钱,但是敏毫无怨言,她说:“只要孩子们喜欢就好。”她自己喜欢唱歌,可是 Lisa 喜欢游泳、跳舞,父母就不辞辛苦地接送。

敏为了孩子,换了一个时间上比较灵活的工作,有时她白天需要接送孩子,晚上就工作到深夜。日夜的操劳使她不到 40 岁就长出了白头发。

是的,在教育培养孩子的环节中,我认为“人品”和“爱”的教育是非常重要的。我在温哥华认识一个女同胞,她的儿子上了哈佛大学。可是这个孩子上学后,就回来过一次,他嫌家

里破，不肯住在家里，要住旅馆。他去维多利亚岛旅行时，嫌弃妈妈，那天还没有游玩任何地方，就让妈妈乘当晚末班船回温哥华，好让他自己跟女朋友玩。再后来，他毕业、工作、结婚，都没有再回过家。

这位女同胞是单身母亲，她每天要打三份工，辛勤养育孩子长大，可是这个高智商、曾经让她引以为傲的儿子竟这样对待含辛茹苦的母亲！可怜的母亲，甚至还有过自杀的念头，但是后来她想通了，要靠自己。她上美容班，准备自己开业，她真是一个勇敢坚强的女性。

我忘不了她痛哭流涕的情景，当时我想，我情愿儿子没有那么聪明，但是希望他有爱心、有人性、有血有肉，不能这样没心没肺。幸运的是，儿子没有辜负我的期望，当我生病时，他在哥伦比亚大学法学院读法律专业，主动休学一年照顾我，儿子用行动表达了他的孝心和爱。

在我们身边，一些贫困家庭因为孩子懂事孝顺而生活幸福；而有些富裕家庭却因为孩子问题，父母甚至患上精神疾病。我就遇到过这么一个家庭，孩子小时候，父母不在身边，后来他们做生意发了财回到孩子身边时，她已经是一个脾气暴躁、性格怪僻的女孩了，天天和父母顶嘴吵架，不闹个鸡犬不宁不肯罢休，父母经常以泪洗面。这样的家庭，就是再有钱，有什么意思呢？

2008 年，我到加州妹妹家住了 5 周，可是很少见到 Lisa。她非常忙，每天晚上 10 点半左右才会回家。原来她是他们这个学区（4 所学校）的学生会主席，每天正常上完课后，她要去参加水球队的训练，周一至周五每天两小时，然后学生会还要开会,所以每天都很晚回家。周六她要去跳中国民族舞,她从小学一直坚持到高中,到高中时,之前一起学的同学只剩两个人了。

天生我材必有用,2011 年,Lisa 参加了哈佛大学的表演团队,去了德国和奥地利。他们队里有唱歌、舞蹈的队伍,Lisa 是 18 个人的舞蹈队的领队。她从小学习中国舞蹈,虽然现在表演的是美国舞蹈,但是她告诉我,以前学习的舞蹈基本功很有用处,所以她很快就学会了类型不同的舞蹈。

Lisa 从小学六年级开始,每个周日去教会,帮助照顾孩子们。她还组织了一个小小的合唱团,教孩子们唱歌,她上大学后,有的小朋友还是会每个周日在教会门口等她来。很多孩子和家长都经常问敏:“Lisa 好吗? 她什么时候回来?”

2011 年 5 月,她带领刚进哈佛大学的新生,进行一个野外训练的课程项目。这些十八九岁的孩子每人背着 50—60 磅的背包,里面装着 9 天的干粮、水和毯子等。他们爬山越岭,晚上睡在森林里,身体下面铺着塑料布,和衣躺下,身上盖一块小毯子,脚对脚、头对头,有时甚至是头对着别人的臭脚。九天九夜,就是吃干粮,用泉水洗脸,有时没有水就没法洗脸。爬山要出汗,又背着这么重的背包,每个人都是臭烘烘的。但因为这是集体活动,只有前进的路,孩子们咬紧牙关,都坚持下来了。这就是哈佛大学的野外训练课程,而 Lisa 是这次训练的领军人物。

在参加活动前,Lisa 都会征求父母意见,过后也会把自己的体会告诉他们。她有自己的主意,她选择自己喜欢的项目,而父母给她支持、力量和鼓励,她有一个特点:做什么都能尽

自己的最大努力。她之所以能在登山和野外训练中坚持下来,是因为她知道自己有强大的后盾——父母无条件地支持她,也就是父母“爱”的力量。

关心孩子,倾听孩子的声音,让孩子感受到温暖和关爱是重要的。我问 Lisa:“野外训练很辛苦吧?”她说:“我喜欢。”是呀,不管是参加活动,还是选择职业,我们要让孩子选择他们喜欢的,适合他们的。我们家长不要随波逐流,别人认为好的,不一定适合你的孩子。尊重孩子的独立人格,这才是最重要的。因为“热爱”才有热情,才有创造力,才有不舍不弃的精神,才有不断前进的动力!

Lisa 是一个善解人意的孩子。有次我问 Lisa 什么材料的游泳衣好,她告诉了我。我打算在天气暖和一些的时候再买,可是当我回到温哥华半个月后,却收到了一个包裹,打开一看,原来是一件泳衣。我问敏,她说是 Lisa 买给我的。

啊,我的一句问话,这孩子就记在心里,并付诸行动。我太感动了,我不知道现在还有多少这样贴心的孩子,但 Lisa 的行动确实是在她那个年龄(19 岁)的孩子中不多见到的。

最近,我看到这么一句话:Good parenting skills can change the world!(好的父母教育能改变世界!)

记得 2008 年我去加州时,Lisa 正在准备申请大学。妹夫和敏开车带 Lisa 去了南加州,参观了一些学校。他们从来没有望女成凤的想法,敏甚至还跟我说过,他们家附近的一所社区学校不错,有 Lisa 喜欢的专业。可是命运之神青睐那些努力而不求回报的人,Lisa 给了父母一个惊喜!

Lisa 写的大学申请书,被收集在 *50 SUCCESSFUL*

HARVARD APPLICATION ESSAYS(《50 篇成功进入哈佛大学的学生的入学申请书》)一书中,它由纽约的书籍出版商出版,发行时间是 2010 年。

Lisa 的申请书与评语在书籍的 187—190 页,下面是我翻译的。前面一部分是讲她在 8 岁时的一个好朋友米歇尔,得了白血病,这部分我就省略了,后面一部分是这样写的:

> 我的每一次的探望,米歇尔都有变化。物理、化学的治疗用在她的身体上,她的整洁的长辫子不见了,只剩下一个光秃秃的头。
>
> 这个快活的女孩变了,她穿着紧身连衣裙,活在病人的世界中,就像一个无精打采的陌生人。这些使我迷惑了。为什么药不能杀掉她血中的细菌?为什么我没有生病?为什么医生不能让我最好的朋友好起来?
>
> 在我最后一次的探望中,死亡看起来仍旧像登在早报头条的一个悲哀的故事(意思是说,不知道死亡即将来临)。我们计划去同一个高中,在同一天买同一个街区的房子。我发誓:当她的头发长出来时,我们去剪一个相同的发型。但是,我没有机会去实现我的诺言。
>
> 米歇尔很快地离开了,但是,她和我的友谊改变了我。在高中时,我积极参加各种体育活动,学习实验课、跳舞和音乐。同时,我还在我有限的业余时间里,为社区做贡献。我的多次探视没有让米歇尔恢

复健康，但是她短暂的微笑永远留在我的记忆中，影响着我要走的路，影响了我对生活的态度。

我知道我将和同米歇尔一样处境的许多人一起走在曲折的小路上，我期望我在大学的学习经验能为担负这个重大的职责而做好准备。我将通过学习生物科学，在现代医学的范围内努力地奋斗。由于现代不断变化的疾病的复杂性，在科学方面的改革不能很快地到来。治疗没有解决米歇尔的生存问题，但是我和她的友谊，教会了我一些方法——就是带着希望以减轻疾病带来的痛苦。

我记得我站立着，我没有流泪，我对坐在暗暗的教堂长椅上的米歇尔的朋友和亲戚们念着悼词，就像悼词中讲的那样："我不相信我已经失去了我最好的朋友。""死亡"的概念和许多未解答的神秘的东西仍旧惊骇着我。对一个8岁的孩子来说，医院就像一个神奇的地方——它能使细菌消失。

但是，我现在了解了，医生们不能解决所有的问题。在一些情况中，医院是征服疑难病的地方。米歇尔在和我的友谊中得到安慰，但是这并没有延长她的生命。保持生命时钟前进的仅有的一个方法，就是了解生命科学，用它来解释生命中的许多潜在功能。当米歇尔生病时，我曾无能为力，但现在我有机会了，我想进入医学研究方面的领域，我希望能在生物领域方面，为拯救人们的生命的战斗中，留下我奋斗的足迹！

妹妹经常表扬孩子们，但是他们做得不对、不好的时候，也批评，指出为什么做得不对，因为不能永远给孩子吃糖。他们生病时，要看病吃药，药是苦的，但这是为了把病治好。这就是她对孩子们的爱。Lisa 接受了妈妈的爱，在遇到问题时，能听取父母的不同意见。

在当今激烈竞争的社会中，情商和智商已经成为人们的一个话题，大家普遍的共识是：情商的高低是决定一个人是否成功的重要因素。

最近一段时间，关于孩子的教育问题，有许多讨论。我支持一种观点，那就是："疼爱孩子就放他远行。"想把孩子培养成小老虎，就把他送进深山老林。让孩子经受旅途的辛劳，学习在恶劣环境中生存，体会世间的残酷，是十分重要的。而父母让孩子学会吃苦，能独立飞翔，这才是真正的爱！

47.
妈妈请记住　个性改变命运

《世界周刊》1436 期

September 25，2011

我读完《世界周刊》1434 期《高材生变纸老虎》有些感触，文中提到：有的亚裔青年经过精英式的教育，却缺乏社会沟通、领导能力的训练，因此在职场上面临严峻的挑战。我认识一些中国父母，只要求孩子学习好，没让孩子学习一些基本的生活技能、社交知识及健康心理知识。长而久之，孩子成为“高分低能儿”，甚至是生活和社交的白痴。

我的一个亲戚的孩子以优异的成绩考上斯坦福大学研究所。她两耳不闻窗外事，一心只读圣贤书。第一学期，别人选四门课，她选五门课，门门都是 A。可是在找夏天实习工作时，几个月的时间里，连面试的机会都没有。“为什么学习成绩比我差的，都能很快找到工作？”为此她想不通。可是一了解才发现，原来学校举办各种讲座，请毕业生和一些事业有成的人员来演讲，她从来不去，也不参加学习外的任何活动。她说：“学校没有要求一定要去听讲座，而且要走 20 分钟的路，太远。”

是的，她的学习成绩很好，可是当走入社会时，没有人会再注意你原来的成绩如何，而社会能力、团队精神将成为一个重要的指标。我们告诉她：情愿少选一门课，或者一门课得 B 都没关系，而应该选择去听讲座。这么好的学习机会，一定要珍惜。这些宝贵经验是别人用几年的时间，经过挫折、摔跤才得到的，当你了解学习后，到了社会上，就会少走弯路。她说知道了，后来终于找到了实习机会。

（1）品德社交，从小培养

关于如何培养孩子好的品德和社交能力方面，我认为，要从小培养孩子的好习惯。孩子有好的习惯，逐渐就会形成好的素质。古话说得好：“种瓜得瓜，种豆得豆。”美德不是空洞的说教，而要从好习惯开始。尤其幼儿时期，孩子的行为习惯里孕育着道德个性的嫩芽，一定要及时矫正孩子的不良习惯，鼓励他的好行为，就是给他一盏做人的明灯。家庭是形成人格的重要场所，所以培养孩子好的习惯能奠定好他的人生基础。行为形成习惯，习惯变成个性，个性影响命运！

习惯和个性会改变一个人的人生轨迹和命运吗？我的回答是：Yes！一个孩子如果光是学习好，但是自私、没有爱心、没有团队精神，那在以后的工作中，也会碰钉子、会失败。妹夫告诉过我一个实例。

妹夫在美国硅谷一个研究机构工作，他们单位有一个研究员，斯坦福大学硕士、博士生，智商很高吧？但是在 2002 年经济危机时，被老板炒了鱿鱼。为什么？就是因为他没有团队精神。他被炒鱿鱼的那天仍说想不通，为什么业绩不如他

的人,反而没有被炒?

2008 年儿子在纽约曼哈顿有 700 多位律师的一个事务所实习,所里进行阶段考核,考核的内容包括工作态度、工作能力、写作水平和合作精神等。他得到了“优秀”和“很好”的评价,没有人提出一点缺点。从哥伦比亚大学法学院毕业后,他到这个事务所工作,刚进去时,小组的负责人就给他很多指导,在工作不太忙的时,会给他一些以前的合同看,让他学习。儿子有不了解的问题时,前辈们都会耐心地告诉他,使儿子在业务水平上不断提高。

(2)虚心学习,言传身教

后来小组里两个资深律师跳槽,儿子这个一年级生(工作几年,就是几年级生)被推上了前线。他开始做三年级,甚至四、五年级生的工作,在这期间,得到其中一个老板皮特(化名)的亲自指导。皮特在律师行是一个著名的人物,有 20 多年的丰富工作经验,在做公司收购案方面,名列世界前茅。

工作不久,儿子接到一个小活,写了合同的一部分,一个字都没有被改动,皮特说他有天分,儿子高兴极了。后来,皮特让儿子写些简单的合同文件,写完后帮他修改。过了一段时间,儿子写的稿件皮特看过后,就基本没有什么改动了。有一次两个人从早上 8 点工作到第二天清晨。半夜时,他们实在非常疲倦,又困又累,皮特说:“我们明天再做吧。”儿子说:“好吧。”他们休息了一下,聊了一会儿。皮特说:“大家都称赞你,不仅工作做得好,和每个合作的人关系也很好,希望你能更加努力,不懂就问,我会毫无保留地告诉你。我知道有时我的脾气不好,得罪了一些同事,你可能也听说了,如果你对我有什么意见,请告诉我。”

儿子后来告诉我们,当时他都说不出话来了,“一位 50 多岁的资深法律人,对一个刚踏进门的 20 多岁的新生,这么谦卑,这是我要学习的地方。”那天休息了一会儿,两个人稍微有一些精神了,皮特问:“我们一鼓作气把它完成好吗?你怎么样?”当然,儿子也配合他,完成了任务。这时已经是早上 4 点钟了,他们连续工作了 20 多个小时。儿子说,我的年龄只有他的一半,都累到不行,可是看到皮特的工作精神和态度,就理解了他为什么会成功。榜样的力量是无穷的,前辈们的言传身教给儿子上了很好的一课。

后来皮特跳槽了,皮特走后,儿子所在小组的工作量减少,使他也产生了跳槽的想法,他很快得到面试机会,这个律师所需要精通中英文的法律人士,因为他们准备扩展亚太地区方面的业务,儿子符合他们的要求,所以面试后,马上给了他 Offer。

2011 年 4 月,儿子去了新的律师事务所,它也是个大事务所,总共有 1300 多位律师,在纽约就有 600 位。就这样,儿子开始了新的起步!

(3)认真好学,努力向上

儿子 10 岁到美国,13 岁移民加拿大。在他读小学到高中的 12 年的学习期间,先后在中国、美国、加拿大 3 个国家,9 所公立学校就读。当我得知儿子要跳槽时,不禁为命运的巧合而惊讶!常言道:“人往高处走,水往低处流。”我希望他能像以前读书时那样,在新的工作岗位上保持认真好学、阳光自信、努力向上的精神,在天空中展翅飞翔!

当年到北美，儿子看了不少关于西方礼节方面的书，并且付诸行动。在中学时，男女同学都非常喜欢他，他也喜欢帮助别人。一次，我在整理东西时，看到一本同学写给他的留言。有的同学感谢他的帮助；有的同学留下电话，希望保持联系；有同学写道："你是我看到的、遇到的，脾气最好的人！"

在高中毕业时，老师要大家评选一个"最有希望成功的人"，同学们一致评了儿子。在读哥伦比亚大学法学院时，听说他和同学们的关系也非常好。如果大家一起出去，他会主动帮同学开门；吃饭时，帮女生拉凳子，先让大家都坐下，他再坐下；同学搬家，不管自己多忙，都会毫不犹豫地帮忙。

这些点点小事，使他在同学中有好的人缘。有人说："一个人的命运，并不一定只取决于某一次大的行动，更多的时候，取决于他在日常生活中一些小小的善举。"我曾经看到一个青年记者写的文章，他说从小父母就教育他要礼貌待人。后来他在一些场合下，说话待人非常得体，结果就是因为这些良好行为，得到一些名人的欣赏，竟然改变了他的人生轨迹。所以习惯会影响，甚至改变命运！

（4）过度溺爱，伤害孩子

另外，不要不放心孩子，"自己的事情自己做"，从小培养他们的生活技能。儿子两岁半时，就开始学习穿衣服、穿鞋、叠被子、整理房间；长大后帮忙做家务，洗碗、洗菜、烹饪、吸尘、割草、油漆、组装家具、自己修理计算机等，这些培养了他的生活技能和动手能力。

我在中国的大妹妹曾跟我讲过，她们医院一位医生的儿子上小学五年级了，却每天还是妈妈给系裤带。一天，妈妈早上班了,孩子起床后不会自己系裤子,就提着裤子来到医院找妈妈,一时传为笑谈。还有的独生子女十几岁了,连煮熟的鸡蛋怎么剥都不会。这些过度的溺爱害了孩子!

在孩子成长的过程中,只要没有生命危险,就鼓励孩子试试看,摸摸看。有的中国父母总是对孩子说“别动,危险”“站起来地上脏”……不许这样,不许那样。美国父母最常说的是“Try it!(试一下!)”我们也常常这样鼓励儿子,只要没有生命危险,不要阻止孩子用小手摸索和认识世界。大不了衣服脏了,饭菜翻在地上,走路摔跤了,这有什么了不起?不要以种种理由阻碍孩子的快乐和成长!衣服脏了不重要,快乐成长才是重要的,只要没有生命危险,不要阻止孩子 Try!

在西方,我们不难发现:很多西方人不宠孩子。我看到邻居的大概七八岁的孩子,爬到爸爸的汽车上,帮助大人洗车;还看到过四五岁的姐姐照顾一两岁的妹妹;15 岁左右的孩子在麦当劳打工;孩子帮助家里割草、刷油漆等现象更是司空见惯。一次我去散步,看到邻居家请人做院子的围墙,一个人带着他的儿子在做工,孩子帮助爸爸搬砖、运送东西。原来孩子放春假,父亲就让他出来帮忙干活,那个孩子只有 10 岁。总之,西方人在培养孩子好习惯方面值得我们学习。

不要孩子要什么就买什么,不然孩子会认为,不管付出什么代价,他们想要什么,就一定能得到。我们不能为了满足孩子一时的欲望,就失去机会让孩子知道一个重要的人生现实:“不是想要什么就有什么的。”不管父母多富有,礼物和恩惠都不能白给孩子。孩子要想得到什么礼物,必须努力,并耐心等待。

（5）培养爱心，相互关爱

我看过一本书，讲一个人一生要做几件事，养狗也算一件，因为养狗可以培养爱心。我们家有一只小狗，儿子去美国读书时，打电话回来，会问狗狗好不好。不管儿子多长时间没有回家，狗狗都认识他，并且会用两只前脚跳起来，摇着小尾巴，表示欢迎。养狗真是培养孩子爱心的一个方法！

你给生活种下什么样的种子，就会收获什么样的果实。成年子女的行为或成就犹如父母的成绩单。父母首先要对生活怀抱感恩之情，感谢生活的美好，感谢帮助过你的人，并把这些优良品德言传身教给孩子。榜样的力量是无穷的，我们的举手投足，一言一行，都会表露我们的修养、品德，显示出我们的家教是多是少。我们要培养孩子的三大方面：做人、做事、学习。做人的核心是拥有爱心、宽以待人、学会感恩和对父母长辈孝顺。因为孩子懂道理是由近及远，由浅入深的，所以在家庭中要营造出亲人间相互关爱和尊重的氛围。

在孩子成长的过程中，家长要培养孩子的毅力和自信心。相信只要有信心、毅力、勇气和永不放弃的态度，世界上就没有什么克服不了的困难。而自强不息的精神和态度，是生命成长中的关键，也是父母要培养孩子的地方。

（6）欣赏态度，赞美鼓励

有的中国父母喜欢在别人前夸别人孩子，贬自己孩子，这是最损伤孩子自尊心的做法。想让孩子有自信心，一定要诚心诚意地把孩子的优点和闪光点，说出来，让孩子感到父母为他骄傲。当别人问起我儿子时，我会发自内心地称赞他，我的朋友说我不像一般的中国妈妈,但是说:“你这样做很好。”我觉得在孩子取得好的成绩,各方面有进步时,我们家长要以赞美话语、欣赏的态度鼓励、激励孩子;他做得不对、不好的地方,要在适当的地方和时机给他指出。

不要总是说孩子这不好、那不对。有这样一句话:“成功的孩子成功在妈妈心里,失败的孩子失败在妈妈嘴里。”要经常鼓励孩子,告诉他们:“只要你努力,就不会比别人差!”总之,在孩子未成年以前,管束是父母的责任。而在管束方法上要得当,永远不能让孩子失去希望!事实上,孩子在成长期间的叛逆,就像麻疹和青春痘,到了时间,便会自然地爆发,压也压不了,挡也挡不住,只要不是什么大不了的事情就随它去吧!

在这一点上,儿子特别感谢我们,他说:“你们不管我太多,从不强迫我做我不喜欢的事。”我跟我的朋友们说过:“我不太管儿子。”他们都非常羡慕我:“你看你不管,你的儿子还这么优秀。”实际上,我说的“不管”是不要什么事情都要告诉孩子怎样怎样做,管头管脚。孩子不喜欢的事情,不要强迫他去做。

儿子已经长大,他让我自豪,在前进的路上,还有很多艰难险阻,不要怕失败,不要怕摔跤,不要怕挫折和羞辱,如果输了,就要承认,继续努力!我不敢像虎妈那样说儿子“成功”,因为他才刚刚迈出第一步,当他成为有如饥似渴的求知欲、独立思考的头脑、百折不挠的性格、宽容感恩的情怀的人,在任何风暴中都能主宰自己命运时,才是成功!

48. 林书豪的成功　态度决定高度

《世界周刊》1469 期

May 13, 2012

2012 年 4 月 18 日，林书豪列《时代》年度全球百大最有影响力人物榜首。美国教育部长唐侃撰写林书豪的入选颂辞，唐侃说："林书豪的故事说明了一件事：如果你展现了胆识、纪律及操守，你也可以像林书豪一样，掌握成功的机会。"

为什么会有"林来疯"现象？我想除了球技，还有他的谦虚谨慎、不骄不躁的态度，得到了千千万万人们的喜爱。在坐冷板凳时，他说神让他学习谦卑；取得好成绩时，他说是球队伙伴的共同努力；在输球时，他说自己某个方面做得不好……就这样，他感动了全世界的千千万万的人们，他被列为全球百大最有影响力人物，是名副其实的。

林书豪的出现，改变西方人对华裔的偏见。过去，华人的典型形象是"书呆子"，学习好，会一些乐器，但是不爱运动。当运动记者问他："你在低潮时如何调整心态？"他说："相信上帝，要有信心，不管是经历什么情况，我都要学习、成长，成为更坚强的人。”在逆境时，他不屈不挠，相信神，而信仰是自我实现的序言。他成功了！他不仅是年轻人的榜样，也是许许多多父母期望的孩子。

下面讲讲小妹妹敏的大女儿 Lisa 找工作的经历。外甥女 Lisa 是哈佛大学的三年级生，她在今年初找夏季实习工作。

今年 3 月，Lisa 面谈了一个公司，那个公司给她打电话说：“只要你说我们是你的首选，我们就给你这个工作。”这是 Lisa 和许多哈佛学生梦寐以求的公司之一，有广阔的前景和惊人的高薪。但是 Lisa 说，她不能说这是首选。因为她还有几个面试，她若说是首选，就必须得去了。她要保持自己的信誉，不能为了眼前的利益就随便说，她始终也没说这家公司是首选。

但也许感受到了她的真诚，这家公司还是把工作给了她。

Lisa 最后获得四个工作机会，她选的不是薪水最高的那份工作。她也不是刻意去选薪水最低的工作，她选的是她认为最适合自己的性格，工作环境好，人与人关系好，可以上进的工作。她妈妈跟她说，要尽早给几个不去的公司写邮件，告诉人家一声。但 Lisa 说：“不去的公司，不能写邮件，要打电话。”

尽管要花费时间，并且有一些困难，她真的给这些公司一个个打电话。其中有一家公司很不高兴，话说得不太好听，说只要是拒绝他们的人，以后就不要想再来了。Lisa 对此很平静，并且还感谢对方给她面试机会。对方事后大概想想不合适，第二天给 Lisa 发了一个热情的邮件，说了一些好话，还说

希望保持联系。

Lisa 对自己的标准很高,做事有始有终。她在找工作时显出的成熟品格,让父母大受感动。

Lisa 健康、漂亮、成熟,在大学里,除了学习,她还参加一大堆课外活动,如合唱团、舞蹈社、成为新生辅导员等。她的时间非常紧,经常累得都没胃口吃饭。但是她走正道,勤奋学习,也常常为别人付出。Lisa 和她的几个朋友从入学到至今,不管是刮风下雨、下雪、考试、比赛,都坚持每周到教会,教会也组织他们去为无家可归的人服务。她上了大学以后更加懂事,越变越好,长成了一个有爱心、有信誉、正直的人。

我钦佩林书豪的父母,他们给我们树立了一个教育孩子的好榜样,把孩子的学习和兴趣结合起来,让孩子在挫折困境面前,有勇于坚持的信念和精神。跌倒了,爬起来,继续向前!有人说:“只要你想得到,只要你相信,你就能做到!”不管你的信仰如何,永远不要失去希望。不管在什么环境下,不泄气、勇敢向前,就会与成功不期而遇!

49.

倾听就是爱　更可提高情商

《世界周刊》1489 期

September 30，2012

爱孩子有很多方法，其中有一条就是倾听。倾听能缓解冲突和矛盾，不管是夫妻关系、子女关系，还是其他人际关系，学会倾听对人际关系会有很大的帮助，并能逐步提高情商。

《世界周刊》举办了一次“中国妈美国妈”征文活动，我拜读了各种不同类型父母写的文章，我倾向于主张孩子不仅要有专业技能，更要有高情商智慧。所谓成功与否，不仅仅是在学业、事业上有无成就，还包含在家庭、婚姻和人生道路中是否幸福快乐。有的人事业成功却不快乐，就是因为没有高情商。培养情商有很多方法，倾听就是一种。

有的家长抱怨孩子不听话，你让他向东，他偏向西；你让他不要早恋，他就去交女朋友……为什么会这样？我想可能跟家长与孩子谈话的方法、语气等有关系。首先“听话”，就是家长认为孩子一定要听自己的，用“为你好”来说事。不征求孩子的意见，不听他们的想法，没有把他们放在平等的位置

上,没有设身处地地站在他们的角度想问题、看问题,而是用自己的思维来处理,所以可想而知,结果不好。

我参加教会的“退修会”学了两节心理学课。在讨论时,一位大四学生说:“我们家里的很多事情,都是妈妈说了算。每当我说出一句话,一个意见时,妈妈都会打断我。久而久之,我在家里就不想发表任何意见和看法了。在外面、在学校,我和朋友、同学一起,发表自己的意见毫无障碍,大家说我是一个有主见的人,可是在家里,我完全不说自己的想法。对父母的争执、家里的一切,我不插嘴、不说话。在家,我就像一个局外人。”

这时他的母亲发言说:“听到孩子的发言,我很有感触。由于他很小来北美,中文不太好。有时不能准确说出自己对一些问题的意见。所以他一说话,我就忍不住要纠正他话语中的错误,没有顾及他的感受。另外,在很多问题上,我总是把他当成孩子,所以用家长式的方式来对待他,从来没有很好地听取他的想法、意见。为什么我对朋友和教会的兄弟姐妹不会这样?就是没有把孩子放在平等的位置上。”

实际上,以上母子的对话,体现了华人家庭的一些共性。这对母子通过学习能够认识问题,我觉得非常好。可是有的孩子遇到“虎妈”“狼爸”,没有机会倾诉意见、想法,不能说出自己喜怒哀乐,没有及时疏解身体的毒素,没有表达和发泄情绪的温馨家庭环境。天长日久,孩子不会进行情绪的处理,很可能成为有性格偏差和低情商的人,这甚至会给他们的人际关系、事业、婚姻等方面造成终身的伤害,这样的实例有很多。

所以,倾听孩子的声音非常重要。在家里,对一些事情尽管孩子没有决定权，但是家长一定要倾听他们的声音，尊重孩子对事情的看法，求同存异，并尽量理解他们。父母要正确了解孩子的想法和感受，不断帮助他们学会疏导和掌控自己的情绪。站在他们的角度看问题，诚恳地提出意见建议。

我们到北美快 20 年了，当时儿子 10 岁，我们面临贫穷、身份、工作等许多困难，在生存、发展的道路上有不少挫折和压力。可是孩子也有压力，他们离开自己熟悉的国家、学校、朋友、同学，来到一个完全陌生的环境，英语不好，一切都要从头学起。那时候，我们经常和孩子交流、谈心，鼓励他："只要努力，你一定能做好！"

在刚到北美的五年时间里，生活艰辛，我们甚至连麦当劳、肯德基都没有给儿子买过。在漂泊的移民生活中，我们不断地搬家，他在 12 年中换了 9 所学校。但是不管是租房、买房、换房，我们都会带他去看，征求他的意见。在家里，有什么事情一起商量。儿子在学校的学习、交友方面的事情，一般都会告诉我们。上大学时，他原来想去加拿大东部的学校，我们告诉他，因为家里刚买了房子，经济上较紧张，希望他留在温哥华上学，他听了我们的意见。原来他读的是计算机专业，大三时，他想学法律，我们支持他。

2005 年，他以名列前 1%的法律入学考试成绩，先后被美国和加拿大的 8 所顶尖法学院录取。当时他想去纽约大学，我们建议他去哥伦比亚大学法学院，考虑后，他接纳了。是呀，只要父母坦诚地和孩子沟通、交流、说真心话，以真诚的态度处理问题，孩子不仅会听父母的话，而且能和父母拥有朋友式的关系。

从小到大，当我们和儿子说话时，眼睛都会看着他，让他确实感受到爸爸妈妈是重视他的。我们鼓励儿子讲话、争辩。所以不管是什么事，他都愿意跟我们讲。他说话时，我们会仔细听，给他建议、意见，不管在什么时候、什么情况下，我们都是他最忠诚的听众、朋友。在中学八年级时，他告诉我们，他的写作成绩得了 B。我们说："没关系，继续努力。"上大学时，他在高级写作课程中，成绩名列前茅，他的文章成了范文。

在高中时，他和几个同学一起，染了黄头发。回家后，他问我好不好看。我说："我觉得你还是黑头发好看。"之后他再也没有染过。当然这不是什么了不起的问题，就随他去吧！很多父母被处于青春期反叛的孩子折磨得焦头烂额，子女和父母对着干。即使这样，父母也要对自己的孩子有信心，无论在什么情况下都不要对孩子说过激的话，说伤害彼此的话。因为这样的日子很快就会过去，孩子终会长大，会在成长的过程中逐步了解、理解父母。

倾听是培养家庭成员感情的好方法，我们就这样共同走过了移民风雨路。儿子懂事后，我们利用吃饭、旅游、周末或者一些零碎时间聊天，每个人都畅所欲言。我们共同克服各种困难、挫折，一起成长。儿子的喜怒哀乐都会告诉我们，我们心灵相通，就像朋友。他是独生子，但是我们没有溺爱，也从来没有强迫他做他不喜欢的事，但是会告诉他，让他了解一些行为在现实中可能产生的后果，引导他勇于尝试，错了敢于承担责任。告诉他什么对或者不对，应该怎样做。我们从不要求他"听话"，因为在一些非原则的事情上，就算不听，也没关系，等他碰了钉子，自然会回头。在摔跤中学会走路，在失败中学会谦卑,我们不也是这样成长起来的吗?

2010 年儿子在一家有 700 多位律师的事务所当律师,2011 年 4 月,他跳槽去了新的律师事务所。

2012 年 4 月底的一天,他告诉我们,这个有百年历史、1300 位律师的律师事务所面临破产,律师所里人心惶惶、各找门路。儿子在刚听到风声时不太相信,他仍旧认真工作。可是过了一周,合伙人已经被告知破产是不可避免的了,天天有人离开。这时儿子沉不住气了,他开始投简历。那段时间,我们天天通话,鼓励他,我给他和儿媳发邮件,我是这样写的.

这段时间你们一定很着急,这是可以理解的。昨天听了你们的分析、见解,很有道理。不过希望你们不要焦虑。我想请你们试试做到下面三件事情:

第一,问自己:“可能发生的最坏的情况是什么?”

第二,如果必须接受的话,就准备接受它。

第三,镇定地想办法改善最坏的情况。

想到最坏的情况,争取最好的结果!环境困难是客观存在的,我们很多时候无法料到有什么挫折、灾难会临到我们身上,但是我们能选择用什么态度和心情去面对它们!

人生的道路,不可能是平坦的,就像天气不可能永远是晴,会有阴天、刮风下雨,这是正常的,所以不要担心和害怕。当命运交给你一个酸柠檬,你得想法把它做成甜柠檬汁。挫折是好事,我想你们会从

中学习、提高，会更加成熟、谦卑。在同龄人当中，你们已经走在了前面。但是山外有山，你们还要不断学习人生中“挫折”的课程，希望你们拿到好成绩！而最成功的人就是能战胜困难，遇到失败和挫折最多的人！

我想最坏的情况也不会坏到怎样，因为家里的大门永远为你们敞开！我想说的话很多，希望你们三思而后行。你们要相互鼓励、帮忙、加油！我和爸爸为你们祈祷，相信一定会有一个最好的结果！

儿子感谢我们的鼓励。本来儿子和儿媳准备在 5 月初回温哥华，机票都已经买好了。可是面临这突如其来的情况，只好把机票退了。在接到正式破产的通知前的那段时间，儿子白天面试，晚上到办公室加班。事务所里其他办公室空空无人，只有他在工作。有时他在晚上 12 点打来电话，告诉我们面试的情况。他说，他在加班，稍微休息一会儿，所以只能说几分钟。我先生问他：“不是要破产了吗？怎么还加班？”儿子说：“这本来是另外一位律师的工作，可是他只做了一部分的初稿就走了。现在我不回温哥华了，所以主动接过来。这是答应客户的，所以就是没有钱，也要完成。”他每天只睡三四个小时，在没有报酬、无人督促的情况下，单独圆满地完成了合同，按时交给了客户。

我很心疼他睡眠不足，但是也为他高兴。因为从他身上，我看到了诚信和无私奉献的好品德。

就是这些成绩，使儿子得到多个律师事务所和公司的面试机会，面试过程都非常愉快。有的在早上第一轮面试后，下午马上让他进行第二轮面试。他去加州一家科技方面的律师事务所面试，他们当天就给了他 Offer。就这样，在短短两周时间里，他得到六个 Offer。他分析这六个单位的不同点、优缺点等，我们也和他一起分析讨论。最近，他去新的律所工作了。

在周末的电话中，他谈起新工作来滔滔不绝，话语中充满了活力，我感受到他对工作的热爱。和他通话，是享受，在倾听中，心中有一股股暖流，我知道，那就是爱。

本文后记

2012 年 10 月 6 日，儿子和儿媳去纽约中国城吃饭。在餐厅里，一位服务员走过来，她说她代表餐馆的同事们问他们是不是《世界周刊》1489 期(就是前文)的那对夫妻，因为报纸上有他们的照片，大家认出他们了。

服务员问："你妈妈是作家吗?" 儿子说："不是。"

服务员说："她的文章写得真好，我们以为她是作家呢。"

儿子、儿媳非常高兴，他们回来告诉了我们。

我说："如果我是作家，可能还会写得更好。"

儿媳说："妈妈是真情流露，写得句句感人。"

老公说："作家是编文章，妈妈是用心写文章。"

啊，连老公都表扬我了，真高兴。

50.
成长小结

每个年龄段的孩子都应该学会做他那个年龄段的事情，父母要放手，孩子的表现如何，也是父母的成绩单。妈妈摇摇篮的手，也是推动世界的手。

0—1 岁：精心养育，父母应该每天跟孩子说话、给他听音乐。

1—2 岁：孩子学会自己吃饭。父母要坚持给孩子讲故事，教孩子说"谢谢"等礼貌用语，培养孩子的好习惯。

3—4 岁：孩子逐步学会自己穿衣裤、穿鞋、洗脸、刷牙，可以帮助妈妈摆碗筷，愿意听故事，逐步养成喜欢读书、专心的好习惯，与同龄小朋友交往。父母应及时纠正孩子的不良行为，如任性、不讲理等，用减少他们做喜欢的事情的时间作为对其不良行为的惩罚。父母不溺爱孩子。让孩子懂礼貌、立规矩，好好教导、管教。

5—6 岁半：自己的事情自己做，孩子学会洗澡、叠被子、叠衣服、整理房间，帮助妈妈做一些力所能及的事情：洗碗、擦桌子、扫地、倒垃圾。和小朋友和睦相处，礼貌待人，学习友善宽容。

6 岁前孩子要遵守的规矩：行为不能粗野，不能拿别人的东西,东西从哪里拿的放回哪里,学会等待,做错事要道歉。

童年时期是孩子性格、习惯、品格形成的重要时期,父母是孩子的启蒙老师,家长要注意自己的言行举止,要言传身教。带孩子到公园、大自然中去玩,带孩子去旅游,开阔眼界。给孩子一个快乐的童年,不强迫孩子做不喜欢的事情,激发孩子的创造力,培养孩子的自律力。多鼓励,培养孩子开朗、阳光、诚实的品格。

6 岁半—8 岁:上小学,孩子刚刚进入一个新的环境,刚开始会感到害怕、不安。对学校、学习、上课、写作业、考试有一个适应过程,由于各种原因,刚开始孩子可能有学习上的困难,父母应该用启发式的方法,帮助他理解问题和解决困难。考试成绩万一不好,不要责怪孩子,要因势利导。只要孩子学习态度正确,成绩会上去的。这段时间要多花时间,及时了解情况,多和老师沟通交流,帮助孩子建立自信心。鼓励孩子交朋友,和同学们融洽相处。

9—10 岁:鼓励孩子多阅读,丰富知识面。孩子在学习、品格、习惯上已经具备基本的素质,让孩子学习控制情绪的能力,逐步放手,让他自己独立处理一些问题:与同学的相处,和朋友、家人、长辈等之间关系的处理。鼓励孩子在家中多发表自己的意见想法,尊重倾听孩子的想法和意见。一些同学之间的小问题,让孩子自己想办法解决。如果处理不当,碰钉子也是好事,让他找原因,纠正错误,接受教训。经历一次次失败后孩子会成长,情商也会提高。

11—14 岁:基本的道理孩子都已经明白了,这一阶段需要学习在实际生活中巩固好的品格。这时,家长逐步放手,在

旁观望、扶持。但要关心孩子的交友情况。让孩子学习做饭、洗衣、打扫等基本生活技能,给孩子不多的零用钱,让其学习财务管理,注意不要用金钱进行奖励。带孩子参加一些社交活动,让他学习和各个年龄段的人互动的能力,这也是走向社会必需的能力。家长不计较分数,注重孩子的学习态度和情商培养,让孩子成为一个自信诚实的人。

15—17 岁:孩子基本的习惯、品格已经形成,喜欢独来独往,愿意和同学、朋友分享,在家话不多。逐步具备有担当的责任感,有敢于承认和改正错误的勇气,有不怕挫折的精神,有乐观健康的心理素质,并且开始考虑自己的人生职业规划。

现代科技的发展让年轻人在智力上早熟,但在情商思想上的成熟还需要父母在日常生活中不断地培养和放手。比如:让孩子独立处理决定自己的学习、交友的事情;让孩子在遇到紧急情况时,知道如何处理;具有基本的生活技能;有自制、情绪控制、社交、理财能力,这些都是孩子在十五六岁前应该逐步具备的生存能力,也就是离开学校、离开父母后能生活的能力。

18 岁以后:不管是学业还是职业规划,有独立的思考能力,并且有基本的生活技能,具备自立自强、独当一面的心理素质。

作为父母,我们选择“有所为,有所不为”,做三件事:

(1)和孩子建立良好的亲子关系

多与孩子沟通,注意倾听。父母不当“法官”,学做“律师”;不当“裁判”,学做“啦啦队”;不当“驯兽师”,学做“镜子”。

2014 年,中国教育科学研究院对四省市小学生家庭教育进行了调查,调查数据显示:父母善于听取孩子意见、情绪正向、经常读书看报,与家人共进晚餐,会管理零花钱,做家务的孩子,成绩更优秀。

(2)培养孩子好习惯

让孩子学会做人,变得有爱心、乐观向上、谦卑感恩、敢想敢做、不怕困难、良好社交、勤俭节约、自信满满。

(3)激发引导孩子热爱学习和为自己而努力学习

我们希望孩子有独立思考能力、洞察力、判断力、生存能力,那么就给孩子爱和自由吧,让他们尽可能地去发展自己,活出自我。每个孩子的智力有所不同,但是优秀是可以教出来的。从家庭教育开始,因材施教,人尽其才,让孩子成为一个最好的自己,我们是这样做的:

第一,利用吃饭时间,对一件事情或者国内外事件进行讨论,让孩子充分发表意见,也可以每个人提问题,请孩子帮助查询资料,通过这样的练习不断提高他的分析能力。

第二,让孩子制定旅游计划,包括航班、住宿、旅游景点和估算旅费等。

第三,给孩子分配力所能及的家务劳动,但不给钱。

第四,教会孩子做一些简单的饭菜,让他自己的事情自己做。比如洗衣服、打扫房间、整理书包书籍、制订学习计划、制订人生规划等。家长与孩子平等沟通,适当、适度地鼓励、夸奖孩子,培养孩子良好的心理素质。

第五,把孩子当成年人,家里的事情和他商量讨论。希望他尽早了解人世间的甜酸苦辣,尽早看清生活的乐趣和艰难,

社会的光明和黑暗，人性的善良和丑恶。让他明白他的生活、学习、计划、安排、将来的目标，都建立在靠自己努力的基础上。

父母送给孩子的人生礼物包括这些：健康的身体与心理、好的品格、坚强的毅力，以及成为一个正直的人的目标。

孩子成年后，不论做什么职业，是否有正确的人生态度，是否能靠自己的劳动过自食其力的生活，是否成为好人，至关重要。孩子的表现如何、人品如何，也是父母的成绩单。如果父母的教育方法正确，付出了耐心、爱心和时间，那一定会取得好成绩的！

附　录
爸爸给儿子的信

亲爱的儿子：

妈妈要出书了，她让我写一篇文章。迟迟未动笔，不是我不想写，而是不知从何写起。

孩子，不知你是否还记得 2007 年 12 月的一件事情，那是你上法学院后的一个假期，回家后的第二天，你对我说起你经历的一件事。

上次你回学校时，在纽约机场乘出租车。司机是一位来自东非的黑人大叔，他说刚才在等客人时，有一位中年妇人过来搭讪。她听了司机大叔说生意难做，工作时间长，赚钱不易后说："其实你可以不用这么辛苦，可以申请政府补贴。钱虽然少点，但足够生活，最主要是你可以不工作……"

司机大叔转述了那妇人的话后说："以前，我在我的国家，是银行管理层的白领，到美国后找相关的工作不容易。我的两个孩子正在念私立学校，开销很大，我必须努力赚钱才行。你说，我这样做值得吗？"

当时你对那位大叔是这样说的："你的孩子长大后一定不会像你这样，她（那妇人）的孩子长大后可能会像她那样！"

司机大叔当时没说话。过了一会，他流着泪，哽咽地说："谢谢你，告诉了我这些。"

我清楚地记得，当你讲完这件事后，对我说："你和妈妈就像那位出租车司机大叔一样，谢谢你们！"

当时，我有一种如释重负的感觉。孩子，谢谢你的理解。那一刻我感到这么多年来，我们的辛苦和劳累真是太值得了！

孩子，你还记得在你16岁那年，我们外出旅行。在去机场的公车上，由于人多的缘故，你是坐在我和你妈妈对面的长椅上的。公车开动后不久，坐在你旁边的男乘客，忽然脸部肌肉不停地抽动，并且做出各种怪异表情，头不停地左右晃动。旁边坐着、站着的乘客们纷纷躲避，我们当时也被这种情况吓到，不断地示意你走开。但你不为所动，直到终点站下车。

下车后，你对我们说："我想那个人其实自己也不想这样吧，只是他当时无法控制自己。他不会伤害我，我会有所提防的。如果我也像其他人那样躲避他，会让他更难受，他的心会更受伤的。"

你的这番话，让我对你刮目相看！孩子，你有一颗善良的心。

2016年初，你和儿媳邀请我们去美国夏威夷玩。在当地一家餐厅吃完饭，要付账单时，我本能地掏出信用卡。这时，你伸手阻止我，你说："我来付！"几次推让后，还是你付了钱。

我感慨地说："出来吃饭，让儿子付钱，还真是有点不习惯。"

你说："爸爸，以后你会慢慢习惯的。"

那时，我有一种被儿子保护、呵护的感觉。说实在的，这种感觉真的很好！

孩子，你的懂事和感恩，你的善良和体贴，你的呵护与担当，一次次地感动着我。谢谢你，来到我们家，谢谢你成为我的儿子！

是的，孩子，你已经长大成人了。该是你自己去体验生活的时候了。我不能替你去体验生活，但是我会时常牵挂着你，默默地守望着你。就像我那90多岁的母亲时常牵挂着早已成人的我，用她自己的方式默默地守望着她的儿女们一样。

亲家公说过："我们照顾好自己，不让孩子们操心，就是对他们最大的支持。"我同意这种说法。

此外，论语中有"问孝"的故事。孟伍伯问孔子，什么是孝道。孔子说："父母唯其疾之忧。"意思是说父母会因为子女得病而担忧。也就是说，保持身心健康，让自己过得好，不让父母担忧，就是孝。

孩子，爸爸衷心祝你身体健康，家庭幸福美满，我永远爱你！

2017年2月

参考资料

[1] 戴尔·卡耐基:人性的弱点全集[M]. 袁玲,译. 北京:中国发展出版社, 2002.

[2] CLARK R. 优秀是教出来的[M]. 台北:雅言文化,2004.

[3] 云晓. 凭什么上哈佛[M]. 北京:北京工业大学出版社, 2010.

[4] 吉姆·崔利斯. 朗读手册——大声为孩子读书吧[M]. 沙永玲,麦奇美,麦倩宜,译. 天津:天津教育出版社, 2006.

[5] 王家贞,景鸿鑫. 孩子谢谢你——一个父亲的忏悔[M]. 台北:大智文化,2010.

[6] 于智博. "输"在起跑线上的哈佛男孩——个性化教育之路[M]. 北京:清华大学出版社, 2014.

[7] STRELECKY J. 生命咖啡馆[M]. 台北:时报文化出版社,2006.

[8] 田村正晨. 我家有个独生子[M]. 台北:国际村文库书店有限公司, 2000.

后　记

2012 年圣诞节前夕，我和老公去纽约。儿子和儿媳请我们去他们家，他们请客，大家一起去乘邮轮，儿媳安排好了乘邮轮的一切事项，我们只要拿着行李上船就行了。

圣诞夜前夜，我们出发去乘邮轮。8 天的时间，在游轮上，两个人一间房间，24 小时有食品供应，晚上有歌舞表演，吃喝玩乐，每个人、每个家庭都欢乐无比。吃饱喝足，我们四个人一起玩扑克、聊天。乘邮轮最大的优点就是：拉近了家庭成员的关系。想想也是，就这么大的空间里，不用为家庭琐事烦恼，尽情吃喝玩乐，除了乘邮轮还有什么旅游方式可以让家人有这么多时间在一起呀。

在玩牌时，儿媳问我："妈妈，你当初怎么有那么大的勇气出国呢？"随后她问我儿子："如果你像妈妈当时的情况一样，你会吗？"他说："可能不会。"

儿媳告诉我，我们的选择给我儿子争取了 10 年的时间。她谈到，我儿子的一位同学，北大毕业工作了一段时间后又考上哥伦比亚大学法学院，但是年龄比他整整大了 10 岁，后来因为身份等问题，还是回国了。

真的吗？如果我们出国的选择为儿子争取了10年时间，我感到欣慰，这也是我们第一代移民给孩子的人生礼物。

每一代人都有不同的环境、时代背景、思维模式，我只能说，我从来没有后悔出国的选择。平凡的记忆会随着岁月流逝，但像我们经历的那些贫穷、车祸、疾病等种种刻骨铭心的事件，是不会被遗忘的，而这些，也是我们人生的一部分，使我们的人生更丰富。

在20世纪七八十年代，如果没有上过大学，也可以凭着天赋、努力做出一番事业来。在21世纪，社会的要求越来越高，竞争更加激烈，就职、生活都非常不容易。那么有那么多的问题，我们是怨天尤人，还是着手解决问题呢？我们鼓励孩子多思考，勇敢地面对困难、面对问题、面对挫折，并且努力地解决它们。

我们希望孩子在千变万化的社会中有较强的生存力。

那就是成为离开书本、离开学校、离开父母能独立生活，能处理各种问题的人。

儿子是80后，是幸福的一代，他们无须像老一辈为生活担忧，但是他们虽然没有吃劳力的苦，却吃尽劳心的苦。

他在工作三年中，换了三个单位，有的是主动，有的是迫不得已(像事务所破产)。但是他有一颗努力向上的心，认真思考自己的职业生涯，并且为实现目标，敢于舍弃，追求那永无止境的完美人生，这是我在他这个年龄时做不到的。

在美国求职网站上，提供了6种让你在职场上出类拔萃的方法：一是目标明确，二是态度谦和、显露专长，三是显示个人兴趣，四是有实力解决问题，五是能胜任、执行上司临时交的任务,六是比别人更认真。

儿子就是这样做的,他对自己的职业生涯有追求、有目标、有考量,他想充分发挥自己在中英文、科技、法律方面的优势。

他认真做好每个合同、每个项目,甚至不放过一字一句的措辞和一个标点符号的错误;他对待客户和蔼可亲,答应完成的事情,不管在什么情况下都想办法完成;他对自己的要求很高,把工作尽最大努力做到完美;他有与人为善的好品格,让每位和他接触过的人都留下深刻印象:

彬彬有礼、思维敏捷、诚实守信、干练成熟,以至于有的律师事务所当他没有接受他们的 Offer 时,还愿意为他保留职位,愿意跟他聊天、吃饭、建立感情。

儿子说,他是个幸运的人。在刚进律师这个行业时,就得到很多前辈的帮助、指导;后来又得到世界名列前茅的资深律师的亲自培养,使自己在业务上进步很快;在工作不到一年时间里,独立完成两亿美元合同的谈判签署;工作两年半的时间里,参与了十几个,每个上百页大合同的起草、定稿工作,并且还发表了两篇文章。

可是人生不会总是坦途吧,但每一个崎岖处,都会有坦途看不到到的风景。通过跳槽,儿子对就业市场和趋势有了更多的了解,明确了自己的职业生涯方向(就像医生有许多不同的科,律师也是)。儿子把“律所破产,即将失业、没收入”这个酸柠檬,变成了甜柠檬汁。他输得起,并能坦然面对逆境,有从零开始的勇气。

2013 年 4 月,他第三次跳槽,这次是到加州的律师事务

所。在做这个决定之前，他经过认真思考，和家人商量，听一些资深法律人士的意见、看法，并且征求、聆听了他的导师（资深合伙人）的建议，最后决定去气候宜人的加州发展。

这是一个新的起点和挑战。因为美国的律师执照很多州是独立的，儿子还要考加州的律师执照，它的通过率只有50%左右。

一天，儿媳发来邮件说："今天给他做了牛排。他特高兴，可是狼吞虎咽地吃完就去看书了，还挺可怜的。我跟他说坚持下来就好了。"加油，我们都为你加油！

经过6个星期的紧张复习，经过整整3天的加州律师执照考试，终于考完了。我们问儿子："还好吗？"，他说："还可以。"我想他可能考得不错。

2013年的一个下午，儿子打电话告诉我们，他的加州律师考试通过了，现在他有了纽约、加州两个律师执照。

我们衷心地祝贺他，为他高兴。

现代社会中，人外有人，竞争激烈。不是读了名校，找到好工作就万事大吉了。我儿子在纽约做了三年律师，每天工作十几个小时是正常的，他刚去加州律师事务所两个月，他们小组就有四位律师因为工作太辛苦等原因离开了。他成了小组的骨干，负责公司合并案、知识产权方面的案子还有培训新律师的工作。

2014年圣诞节期间，我们去了加州3个星期，他除了圣诞节那天休息，其余每天都在加班。有一个月我有两个星期没有接到他的电话，很着急，发邮件，传微信。一天晚上8点接到他的电话，他说他从那个星期周一早上8点工作到周二6

点,连着 4 天每天工作 20 小时。他说只能给我说 3 分钟,因为马上要开电话会议,开完会还要修改文件。

他生日那天,儿媳做好了饭菜,准备好了礼物,可是没有等到儿子回家。他深夜两点回到家,说:“我很累,就想睡觉。”连合伙人都非常担心,让他注意身体,还给他 200 美元,让他买点东西吃,儿子说他非常感动,这证明他的工作得到了老板的认可。啊,我的傻儿子,我真的很心疼。我跟他说,“健康最重要。”他说:“我知道,但是没办法,活多,能做的人少。”

2016 年初,我父亲过世了,我母亲非常伤心,保姆也回家了。大妹妹还要上班,我们因为有事情,无法回国。我给儿子打电话告诉他,他马上答应请假回国陪外婆。因为前一个月我们全家刚刚一起去旅游过,我问他能不能请一周的假。他说我多请一周吧,多陪陪外婆。我知道他工作非常忙,经常连周末都要加班。我说:“你那么忙,假请得出来吗?”他说:“你不要担心。”

3 个小时后,老板就批准了。我当时感叹地对老公说:“看来儿子工作得不错,否则老板哪能这么快就给他假了。”回国后,他和儿媳白天陪外婆,晚上加班。他们的陪伴,安慰了外婆,使我们姐妹放心,让外婆度过了那段悲痛的日子。

朋友知道了,说:“你儿子真孝顺。现在的孩子不要说祖父母,就是父母,有的还做不到这样呢。”

我们都希望孩子有独立判断洞察能力,那就要从家庭教育开始,把孩子培养成“靠自己的头脑能想出解决问题办法”的人。作为父母,我们应尊重孩子的天赋,不用既定思维束缚孩子的未来。

胜不骄，败不馁，保持谦卑、感恩的心态，拥有不断“重新归零”的勇气与信念，让孩子拥有一个幸福快乐和有意义的人生。

作为爸爸妈妈，我们完全放手了，真的放手——让他飞！

我的书稿有些部分，是在好友世华的帮助下完成的。感谢她牺牲了很多时间帮我打字、修改文章。她是帮助了你，不用说谢谢的人；她是我的好朋友，她给了我永远的感动！

2017 年 1 月于温哥华家中